도서
출판 **밀알서원** (Wheat Berry Books)은 CLC가 공동으로 운영하는
복음주의 출판사로서 신앙생활과 기독교문화를 위한
설교, 시, 수필, 간증, 선교·경건서적 등을 출판하고 있습니다

■ 추천사 1

기독교 사학의 그리스도적 인격의 대를 이어 가다

신 광 주 장로
경신고등학교 교장

　강홍모는 '예수님처럼'을 가장 잘 실천한 사람이다.
　예수님은 이 땅에 오셔서 우리의 죄를 대신하여 십자가에 못 박혀 돌아가셨을 뿐만 아니라 죄악 속에 허덕이고 있는 사람들을 위하여 고치고 싸매고 가르치고 전파하는 사역을 하셨으며 우리가 어떤 삶을 살아야 하는지 몸소 모범을 보여 주셨다.
　이런 예수님의 정신이 언더우드(Horace Grant Underwood) 선교사에게 이어졌다. 언더우드 선교사는 가문의 회사를 이어받아 편하게 살 수도 있었던 삶을 버리고 하나님의 뜻에 따라 1885년 4월 5일에 한국에 들어와 너무도 비참한 한국의 현실에 언더우드학당(현, 경신중고등학교)을 세웠다. 그리고 미리 들어와 있던 알렌 선교사와 연합하여 예수님처럼 시구문(현, 광희문) 밖에 버려져 죽을 수밖에 없는 병자들을 고쳐서 살려내고, 고아들을 모아서 그들에게 영어와 성경을 가르치고, 가난한 자들을 돌보며 하나님 말씀을 전파하며 사명을 다했다.
　강홍모는 전주북중학교에 불합격하여 서울 유학길에 오르게 되었고 하나님의 학교인 경신학교를 만나게 된다. 이곳에서 그는 인생에 있어서 가장 중요한 예수 그리스도를 영접하게 되고 언더우드 선교사로 이어온 신앙의 혈통이 강홍모로 이어진다.

　강홍모 부부는 공무원 생활을 하면서 어렵지 않게 잘 살아갈 수 있는 상황임에도 모든 조건을 다 버리고 언더우드처럼 고아와 나그네를 위해 헌신의 사명을 감당했다.

　영생유치원을 시작으로 전주대학교까지 교육 사업에 헌신하게 되는 강홍모는 언더우드 선교사의 생각처럼 교육이 미래의 가치를 창조하는 일임을 깨닫고 무지를 일깨우며 예수님을 통한 행복한 인생을 가르쳤다. 그리고 이 가치를 살리기 위하여 많은 사람을 섬기고 자신의 모든 재산을 희생하며 진정한 그리스도인의 모범을 보여 주었다.

　초창기 기독교 사학에 대한 의미와 그 사학을 지키려는 강홍모의 노력을 통하여 우리는 이 시대에 기독교 교육의 가치를 재차 느끼게 된다. 현재 상황에서는 기독교 사학이 다수 의석의 정부와 일부 사학의 비리에 대한 왜곡된 정보 때문에 원래의 설립 취지를 빼앗기고, 기독교 신앙을 가진 교사의 선발조차도 어렵게 되었다. 지금 우리는 강홍모 목사처럼 피땀 흘려 이 가치를 지키지 않으면 길가에 떨어진 씨앗에 불과하다는 것을 깨달아 알아야 한다.

　예수님에 대한 소망이 언더우드 선교사를 오직 '예수님처럼'을 잘 실천하게 하는 원동력이 되었다면, 그 언더우드의 정신이 경신학교를 통하여 '언더우드처럼'을 잘 실천하는 강홍모를 낳았다. 기독교 교육을 하기가 힘든 지금의 시대에 우리는 강홍모 목사의 오직 하나님의 말씀 중심의 삶에서 목표를 바로 잡고 '강홍모처럼'을 실천하여 잘못된 가치와 맞서고 싸워 이겨내며 복음의 원래 뜻을 다시 살려 나가야만 할 것이다.

　경신의 137년 역사에 강홍모 목사가 있어서 자랑스럽고 감사하다.

추천사 2

십자가를 만든 나무처럼 쓰임 받은 강홍모 목사를 만나다

왕 보 현 장로
대한예수교장로회 서울 남대문교회 역사위원장

『역사란 무엇인가』(1961)를 쓴 영국의 E. H. 카(E. H. Carr)는 "역사가가 없는 사실은 생명도 없고 의미도 없다"라며 역사가의 중요성을 강조했다. 당나라 사관(史官) 유지기(劉知幾·661-721)는 5천 년 중국 역사상 가장 뛰어난 역사서 『사통』(史通)에서 역사가의 재능이 얼마나 중요한지 역설한다. 유지기는 "역사가가 되는 데는 세 가지 능력이 필요하다. 재능(才), 배움(學), 식견(識)이 그것인데, 이를 겸비한 사람이 드물기때문에 역사가가 적다. … 선악을 반드시 기록하여 폭군이나 적신(賊臣)이 두려움을 알게 한다면, 더할 나위 없는 역사가가 된다"라고 했다(『사통』, 1016).

여기서 우리는 황의찬 목사님이 추적하고 정리한 기록을 통해 한 선각자의 일생을 읽게 되었다. 전주대학교를 설립한 강홍모 목사의 삶이다. 저자는 강홍모 개인사를 통해 이 나라 현대사와 교회사를 엮어내는 "재능(才), 배움(學), 식견(識)"을 발휘했다. 이 책에는 강홍모 보다 크게 기록 된 인물들이 등장하는데 이들을 통해 강홍모의 진실성이 더욱 두드러진다. 과장된 위인전이 아니고 개인의 공과를 객관적으로 사실에 근거해 써 내려갔다.

　강홍모는 우리 교회 중고등부의 대선배라는 것을 이번에 알게 되었다. 전주에서 보통학교를 졸업하고 상경해 경신학교를 다니며 남대문교회에서 예배드리고 신앙생활을 한다. 18살 홍모는 1938년 성탄절 연극에서 남자 주인공 역을 맡으며, 훗날 아내가 된 여주인공 마리아 역의 삼순을 만난다. 남대문교회에서 만난 두 분 선배는 '고아와 과부와 나그네를 섬기는 가정'을 만들기로 약속한다. 선교사가 세운 경신학교, 정신학교 학생이 이 땅 6만 교회의 못자리가 된 남대문교회를 통해 만나 가정을 이루고 평생 믿음의 동지로 함께한다.

　황의찬을 통해 우리는 선주후광(先主後光. 먼저 주님을 섬기면 나중에 반드시 빛을 비추신다)의 인물 강홍모를 만난다. 기도하는 사람 강홍모의 일생은 충성의 길(PATH)이다.

　무슨 일을 하든지 마음을 다하여 주께 하듯 하고 사람에게 하듯 하지 않는(골 3:23) 열정(Passion),

　주 안에서 항상 기뻐하라 내가 다시 말하노니 기뻐하는(빌 4:4) 마음 자세(Attitude),

　또 두 사람이 함께 누우면 따뜻하거니와 한 사람이면 어찌 따뜻하랴 한 사람이면 패하겠거니와 두 사람이면 맞설 수 있나니 세 겹 줄은 쉽게 끊어지지 아니하느니라(전 4:11-12)는 협동심(Teamwork),

　형제를 사랑하여 서로 우애하고 존경하기를 서로 먼저 하는(롬 12:10) 존경(Honor)의 삶이다.

　산에는 많고 많은 나무가 있다. 산을 빛내고 세상을 멋지게 만드는 나무들이 많다. 하지만 우리는 예수님이 태어나 누우신 말구유를 만든 나무,

예수님이 복음 전하신 갈릴리 바닷가 배를 만든 나무, 예수님이 달리신 십자가를 만든 나무로 쓰임 받을 때 더욱 귀하다. 못생긴 나무가 산을 지킨다. 이 또한 귀한 일이다.

사람의 인생도 그렇다. 높은 벼슬에 오른 사람, 많은 부를 이룬 사람들은 삶의 영광이 오롯이 본인의 것이다. 젊은 시절 강홍모는 안정된 관직을 버린다. 재산을 다 내놓고 후원자를 모은다. 교회를 세우고, 학교를 세우며 목사가 되어 교회를 돌보고, 인재를 양성한다. 교회가 부흥하고 학교가 커진다. 자산이 늘고 제자가 늘어난다. 시련이 닥치고 학교가 다른 이에게 넘어가고 교회가 불타고 길거리에 나 앉는다.

이 책에는 강홍모를 중심으로 최순영, 이종윤, 전두환, 노태우, 양정모, 이석한, 류재신 … 많은 인물이 등장한다. 그러나 인걸은 간데없고 학교와 교회는 남았다. 이 글에서 우리는 인간 강홍모를 통해 이루어진 것과 이어지는 것들을 찾아볼 수 있다. 역사에서 배워 미래를 대비하는 것은 부끄러운 일이 아니다. 전주대학교 설립자 강홍모 행전을 통해 우리는 무엇을 볼 것인가?

사람의 마음에는 많은 계획이 있어도 오직 여호와의 뜻만이 완전히 서리라(잠 19:21).

■ 추천사 3

전주남문교회 기념판에 새겨진 장로 이름, 강홍모

조 영 승 목사
한국기독교장로회 전주남문교회 담임

전주남문교회는 1905년에 설립되어 오늘에 이르고 있습니다. 하나님은 3.1 만세 운동을 비롯하여 근대 교육 운동 그리고 민주화 운동까지 한국 근대사의 중요한 고비마다 이 민족을 위해서 전주남문교회를 사용하셨습니다. 그 역사를 품은 남문교회 앞 기념판에는 사역하신 목사님들의 이름과 더불어 장로님 한 분의 이름이 언급되었는데, 바로 강홍모 장로님입니다.

"이에 배움을 열망하는 많은 학생이 몰려오자, 강홍모 장로의 책임하에 영생학교를 따로 독립시키어 오늘날 전주대학교로 발전 웅비하게 되었다."

교회 역사를 기록하여 세운 기념판에 이름이 기록되어 있음을 볼 때, 강홍모 장로님의 역할과 비중을 가늠할 수 있습니다. 우리는 어려웠던 시대의 아픔을 온몸으로 겪으며 선교의 사명을 감당한 분들에게 빚지고 있습니다. 그분들을 기념하고 그 신앙의 행적을 기억하여 모범으로 삼아야 할

과제가 우리에게 있습니다.

　전주 지역에 명문 기독교 사학을 일구신 강흥모 장로님의 삶을 드러내는 이 책은 딱딱하지 않으면서, 마치 이야기처럼 전개되어 강흥모 목사님의 삶과 열정, 그리고 신앙의 모습을 잘 보여 줍니다. 오늘 우리가 모범으로 삼고 또한 힘과 용기를 얻게 하는 좋은 책입니다. 교회가 인물 부재로 인해 어려움을 겪는 이 시기에 참으로 적절한 책입니다. 모두가 만나 볼 수 있기를 기대합니다.

■ 추천사 4

애국가로 애국을 일깨워 나의 나 됨을 이루게 하신 스승 강홍모

김 택 수 동문

전북도민일보 회장, 호남고속 회장, 전(前) 전북상공회의소협의회 회장

　강홍모 교장 선생님을 처음 뵌 때는 1961년 무렵이다. 전북 순창 산골에서 나고 자라 초등학교를 졸업한 나를 아버님이 대처인 전주로 유학을 보내 주셨다. 부푼 가슴으로 영생중학교에 입학했다. 설레는 마음으로 교정에 들어섰는데 당시 영생중학교는 여러 면에서 미비점이 많았다. 음악이나 미술 같은 특수 과목은 담당 선생님이 안 계셨다. 음악 과목을 교장이신 강홍모 선생님이 담당하셨다. 손수 풍금을 치면서 애국가를 가르쳐 주신 일이 아직도 기억에 생생하다.

　노래 부르기를 좋아해서 음악 시간이 기다려지곤 했는데, 음악 시간이 되면 번번이 불려 나가 손바닥과 종아리를 맞았다. 나중에 안 일이지만 나는 음치였다. 노래를 좋아하는 것과 음치는 상관이 없는 일인 것 같다. 스스로 음치인 줄도 모르고 목청껏 노래를 불렀으니 나 때문에 음악 시간의 흥이 깨지기 일쑤였다. 그렇게 회초리에 맞아가면서 애국가를 익히고, 애국이 뭔지 배웠다. 강홍모 선생님의 그 가르침은 어린 가슴에 깊게 새

겨졌다.

　영생중학교를 졸업하고 영생고등학교에 진학했다. 고등학교를 졸업하고 망설임 없이 영생대학(현, 전주대학교) 경영학과에 진학하여 졸업하고 특히 모교에서 명예 경영학 박사 학위까지 받았으니, 내 인생의 대부분을 강흥모 목사님이 책임져 주신 셈이다. '국적은 바꿀 수 있어도 학적은 못 바꾼다' 했으니 나는 뼛속까지 '영생인'이다. 평생을 살면서 내 안에 흐르는 피는 '영생'이라고 자부했다. 1남 7녀를 두었는데 아들도 영생고등학교를 나왔다.

　영생고등학교 총동문회장을 두 번을 지내면서 영생고등학교 장학 재단을 설립하여 초대 이사장을 역임했고, 기업인으로서 얻은 부를 후학을 위해 쓰고자 경초장학재단을 설립했다. 그래서 매년 영생고등학교와 전주대학교 학생들에게 장학금을 지급했고 발전 기금도 기꺼이 낼 수 있어서 기뻤다. 전주대학교에서는 과분하게도 '김택수강의실'을 만들었다.

　재단법인 경초학원 호남제일고등학교의 이사장과 지방 언론인 전북도민일보를 창간했고, 현재에는 영생고 동문이 대표 이사 사장으로 재직하고 있다. 이처럼 교육과 언론에 헌신할 수 있었음은 모두가 영생학원 강홍모 목사님의 가르침과 하나님의 사랑으로 이루어진 나의 나 됨이었다고 고백한다.

　은사님의 탄생 101주년, 소천 20주기를 맞이하면서 늦은 감이 없지 않으나, 이제라도 강홍모 선생님의 행전 『너 알아? 전주대학교』가 출간되어 영생학원 설립자로서, 목회자로서 이 땅에 커다란 발자국을 남기신 선생님의 진정성이 밝히 드러나고 널리 알려질 수 있어서 진심으로 반갑고 경하해 마지않는다. 끝으로 이 책을 펴내기 위하여 노심초사 물심양면 수고를 아끼지 않은 후배 황의찬 목사에게 격한 감사의 말씀을 드린다.

■ 추천사 5

몸과 혼으로 엮어낸 기념비적 전기 『강홍모 행전』

손 세 용 목사
분당 동문교회 담임, 영목회 회장

칼 마르크스는 "내게 26명의 군인 지도자를 달라. 그러면 나는 세계를 정복할 것이다"라고 말했다. 물론 여기서 26명의 군인 지도자란 26개의 알파벳 문자를 의미한다.

글은 참으로 위대하다.

기독교가 성경 없이 구전으로만 전해졌다면 오늘날과 같은 세계 종교로 확장될 수 있었을까?

마틴 루터의 「95개조 반박문」이 비텐베르크 성전 문에 붙여지지 않았다면 종교개혁은 과연 가능할 수 있었을까?

그런데 글이라는 것이 그렇게 쉽게 써지는 것이 아니다. 어떤 작가가 글을 쓰느라고 머리를 싸매고 고심해도 도무지 아이디어가 떠오르지 않아 끙끙대며 고심하자, 부인이 보고 말했다.

"여보, 뭘 그리 고심해요?

내가 애 낳은 것에 비하면 아무것도 아니잖아요."

그러자 남편이 대꾸한다.

"모르는 소리 말아, 당신은 뱃속에 있는 아기를 낳지만, 난 머릿속에 없는 것을 끄집어내야 한다고!"

『혼불』을 쓴 최명희 작가는 "글은 영혼의 지문이다"라고 말했는데, 사람의 얼굴이 저마다 다르듯, 손끝에 새겨진 지문도 모두 다르고, 그 손끝에서 쓰이는 글도 누가 썼느냐에 따라 저마다 그 색깔도 사상도 그리고 그 영향력도 제각기 다르게 나타난다.

그런데 고(故) 강홍모 목사님의 제자요 영생학원 동문인 황의찬 목사가 그만 일을 내고 말았다. 『너 알아? 전주대학교』란 타이틀로 '설립자 강홍모 행전'을 써낸 것이다. 몇 해 전만 해도 영생학원에 대해 이런 르포 문학적인 책을 낸다는 것은 생각조차 쉽지 않았을 텐데, 조지 오웰이 '과거를 지배하는 자는 미래를 지배한다. 현재를 지배하는 자는 과거를 지배한다'고 그의 책 『1984』에서 말한 대로, 현재 홍정길 목사님이 학교 법인 이사장이 된 오늘의 현실이, 영생학원의 지나온 역사를 이만큼 바로 세울 수 있지 않았을까 싶다.

이 책은 참으로 역작(力作)이다. 문학 서적이야 작가의 문학적 상상력만으로 어떤 글이라도 써낼 수 있지만, 르포 형태의 작품은 철저히 사실에 근거해야 하기에, 결코 책상머리에서 상상의 나래를 펴며 쓸 수 있는 책이 아니다. 그 방대한 역사적 자료들을 찾아내고, 수많은 사람을 만나 인터뷰하며, 사실에 근거해서 글을 써낸다는 것은 사명감과 열정이 없이는 손댈 수 없는 일인데, 황 목사는 이 일을 이루어냈다. 그동안 나도는 소문이나, 나름의 추측으로 어림짐작했던 일들을, 사료에 근거하여 역사적인 줄기를 세운 일은 참으로 장한 일이라 아니할 수 없다. 그것은 저자 자신이 목사로서, 교회와 기독교 학원 그리고 설립자인 강홍모 목사님에 대한 애정과 사명감이 없이는 쉽게 손댈 수 없는 일이다. 황 목사는 28년 동안 한국도로공사에서 성실히 직장 생활을 하다가, 하늘의 소명을 받아 신학을 하고 교회를 개척해 목회 사역을 하면서,『하나님의 기름부음』,『침묵하지 않는 하나님』,『밧세바의 하루』,『아담은 빅뱅을 알고 있었다』,『붕어빵』,『밧세바의 미투』에 이어『삼성 창업가 이병철의 하나님』등을 써서, 작가로서의 그 달란트와 성가를 이미 드러낸 바 있다.

　이번 책『강홍모 행전』을 통해, 6.25 한국 전쟁의 그 폐허의 잿더미에서 영생학원과 영생교회를 설립하여 호남 명문 사학으로 우뚝 세우시면서, 이를 위해 자신을 온전히 불살라 헌신하신 소리(素里) 강홍모 목사님의 피땀 어린 사적이 새롭게 재평가되고, 널리 알려져서 영생의 빛이 온누리에 밝게 빛나길 간절히 기대한다.

　* 영목회 : 전주영생고등학교, 영생여자고등학교(현, 전주사범대학교부설고등학교) 출신 목사 및 장로 모임

■ 추천사 6

진실이 햇볕 아래 드러나고
전주대학교는 기독교 명문 사학으로

임 정 엽 동문

전주대학교 총동창 회장, 민선 완주군수 역임

　우리 전주대학교 동문과 학교 관계자에게는 입을 떼기 쉽지 않은 역사적 사실이 하나 있었습니다. 설립자 강홍모 목사님에 대해서, 그리고 1984년 영생학원이 신동아학원으로 넘어간 사건에 대해서 말을 꺼내는 것이 금기시되다시피 했습니다. 마치 진주조개 여린 살 속을 파고든 모래알갱이 다루듯 한없이 인내하면서 진액으로 감싸야 했습니다.

　누구는 영생학원을, 누구는 신동아학원을 두둔하다 보니 갈등의 골이 깊어만 갔습니다. 세월이 흐르면서 아픈 상처 덧내지 말자고 암묵적으로 덮어왔습니다. 진실은 점점 수면 아래로 깊어졌습니다. 이제는 누가 말을 꺼내어도 바르게 대답해 줄 사람도, 자료도 사라지는 듯했습니다. 그런데 황의찬 목사님이 객관적 사료에 근거해 진실을 밝혔습니다.

　전주대학교 설립자가 누구냐고 물으면, 1984년에 어떻게 해서 학교 법인이 교체되었냐고 물으면, 지금 전주대학교의 주인이 누구냐고 물으면, 전주대학교는 앞으로 어떻게 발전해야 하느냐고 물으면, 하나님이 전주대학교를 비롯한 네 개 학교에 어떻게 섭리하시느냐 물으면, 바로 이 책을 읽으라고 대답하면 됩니다.

한 권의 책이 역사를 바로잡을 수도 있습니다. 한 권의 책이 소금이 되어 진정한 맛을 낼 수도 있습니다. 한 권의 책이 한 공동체의 정체성을 알려 주고 푯대가 되어 바른길로 안내할 수도 있습니다.『너 알아? 전주대학교: 설립자 강홍모 행전』이 바로 이런 책입니다.

저는 전주대학교를 졸업하고 전주대학교 총동창회장을 수년간 역임하고 있습니다. 훌륭한 동문들이 수다하지만 부족한 제가 동창회장 자리를 지키고 있습니다. 열심히 뛰어왔지만, 설립자에 대한 호도된 풍문과 가려진 진실, 명쾌하게 정리되지 않은 역사의 불투명성이 늘 뒷덜미를 잡아 왔습니다. 전주대학교의 역사가 이것이라고 속 시원하게 말하지 못하는 아쉬움이 그림자처럼 따라다녔습니다.

그러나 이제 되었습니다. 이 책 한 권으로 잘 정리가 되었으니 비로소 전주대학교가 미래지향적으로 힘차게 전진할 수 있게 되었습니다. 이렇게 책을 펴내신 황의찬 목사님에게 심심한 감사의 말씀을 전합니다. 이제 이 책이 널리 읽혀 전주대학교는 하나님이 사랑하시는 대학이라는 진실이 만방에 알려지기를 바랍니다. 전주대학교 공동체는 물론 전주 지역 인사들, 더 나아가 전국으로 널리 퍼져 온 세상이 전주대학교를 주목하고, 기도하도록 하나님이 역사하시리라 믿어 의심하지 않습니다.

전주대학교가 이 땅에 기독교 사학으로서, 더구나 지방에 소재한 현실은 인간의 노력으로 극복해 내기 어려운 숙제라고 하겠습니다. 이를 극복하기 위하여는 먼저 전주 지역 교회들이 기독교 사학의 발전을 위해서 참여해 주시기를 당부드리며, 전주대학교가 하나님의 학교임을 알고 목회자는 물론 성도 여러분이 지속적으로 기도하고 후원할 때, 전주대학교는 진정으로 '수퍼 스타를 키우는 곳'이 될 줄 믿습니다.

전주대학교 재학생은 물론 동문 여러분의 분발을 기대하고, 이 책이 발간되었으니 더 많은 분이 이 책을 읽고, 우리가 나온 학교가 어떤 학교인지 새롭게 의미를 확인하고 학교에 대한 자부심을 더욱 크게 품고 세상에서 그리스도를 닮은 빛이요 소금이 되기를 간절히 기도하면서 추천사를 갈음합니다.

추천사 7

씨줄과 날줄로 엮어진 전주대학교의 역사를 바라보며

이 호 인 박사
전주대학교 13-14대 총장(2013. 8. 21 - 2021. 8. 31)

우리는 운명(運命)이라는 단어를 자주 사용합니다. 이는, '돌리고 움직인다'라는 의미인 운(運)과 사람들이 귀히 여기는 '목숨, 생명'이라는 명(命)이 합쳐져 '사람의 모든 것이 세상을 움직이는 초월적인 힘에 의하여 지배 받는다'라는 동양 철학적 사고에 기인한 단어입니다. 기독교인들은 소명(召命)이라는 단어에 익숙합니다. 소명의 영어 표현은 vocation으로, '부르심'(calling)의 의미가 있고 소리(voice)와 같은 어원을 갖고 있으며, 기독교인들은 '하나님의 부르심'으로 이해합니다.

8년간 전주대학교 총장으로 재직하면서 전주대학교를 포함한 학교 법인 신동아학원의 발자취와 그 시작점이었던 영생학원의 역사를 살펴보며 많은 것을 느끼고 배웠습니다. 이 교육 기관을 강홍모 목사님을 통하여 세우시고, 지금까지 이곳에서 교육을 받고 교육했던 모든 이의 헌신적 섬김이 주의 소명이었고 우리의 운명이었다는 사실을 고백하게 됩니다.

전쟁 후 주님의 음성을 통하여 강홍모 목사님이 전 재산을 헌납하여 영생학원을 출발시킨 긍휼한 실천, 간납대에서 전잠벌로의 발전적 도약의 이전, 어려운 시기에 내려놓음의 결단, 새로운 학교 법인 신동아학원에 불어온 여러 어려움과 안정화 과정, 신 재단과 구 재단의 화해를 위한 노력, 우리의 뿌리를 찾고자 하는 몸부림, 아직도 걱정이 많은 교내외 여러 상황 등을 새로운 시각으로 바라보게 되었습니다. 지나온 역사를 돌아보니 시작하신 이도 주님이시고 이끄신 이도 주님이시며, 이루어 가실 이도 주님이심을 고백하게 됩니다.

전주대학교는 2014년 개교 50주년 행사를 계기로 기독교 대학으로서의 정체성과 뿌리를 찾기 위한 노력을 기울여 왔습니다. 그 당시 집필된 『전주대학교 50년사』는 전주대학교를 중심으로 한 객관적인 사료 중심의 기술이었습니다. 그러나 이제는 표면적인 역사뿐만 아니라 영생학원에 뿌리를 둔 전주대학교와 설립자 강홍모 목사님을 중심으로 한 이면적 역사를 정리할 시기가 도래하고 그 필요성이 강조되고 있습니다. 이에 때를 맞춰 황의찬 목사님에 의해 강홍모 목사님의 행전이 출간됩니다.

『전주대학교 50년사』에서 연대기적 방법으로 기술했던 사실들이 씨줄이 되고 『너 알아? 전주대학교, 설립자 강홍모 행전』의 고찰이 날줄이 되어 하나로 엮어질 때, 전주대학교에 풍성하게 역사했던 주님의 섭리를 명확히 볼 수 있는 귀한 자료가 될 것입니다.

씨줄과 날줄로 엮어진 전주대학교의 역사를 바라보며, 전주대학교와 하나님이 항상 함께하셨고, 위기의 순간에도 역사하셨으며 하나님의 방법으로 합력하여 선을 이루기 위한 일꾼들을 보내주셨고 그들을 통하여 일하셨다는 것을 알게 되었습니다. "나의 나 된 것은 하나님의 은혜"라는 사도 바울의 고백이 우리의 고백이라고 하면서도 값없이 받은 하나님의 은혜의 소중함을 쉽게 망각하는 우리의 모습을 돌이키며, 우리가 너무 당연하고 때로는 부족하다고 투정 부리는 현재의 전주대학교 모습이 주님의 큰 은혜라는 사실도 알게 되었습니다. 전주대학교를 중심으로 군더더기의 가감

없이 객관적 사실에 근거하여 진솔하게 기술된 산 역사서, '강홍모 행전'을 집필하여 주신 황의찬 목사님의 눈물 어린 기도와 수고의 땀방울에 깊이 감사드립니다. 전주대학교가 위치한 천잠산(天蠶山)은 하늘에서 바라본 누에의 모습과 비슷하다고 하여 붙여진 이름이라고 합니다. 누에가 고치를 짓듯 이 역사서 '강홍모 행전'을 묵묵히 집필하여 주신 귀한 헌신이 한 올씩 풀려 엮어질 때 완성될 아름다운 전주대학교 모습을 그려볼 수 있게 하고, 전주대학교에서 배우고 가르쳤던 모든 이와 전주대학교를 사랑했던 모든 이의 소망을 다시 모을 수 있는 귀한 자료가 될 것입니다.

전주대학교를 비롯한 영생학원에서 출발한 교육 기관들은 황의찬 목사님을 통해 값없이 받은 은혜를 나눠주는 축복의 통로가 되고 합력하여 선을 이루는 주님의 교육 기관으로 거듭나게 될 수 있기를 소원합니다.

Do You Know? JeonJu University

너 알아? 전주대학교

Do You Know? JeonJu University
Written by EuiChan Hwang
All rights reserved.
Korean Edition Copyright ⓒ 2022 by Wheat Berry Books, Seoul, Korea.

너 알아? 전주대학교

2022년 3월 31일 초판 발행

지 은 이 | 황의찬

편　　집 | 한명복
디 자 인 | 박성숙
펴 낸 곳 | 도서출판 밀알서원
등　　록 | 제21-44호(1988. 8. 12.)
주　　소 | 서울특별시 서초구 방배로 68
전　　화 | 02-586-8761~3(본사) 031-942-8761(영업부)
팩　　스 | 02-523-0131(본사) 031-942-8763(영업부)
이 메 일 | clckor@gmail.com
홈페이지 | www.clcbook.com
송금계좌 | 기업은행 073-085404-01-017 예금주: 밀알서원
일련번호 | 2022-26

ISBN 978-89-7135-128-4 (03230)

이 책의 저작권은 저자와 도서출판 밀알서원이 소유합니다.
신저작권법에 의하여 한국 내에서 보호받는 저작물이므로 무단 전재와 무단 복제를 금합니다.

Do You Know?
JeonJu University
너 알아? 전주대학교

| 설립자 **강홍모** 행전
Acts of HongMo Kang, Founder of JeonJu University

황 의 찬 지음

도서
출판 **밀알서원**

차 례

추천사	신 광 주 장로(경신고등학교 교장)	1
	왕 보 현 장로(대한예수교장로회 서울 남대문교회 역사위원장)	3
	조 영 승 목사(한국기독교장로회 전주남문교회 담임)	6
	김 택 수 동문(전북도민일보회장, 호남고속회장, 전(前) 전북상공회의소협의회장)	8
	손 세 용 목사(분당 동문교회 담임, 영목회 회장)	10
	임 정 엽 동문(전주대학교 총동창회장, 민선 완주군수 역임)	13
	이 호 인 박사(전주대학교 13-14대 총장[2013. 8. 21 - 2021. 8. 31])	16

프롤로그   26

제1부 ■ 이종윤_과거를 통제하는 자가 미래를 통제한다?   31

1. 화려한 총장의 휘황한 레토릭   32
2. 고등학교 시절 절친과 사별하고   35
3. 출애굽 대행진   37
4. "본교는 폐교합니다"   39
5. 사학 재단과 전주대학교   41

제2부 ■ 강홍모 행전 (A) Before 1984   47

1. 전주북중학교 뒤로하고 서울 경신학교로   48
2. 삼순이와 홍모 로맨스   51
3. 축복의 땅 전라도_7인의 선발대   54
4. 한쪽은 죽음, 한쪽은 삶   58
5. 강홍모의 겟세마네 기도   63
6. 전주서문교회_남문교회_영생교회   67
7. 전라선 철둑 너머 간납대   70

8. 리-드(Albert Reid & Tommy Reid) 부흥회	74
9. 선주후광 先主後光	79
10. 영생교회 (1)	82
11. 진짜 목사	85
12. 전주천을 건너라, 삼천천을 건너라	89
13. 전주 도심이 서(西)로 간 까닭	93
14. 서울의 봄, 전주의 봄	98
15. 주먹으로 뺨을 맞아도 나는 웃을 겁니다	103
16. 1984년 학교 법인 영생학원 부채 현황	107
17. 도덕적 인간과 비도덕적 사회	113
18. 700억 받고, 향후 10년	117
19. 주거래 은행_관선 이사회_최순영의 삼위일체	122

제3부 ■ 최순영_현재를 통제하는 자가 과거를 통제한다? 134

1. 한국 기독교 '장로의 아이콘' 최순영	134
2. 최순영 장로 vs 강홍모 목사	138
3. 전두환 각하	143
4. 청문회 증인석에 앉은 최순영	146
5. 410억의 부채를 떠안고(?)	150
6. 최순영의 대화술_과장법	155
7. 스모킹건_93인의 미신고 채권자들	158
8. 격동의 80년대_전주대학교 학생 운동	164
9. 최순영의 경영권 포기 각서	169
10. "우리는 신동아학원을 긍정도 부정도 않는다"	171

제4부 ■ 강홍모 행전 (B) After 1984   177

1. 1984년 12월 8일 토요일 이후   178
2. 노태우 각하   183
3. 불타오르네_네 개로 흩어지는 영생교회   186
4. 길거리에 나앉아 삼순이를 보내다   192
5. 다윗과 골리앗 싸움_신동아와 우아영생교회   197
6. 마이더스의 손_간납대   201
7. 영생교회 (2)   203
8. 영생 (1)   209

제5부 ■ 사립 전주대학교   213

1. 1999년을 어찌하랴?   214
2. 하용조, 하수상하여라   218
3. 강홍모 사후 잇따라 터지는 봇물   223
4. 대한생명의 대반전_기부금 반환 소송   226
5. 강홍모, 전주대 50주년에 브론즈 흉상으로 서다   232
6. 최순영 vs 홍정길_e-mail 샅바 겨루기   237
7. 사학 재단_디테일의 악마   242
8. 수퍼스타를 키우는 곳 전주대학교   246
9. 소그룹 채플로 승부 걸다   251
10. 신학의 본산으로 우뚝 서라   255

Acts of HongMo Kang, Founder of JeonJu University

제6부 ■ **소리(素里) 강홍모의 모성만리(母城萬里)**   259

    1. 기는 사람_뛰는 사람_나는 사람, 그 위에…   260
    2. 영생의 보루_영생고등학교   262
    3. 영생 (2)   266
    4. 전주대학교는 공짜다   268
    5. 소리(素里) 강홍모의 모성만리(母性萬里)   271

에필로그   278

강 홍 모 목사 연보   280

미주   285

프롤로그

"한번 들여다 보겠습니다."

그렇게 대답하고 조사를 시작했다. 조사가 무엇을 의미하는지 개념도 잡지 않은 채 조사를 시작했다. 1984년 학교 법인 영생학원이 해체되고 학교 법인 신동아학원으로 넘어간 속내를 파고들었다. 이 사건의 실체를 객관적으로 밝혀 주는 자료가 매우 빈약했다. 맨땅에 머리를 들이대는 심정이었다.

한 자료를 입수하여 검증해 보면 사실과 다른 부분이 드러났다. 그것을 밝히기 위하여 한걸음 더 깊이 들어가서 입수한 정보를 검증하면 거기에도 진실과 동떨어진 곳이 보였다. 어떤 이를 만나 청취한 정보를 검색해 보면 팩트와 다른 부분이 보였다. 그 점을 밝히고자 백방으로 뛰어야 했다.

학교 법인 신동아학원, 전주대학교, 전주비전대학교, 전주영생고등학교, 전주대학교 사범대학 부설고등학교 그리고 강흥모 학원장의 일생을 추적했다. 『전주대학교 25년사』, 『전주대학교 50년사』, 『비전대학교 30년사』가 발간되어 있었다. 어렵게 입수했다. 연필심 안 묻히고 곱게 보려고 했는데 도저히 그럴 수 없었다. 밑줄을 북북 그어가면서 행간으로 파고들었다.

두어 달 지났는데, '내가 지금 뭘 하고 있지?'

이런 심정이 되었다. 캐도 캐도, 파도 파도 끝이 보일 것 같지 않았기 때문이었다. 만나는 이들은 그저 말하기 편하게 자기에게 유리한 정보로 변환시켜 '내 말이 맞아'라고 장담하지만, 객관적 진실이어야 하기에, 파고 들어가 보면 입수한 정보와 진실 사이에 괴리가 꽤 컸다.

그런 중에 이 작업의 의미를 찾을 수 있었다.

많은 이가 진실 아닌 것을 진실로 오인하고, 그것을 바탕으로 살아가고 있음이 점차 눈에 들어왔다. 하기야 살면서 모든 진실을 다 알아야 하는 것은 아니다. 또 그렇게 할 수도 없다. 그러나 자기 삶의 자리와 직접 관련되는 진실은 최소한 알아야 한다. 거짓을 참인 줄 알고 그것을 바탕으로 생각하고, 말하고, 행동했다면 그 인생은 모래 위에 세운 집이다.

일반화해서 말해보자.

내 부모님은 나를 사랑하지 않는다고 믿고 평생 살았는데, 나중에 알고 보니 부모님은 나를 지극히 사랑했었다는 것을 알게 되었다면 내 인생은 거짓을 기초로 쌓아 올린 허무한 탑이다. 부부간에도 부모와 자녀 간에도 마찬가지다. 사람은 관계 속에서 사는데 관계의 기초는 진실이어야 한다. 그런데 거짓을 기초로 관계를 맺고 그것이 진실인 줄 믿고 살았다면 그 삶에 죄 없다 하지 못하리라.

이 책에서 시대적으로 핵심이 되는 해는 1984년이다.

그해에 영생학원이 해체되고 신동아학원으로 넘어갔다. 공교롭게도 조지 오웰의 역작 『일구팔사 1984』가 있다. 이 책에서 다루는 사건과 『일구팔사』가 묘하게 겹쳐 보였다.

'과거를 통제하는 자가 미래를 통제한다.'

'현재를 통제하는 자가 과거를 통제한다.'

『일구팔사』의 테마가 언뜻언뜻 드러나 보였다.

오지랖 넓고 주제 넘는 교만이지만, 작가가 누릴 수 있는 최소한의 자유로 여기고 잣대를 들이댔다.

   진실을 모른다고 죄는 아니다.
   진실이 아닌데 진실인 줄 알고 행하면 죄다.
   자기에게 유리하다고 진실이라고 믿고 행하면 더 큰 죄다.
   인생은 진실을 찾아가는 행전이다.

글을 쓰는 과정은 남의 죄를 발견하는 남 탓하기가 아니라 내 죄를 발견하는 내 탓의 확장이다. 이 책에 등장하는 인물들이 진실 아닌 것을 진실인양 믿고 살았다면, 글 쓰는 나는 더했으면 더했지 덜할 리 없다. 그래서 글을 쓰는 내내 행복했다. 내 죄를 발견하니 행복했다. 내 죄의 용서 권한을 가진 분 앞에서 나는 더 큰 용서를 받게 될 터이니 말이다.

독일 사람은 역사를 기록한 태도를 둘로 나누었다. '게쉬히테'와 '히스토리에'다. 히스토리에는 연대에 따라 사건을 객관적으로 기록하는 편년체이다. 게쉬히테는 시간의 흐름에 따른 사건의 연속에는 필연의 연결고리가 있다는 해석이 가미된 역사기록이다. 이 책을 위한 자료 조사는 처음에는 '히스토리에'였다가 점점 '게쉬히테'가 되었음을 고백한다. 읽다 보면 보일 것이다. 너무 복잡하고 꼬인 실타래를 푸는 데는 두 가지 수단이 모두 필요했기에 그렇다.

기독교는 진실의 신앙이다.

진실이 무엇인지를 알아가면서 그 진실에 순복하는 여정이 믿음의 길이다. 다시 일반화하자면 하나님이 창조주이고 하나님이 우리를 사랑한다는 것이 진실이다. 믿음이 깊어진다 함은 하나님에 대한 신뢰가 깊어짐을 의미한다.

하나님이 무익한 종에게 이 책을 쓰게 했음이 진실이라고 믿는다. 그 믿음이 이 책을 포기하지 않고 끝내 써내도록 했다. 이 책이 나오기까지 도움을 준 이들이 참 많다. 전주영생교회 이인학 장로님은 이 책이 나오기에 매우 긴요한 자료들을 깊숙이 간직하고 있다가 건네주었다.

나의 부실한 건강을 염려하면서 함께 걸어주고 책을 쓰는 내내 자료를 함께 검토하고 읽어준 친구 류장원, 기도로 힘을 보태고 격려해 준 종리교회 정욱 목사, 책을 쓸 때마다 나침반이 되어 주는 평강교회 박상봉 목사에 감사하다. 은사이신 정동철 목사님의 채근과 격려, 잔소리도 자주 먹던 팥죽처럼 팥죽색으로 짙게 남을 것 같아 감사하다.

책을 쓸 때 가장 큰 영감의 원천이 되어 주는 아내와 딸 보연이, 손녀 유채와 바울이에게도 고맙다. 놀아주지 않는다고 뽀로통할 때마다 미안했다. 그러나 가장 큰 고마움은 그분에게 돌려야 한다. 이 책으로 내 죄를 엄청나게 발견했으므로 내가 받을 용서가 훨씬 커졌음을 기뻐하는 그분 말이다.

2022년 3월 온고을교회
목양실의 봄

전주대학교

[제1부]

이종윤_
과거를 통제하는 자가 미래를 통제한다?

전주대학교 캠퍼스 안에 있는 전주대학교회

1. 화려한 총장의 휘황한 레토릭

비빔밥으로 세계를 버무리겠다는 당찬 전주!

전주의 전주대학교에 스타가 왔다. 1984년, 여의도에 63빌딩을 짓고 스물두 개의 계열사를 거느린 신동아그룹 최순영 회장이 전주대학교의 새 주인이 되었다. 학교 법인 신동아학원의 이사장으로서 전주대학교, 전주공업전문대학교, 영생고등학교, 영생여자상업고등학교의 새 주인으로 진주했다. 최순영 회장만이 아니라 전주대학교 총장으로 함께 부임한 이종윤 목사도 반짝반짝 빛을 발하는 기독교계의 스타이다.

전주대학교는 당시 전주 도심에서 십 리 이상 격해 있었다.

아직은 도심권과 거리가 있는 효자동 천잠산 기슭에 둥지를 틀고 있어서 캠퍼스 곳곳에 진흙탕이 충만했다. 학생들의 신발에 묻은 황토는 학교 배지나 '과잠'에 앞서 그들이 전주대학생임을 알렸다. 전주 도심 동서 관통로 아스팔트는 전주대학생들이 묻혀온 천잠산 진흙으로 재포장했다.

전주대학교는 1984년 새 학기에 종합 대학교가 되었다.

칼리지(College)에서 유니버시티(University)로 탈바꿈했다. 탈을 벗고 나오다가 짓무른 상처로 학교 법인 영생학원은 1984년 내내 진통을 겪다가 '구 재단'으로 몰락하고, 신동아학원이 새 주인이 되었다. 신동아학원의 이사장과 총장으로 스타급 인물이 동시에 출격했다.

학생은 물론 교직원, 학교 관계자와 지역민 모두 두 별을 바라보는 눈빛이 샛별같이 반짝거렸다. 교주의 금고에서는 기부금이 쏟아지고, 총장의 입에서는 옥구슬 같은 언어의 향연이 펼쳐지리라 맘껏 기대해도 나쁘지 않았다.

신임 이종윤 총장은 연세대 신학과와 그 대학원을 졸업하고 미국 웨스트민스터신학교에서 신학 석사 학위를 받고 영국으로 건너갔다. 세인트 앤드류스대학교 대학원에서 철학 박사 학위를 받았다. 이후 웨스트민스터신학교 초빙 교수를 하다가 귀국했다. 연세대학교, 서울신학대학교, 장로회신학대학교에서 강의했으며 아신대학교(전, 아세아연합신학대학교) 교수로 재직하는 중에 최순영 장로와 할렐루야교회를 설립하여 담임 목사로 있었다.

신학을 공부한 이력도 그렇거니와 그 이후의 행적이 이렇게나 화려할 수 있다는 것이 참 경이롭다. 그의 구두 굽에 천잠산 진흙 덩어리가 밟혀 깨질 것을 생각하니 송구스러울 지경이다.

전주대학이 1983년 9월에 종합 대학으로 인가가 나고, 1984년 3월 JeonJu University로 출발하면서 임명된 박주황 총장은 9개월 만에 밀려났다. 박주황 총장은 서울대학교 정치학과를 졸업하고 미국 밴더빌트대학교, 미주리대학교 대학원에서 수학했으며, 국립 전북대학교 대학원에서 박사 학위를 취득하고, 전북대학교 법과대학장 재임 중 전주대학교의 첫 총장으로 영입되었다.

학력으로 치자면 이종윤에게 밀릴 것도 없고, 당시의 재무부 장관 김만제의 고모부였지만 박주황의 구두와 바짓가랑이에 묻은 천잠산 진흙에는 모두가 그러려니 했었다. 뜬 별이냐 안 뜬 별이냐의 차이다.

신임 이종윤 총장의 취임사 한 대목을 들어보자.

> 오늘의 전주대학교가 있기까지에는 많은 사람의 피눈물 나는 노고와 헌신적 희생이 있었다는 것에 대해 의심할 사람은 아무도 없을 것입니다. 그러나 전주대학교

가 20년의 장년이 된 오늘, 지금까지 자라 온 과거사에만 머물러 있을 수 없음도 자타가 공인할 것입니다. 이제 전주대학교의 서론은 끝이 났기 때문입니다.[1]

이종윤 총장은 그의 취임사에서부터 '레토릭'(rhetoric)이 빼어났다.

그동안 아무도 전주대학교의 서론이 끝났다고 말해 주지 않았다. 그러나 신임 총장이 취임사에서 서론이 끝났다고 하니, 그제야 본론인 줄 깨닫는다. 서론보다 못한 본론은 보지 못했다. 은근히 가슴이 두근거렸다.

이종윤은 전주대학교를 떠 받들고 나갈 두 기둥은 '학문의 지고성'과 '성숙한 영성'이라고 했다. 각운을 '성'으로 맞추고, 학문의 지고성을 위하여 향후 5년 이내에 '전 교수의 박사화'를 실현하겠다고 했다. 성숙한 영성을 위해서는 매주 전체 교직원 예배를 하겠다고 천명했다. 이렇게 함으로써 수년 내에 '삼류대'라는 오명을 씻어내겠다고 다짐했다.

과연 신임 총장의 입에서 '삼류대'라는 단어가 튀어나왔는지 의문스럽다. 자신이 총장으로 부임한 대학을 '삼류대'라고 지칭했다면 그것은 문제라 아니할 수 없다. 세상 사람들이야 대학을 세속적 기준에 맞춰 등급을 매긴다지만, 기독교적 관점에서는 그렇게 할 수 없다. 어느 대학이 더 귀하고 어느 대학이 덜 귀하다는 잣대는 매우 비성경적이다. 손가락은 모두 길이가 다르지만 하나같이 소중하다.

1989년 5월에 발간한 『전주대학교 25년사』 한 페이지를 들여다보자.

이 총장은 불과 몇 년 안에 '3류대'라는 오명을 씻기 위하여 노력할 것이며 새로운 면학 분위기 조성을 위해 차근차근 학교의 행정을 쇄신하겠다고 말했다.[2]

설령 신임 총장이 그렇게 발언했다손 치더라도 『전주대학교 25년사』를 발간하면서 그대로 옮기는 집필진의 의식도 아쉽다. 이 총장은 오자마자 24명의 교수를 전격적으로 선발했다. 24명 모집에 총 517명이 지원했다. 22대1, 아주 센 경쟁률을 뚫고 임용된 합격자의 면면은 이 총장의 화려함에 걸맞았다. 내로라하는 교수진이 학교를 빛나게 할 터이다.

재직하고 있던 교수 중에는 박사 학위 없는 이들이 있었다. 새 총장이 보란 듯이 교수를 대거 채용하고 전 교수진의 박사화를 추진하겠다니 불편하기 짝이 없었다. 이종윤 총장은 박사 학위 없는 교수들에게는 고통을 부여함으로써 순종을 받아내는 전략을 폈다.

2. 고등학교 시절 절친과 사별하고

이종윤은 고등학교 시절 단짝 친구가 갑자기 세상을 뜨는 바람에 엄청난 충격을 받았다. 바로 옆자리에서 어제까지도 함께 대화하고 장난치고 선의의 경쟁을 펼치던 친구가 이 세상에서 사라졌다. 아침에 눈 뜨면 세상은 늘 그 자리에 그렇게 있는 것 같지만, 이런 일을 만나면 육신은 물론 정신까지 혼미해진다.

마틴 루터는 청년 시절 친구와 함께 폭풍우 속을 걸었다. 그때 "쫘르릉" 터지는 번개 불빛에 친구가 목숨을 잃은 충격에서 벗어날 수 없었다. 이 사건은 루터의 생애를 견인하는 푯대가 되었다. 루터는 누가 세상을 이렇게 연출하는지 묻지 않을 수 없었다. 자기는 살려 두고 친구는 데려가는 그가 누군지 평생에 걸쳐 답을 구하게 된다.

이종윤도 비슷한 사건을 겪고 목사가 되겠다고 다짐했다. 목사가 되겠다는 다짐이 흔들릴까 봐 공책마다 겉장에 '목사 이종윤'이라고 적어놨다. 그걸 본 친구들이 그를 "이 목사"라고 불렀다. 그때부터 신학은 그에게 외길이 되었다.

이종윤이 청년 시절 출석한 서울 충현교회의 김창인 목사는 그의 스타성을 알아보고 신학에 정진할 것을 권했다. 군종 사병으로 입대한 이종윤은 당시는 없던 대대급에도 군인 교회를 창립하는 대단한 열정을 드러냈다.

군 복무를 마치고 해외 유학길에 올라 신학 엘리트 코스를 마치고 귀국하여 화려한 행보를 이어가던 그는 1980년 11월 최순영의 초청을 받는다. 최순영은 아버지 최성모, 어머니 이득삼 집사의 신앙을 기리고 싶었다. 물려받은 유산 중에서 부모님이 기거하던 집을 교회의 디딤돌로 헌당코자 했다.[3]

최순영의 요청에 따라 최순영과 이종윤 두 집안 가족 8인이 모여 첫 기도회를 열었다. '할렐루야교회'의 시초다.[4] 할렐루야교회는 매우 빠른 속도로 성장했다. 1982년에 최순영은 할렐루야교회에서 장로가 되었다.

교회 설립 3년 만에 이미 국내에서 주목 받을 만큼 성장한 할렐루야교회는 1984년 초에 담임 목사인 이종윤 목사에게 안식년을 주었다. 이 목사는 미국에 가서 안식년을 보내고 있었다. 그 해에 최순영 장로는 학교 법인 영생학원을 인수 했다.

전주대학교, 전주공업전문대학, 영생고등학교, 영생여자상업고등학교를 거느리는 학교 법인 신동아학원을 설립하고, 미국에 체류 중인 이종윤 목사를 전주대학교 총장으로 초청했다. 1984년 12월 19일 이종윤 목사는 할렐루야교회 담임 목사 직을 유지한 채, 임기 4년의 전주대학교 총장으로 부임했다.

3. 출애굽 대행진

이종윤은 전주대학교 총장으로 내정되고 미국에서 한국으로 오면서 숱한 구상을 했던 것으로 보인다. 부임하자마자 자기 이력만큼이나 화려한 행보를 연일 이어갔다. 1985년 2월 13일부터 15일까지 2박 3일 동안 교직원 160명을 데리고 경주도큐호텔로 가서 퇴수회를 열었다. 이름하여 '85 출애굽 대행진'이다. 여기서 이종윤은 총장이자 목사로서 설교했다.

그는 설교에서 출애굽 해야 하는 이유를 다음과 같이 정리했다.

첫째, 전주대학교는 지방 대학이라는 '바알 신'을 섬기고 있었으므로 여기서 벗어나야 한다.

둘째, 지난 2년의 격동기 재앙인 '애굽'에서 벗어나야 한다. 여기서 지난 2년이란 영생학원이 자금난에 부딪혀 난파하고 신동아학원으로 귀착한 기간이다.

셋째, 새 술은 새 부대에 담아야 한다.

넷째, 하나님 앞에 믿음을 가지자.

다섯째, 서로 사랑하고 존경하자.

설교를 마치면서 교수 재임용을 거론했다. 구 재단 영생학원 설립자의 아들인 강희만 교수의 재임용 탈락에 대해 문교부와 이사회에서 문제가 되어 계약을 연장하지 않았다고 공개적으로 언급했다.[5] 이로써 구 재단 영생학원시대로부터의 탈출이 '출애굽'임을 분명히 했다.

'이제 전주대학교의 서론은 끝이 났다'라는 그의 발언이 무엇을 의미하는지 확실해졌다. 서론에서 본론으로 이어가자는 흐름이 아니라 '서론 잘라내기'였다. 과거를 통제함으로써 미래를 통제하겠다는 의도가 다분하다. 그 자리에는 구 재단에 우호적인 교직원이 상당수 있었다. 그런데도 이렇게 강하게 치고 나간 것은 대단한 배짱이다.

스타 총장은 새 술을 새 부대에 담아낼 수 있을까?

경주도큐호텔로 출애굽 대행진, 교수 퇴수회를 떠나기 이전에 이미 이종윤 총장은 전주대학교 총동창회 박길훈 회장과 면담을 했다. 그 자리에서 이 총장은 전주대학교의 교명을 바꾸자고 제안했다. '전주'라는 지역 이름이 세계적인 대학으로 나아가는 데 걸림돌이 된다는 것이었다.

이 총장은 교가도 바꾸어야 한다고 했다. 이때 이미 이종윤은 새 교가를 만들어 놓고 있었다. 1985년 2월 졸업식장에서 바꾼 교가를 불렀다. 다음 해인 1986년 2월에도 바꾼 교가를 불렀다. 동창회는 이런 제안과 실행에 강하게 반발했다. 교명을 바꿀 수 없을 뿐 아니라 바꿔 부른 교가도 원래대로 갖다 놓으라 했다. 이태 동안 바뀐 교가를 부르다가 1987년 졸업식에서 본래의 교가를 되찾아 불렀다.

이 총장은 전주대학교의 서론은 끝이 났다고 하더니, 서론에 이어 본론을 전개하지 않고 오히려 서론에 손을 대고 있었다. 전주대학교 신문에는 고정 칼럼이 있었다. 칼럼 이름은 '천잠산'이다. 이를 '학당골'로 바꿨다. 동문회는 여기에도 반발했다. 다시 '천잠산'으로 환원시켰다.

이종윤은 종합 대학교 승격 기념 식수 팻말도 제거했다. 그 팻말에는 구 재단 강홍모 이사장의 이름이 새겨져 있었다.[6] 이종윤 총장에게 그것도 잘라내야 할 '서론'이었다.

4. "본교는 폐교합니다"

이종윤 총장은 자신이 선발한 신임 교수 24명 중에서 특별히 한 사람을 주목했다. 서울대학교에서 생물학을 전공하고 국립산림과학원에서 20여 년간 국가공무원으로서 산림 녹화 사업에 헌신하고, 특히 솔잎혹파리에 관한 연구 논문을 다수 발표한 박기남 교수였다. 이종윤은 그를 전주대학교 생물학과 교수로 뽑아놓고, 어떤 생각에선지 박 교수에게 전주공업전문대학 학장을 맡아 달라고 부탁했다. 부탁을 넘어 임명이었다.

박기남 자신이 생각해도 안 맞는 옷이었다. 평생 식물을 연구하며 살아왔는데, 공업전문대학 학장이라니 어안이 벙벙했지만, 거절은 애초부터 선택지에 있지 않았다.

전주공업전문대학은 전주대학교, 영생고등학교, 영생여자상업고등학교와 더불어 학교 법인 영생학원 산하 학교였다. 이제는 학교 법인 신동아학원으로 바뀌었다. 전주공업전문대학에는 전북대학교 수학과 출신 강성희 학장이 있었지만, 그는 이미 '서론'에 해당하는 구시대 인물이니 쏟아버려야 하는 헌 술이었다. 이종윤의 추천으로 전주공업전문대학 학장이 교체되었다.

박기남 학장은 다음날부터 학장실로 부임했다. 당시 전주공업전문대학은 남노송동 간납대에 있었다. 박기남은 학장으로 부임한 첫날의 느낌으로, "그곳은 마치 이사 간 집처럼 썰렁했고, 창틀에는 녹슨 방범창이 매달려 있고, 우중충한 복도가 미로처럼 얽혀 있어서 대학 같은 분위기를 느낄 수 없었다"[7]라고 회고했다.

학장 취임식을 앞두고 학교 관계자 여럿이 회동하는 자리에서 이종윤은 박기남을 전주공업전문대학의 새로운 학장이라고 소개하고 나서 뜻밖의 말 한마디를 덧붙였다.

"본교는 폐교합니다!"

순간 분위기가 얼음이 되었음은 말할 것도 없거니와, 그 파장은 당장 전주공전 학생들의 데모를 촉발했다.

"학내가 시끄러워지고 여기저기 유리창들이 와장창 깨지면서 스크럼을 짠 학생들이 폐교 반대를 외치면서 교내를 돌고 있었다."

그들에게 첫 번째 목표는 당연히 학장실이었다. 박기남은 "그때 흥분한 학생들의 창백한 얼굴이 지금도 눈에 선하다"라고 회상했다. 이 사태는 이사장 최순영이 학생 대표들을 불러서 학교를 폐교하지 않는다는 한마디로 잠재워졌다.[8]

해프닝으로 끝났지만, 이종윤의 전주공전 폐교 발언은 많은 억측을 생산했다. 아니 땐 굴뚝에 연기 날 일은 없다. 영생학원에서 신동아학원으로 넘어가는 과정에서 공전 폐지안이 거론되었을 것이란 추측은 부인할 수 없는 기정사실이 되었다. 영생에서 신동아로 넘어갈 때 어떤 내막이 있었는지를 '비화'라는 한마디로 말하기에는 부족하다.

"폐교하지 않겠다"라는 최순영의 언질은 다행히 지켜졌다. 놀라운 일은 생물학자 박기남이 그때 전주공전 학장으로 취임하여 15년간이나 재직했다는 기록이다. 1985년 3월에 제3대 학장으로 취임하여 제8대 학장까지 역임하고, 2000년 10월에 이임했다. 생물학자 박기남이 전주공전의 학장이 되어 15년이나 재임했으니 그의 처세에 눈길을 주지 않을 수 없다.

5. 사학 재단과 전주대학교

사립 학교를 운영하는 주인이 바뀌는 일이 종종 있다. 사립 학교 주인은 개인일 수도 있지만 대부분 법인이다. 법인이란 여러 사람이 모여서 의사 결정체를 이루어 법에서 정하는 권리를 누리고 의무를 다하는 인격체이다. 사립 학교를 운영하는 법인을 '사학 법인'이라 부르는데 대부분 '학교 법인 ○○학원'이라는 명칭을 가진다.

현재 전주대학교의 소유 경영권을 가지는 법인은 '학교 법인 신동아학원'이다. 신동아학원은 2022년 현재 전주대학교와 전주비전대학교, 전주영생고등학교, 전주대학교 사범대학 부설고등학교(옛 이름 영생여고) 등 네 개의 학교를 소유하고 경영한다.

전주시 효자동 2가 천잠산 기슭 30만여 평 광활한 부지에 네 개의 학교가 있다. 이곳에 수십여 개의 학교 건물이 각기 특색있는 모양을 자랑하며 들어서 있다. 여기에 2만여 학생이 공부하고 있다. 잔디 축구장 하나, 인조 구장 둘에 널따란 운동장이 있다. 연못에는 분수가 힘차게 물줄기를 쏘아 올리고 녹지대가 아담하게 펼쳐져 있다. 크고 작은 나무들이 빼곡하게 들어서 역사를 증명한다. 거닐기만 해도 쾌적하다. 교문을 들어서는 순간 공부하고 싶은 귀한 충동이 일어난다.

대부분 사립 학교는 첫 설립자가 뜻을 세우고 작은 규모로 시작하게 되지만 시간이 흐르면서 규모가 커진다. 공부하겠다는 학생이 몰려오고 그들을 수용하여 가르치기 위해서는 설립자 한 사람의 역량으로 감당할 수 없어 학교 법인을 설립하게 된다. 법인을 설립하면서부터 한 사람의 힘이 아니라 다수의 힘을 결집하여 역량을 키워 나간다.

사립 학교 법인은 이사회를 구성해야 한다. 한 개인이 주인이 아니라 이사회가 사립 학교를 소유하고 경영하게 된다. 사립 학교는 7인 이상의 이사와 2인 이상의 감사로써 이사회를 구성해야 한다. 현재 전주대학교를 운영하는 학교 법인 신동아학원은 8인의 이사와 2인의 감사를 두고 있다. 국내의 어떤 사립 대학 이사는 24명인 경우도 있다.[9] 학교마다 형편에 맞게 이사의 수를 정해야 하는데, 사립 학교법에 상한 규정이 없기 때문이다.

학교를 처음 설립한 사람이 이사회를 구성하면 그때부터는 학교에 대한 소유 경영권은 이사회라는 법인이 가진다. 처음 설립한 사람이 자기가 애초에 학교를 설립한 초심을 끝까지 이어가려면 이사회 구성원을 자기와 뜻을 함께하는 이들로 채워야 한다. 이 과정에서 최초 설립자가 사리사욕을 내세우는 경우가 있다. 그때 나타나는 현상이 족벌 경영이다.

자기의 친족들로 이사회를 구성하고 학교의 요소요소에 일가친척을 심는다. 정부에서는 족벌 경영을 방지하기 위하여 이사 구성원 중에 친족 관계인 자가 4분의 1을 초과할 수 없도록 규정하고 있다. 설립자는 어쩔 수 없이 피가 섞이지 않은 이들을 이사로 선임해야 한다. 그렇게 구성된 이사 중에서 만일 자기편을 들어주는 사람이 과반수에 못 미치면 실질적 소유 경영권을 상실하는 일도 발생한다. 이렇게 된 사학법인 산하 학교를 '주인 없는 학교'라고 부르기도 한다.

원초적 논란으로서 학교의 주인은 학생이다. 그러나 학생이라는 존재는 법인만큼 야무질 수 없다. 학생은 순환하는 주체다. 해마다 졸업하고 신입생이 들어온다. 이들 학생의 결속은 법인만큼 조직적이지 못하므로 학교 법인과 학생 간에 대립이 생기면 학생이 불리한 것이 현실이다.

학교 법인은 학생과의 갈등에도 유의해야 하지만, 이익 단체로서 자기실현을 추구하려는 경향을 띤다. 당초 설립자 정신을 살리고자 하는 자기실현도 있지만, 학교를 통해서 사사로운 욕심을 채우려는 자기실현도 없지 않다.

사립 학교의 비리는 종종 사회 문제가 되기도 한다. 이를 근절하기 위하여 정부는 고등학교까지 의무 교육화하면서 사립 학교에 막대한 재정을 지원하고 있다. 초중고교사의 인건비는 공사립을 막론하고 정부에서 전액 지원하고 있다. 정부는 막대한 예산을 지원하는 만큼 강력하게 통제하고자 한다. 최근 사립 중고등학교 교원 채용 시험 필답 고사를 교육위원회가 주관토록 법을 개정했다.

어린이집부터 유치원 초등학교 중학교 고등학교 전문대학교 대학교 등 각급 학교에서 차지하는 사립 학교의 비중은 절대적이다. 사립 학교가 이렇게 큰 비중을 차지하게 된 원인 중 하나는 기독교가 사학을 많이 설립했기 때문이다.

1884년 기독교가 한국에 전래되었다. 주로 미국에서 파송되어 입국한 선교사들은 병원과 학교 설립에 힘을 기울였다. 물론 그 이전에도 사립 학교가 있었으나 선교사들의 학교 설립은 한국에 사립 학교 설립이라는 커다란 물줄기를 여는 기폭제가 되었다.

선교사들이 병원과 학교 설립으로써 기독교를 전파했는데 이는 성공적이었다. 한국의 기독교는 역사상 보기 드문 최단 기간 성공 사례로 꼽힌다. 한국 기독교가 자립하고 선교사들이 대부분 물러갔다. 이제는 한국이 미국 다음으로 해외에 선교사를 많이 파송하는 나라가 되었다.

선교사들이 세우고 떠난 기독교 사학을 한국인들이 이어받아 운영하는 한편, 국내의 기독교인 중에서 기독교 사학 재단을 설립하기 시작했다. 강홍모 목사는 한국인 기독교인으로서 기독교 사학을 세운 1세대에 속한다.

강홍모가 설립한 학교 법인 영생학원을 비롯한 많은 사학 재단이 2세대, 3세대로 이어져 오고 있다. 대부분 직계 가족이 물려받아 설립자의 정신을 이어 간다. 그러나 설립자의 뜻이 고스란히 2세대, 3세대로 이어지지 않고 변질하는 수도 있다. 예컨대 선대로부터 물려받은 사학 재단 운영이 적성에 맞지 않아 인수자를 물색해서 넘기는 일도 있다.

부모나 조부모 대에서 육영 사업에 뜻을 두고 사학 재단을 설립하여 일생을 헌신했으나 손자 대에 이르러 '내가 왜 이 일을 해야 하나'하는 회의가 들어, 양도 받을 법인을 찾아 적당히 넘기고 자기의 적성을 찾아갔다고 비난 받을 일은 아니다.

학교 법인 간에 양도 양수가 이루어질 때, 사립 학교법 등 제 법률은 양자 간에 일체의 금전 거래를 불허한다. 상법에서는 일반 상가의 거래에 '권리금'을 인정한다. 그러나 학교 법인의 양도 양수에서는 권리금조차 인정하지 않는다. 법이 그렇다고 실제 그렇게 될 리는 만무하다. 학교 법인의 자산은 일반 상가에 비할 바가 아니다.

1984년에 학교 법인 영생학원이 해체되고 갓 등기를 한 학교 법인 신동아 학원이 전주대학교를 비롯한 네 학교의 소유 및 경영권을 가졌다.

영생학원과 신동아학원, 양자 간의 양도 양수에서는 어떤 일이 벌어졌을까?

학교 법인 신동아학원이 4개 학교를 인수하고 1984년 12월 전주대학교 총장으로 부임한 이종윤 목사의 첫 행보를 짚어 봤다. 그는 구 재단인 학교 법인 영생학원을 '벗어야 하는 구태'로 규정한 듯한 행태를 보여줬다. 학교 법인 영생학원은 법적으로 이미 해산되었지만, '거기'는 탈출하지 않으면 안 되는 '애굽'지경이라고 큰 목소리로 외쳤다.

하나님은 모세를 지도자로 내세워 430년 동안 애굽 즉, 이집트에서 노예로 살던 이스라엘 민족을 탈출시킨다. 하나님이 하신 일이니 빈틈이 있을 수 없다. 모세는 자기가 받은 사명을 완벽에 가깝게 수행하고 요단강 동편에서 숨을 거둔다. 하나님이 섭리하고 모세가 지도하는 출애굽은 성공했다.

이종윤은 출애굽기에 나오는 서사를 전주대학교에 적용했다. 자신이 총장으로 취임하기 전 옛 법인 영생학원을 '애굽'으로 선언했다. 그는 1984년에 전주대학교 총장으로 부임하지만, 임기를 채우지 못하고 1987년에 퇴임한다. 이후에도 그의 행적은 한국 기독교계의 중심축에 있다.

한국기독교사학회와 한국교회사학연구원은 2004년에 한국 교회 10대 설교가 중 한 명으로 이종윤 목사를 선정했다. 자타가 공인하는 탁월한 설교가였다.

2006년에는 '주기도문과 사도신경의 재번역위원회' 위원장을 맡아서 100여 년 동안 예배에서 암송하던 문안을 새롭게 다듬었다. 일부 교단을 제외하고는 새로 번역한 주기도문과 사도신경을 예배에서 암송한다.

살아서 스타가 된 사람 중에는 사후까지도 빛을 발하며 역사의 별로 남기도 한다. 하나님은 그러나 어떤 한 인물에게 집중적으로 광영을 허락하는 분이 아니다. 세속의 역사가 오래도록 빛나는 별이라고 인정하는 것과 하나님이 인정하는 스타는 구분된다.

하나님은 어느 한 사람이 평생 꽃길만 걷도록 섭리하지 않는다. 이종윤은 전주대학교 총장으로 있다가 서울의 충현교회 담임으로 간다. 거기서 나와 서울교회를 개척했다. 자신이 개척하고 자신이 불러들인 후임 목사와 극한 갈등을 빚다가 대한예수교장로회 통합교단 강남노회에서 출교 당한다.

그의 빼어난 설교는 미국의 방송 연설가이며 필라델피아 장로교회 목사인 제임스 몽고메리 보이스(J M. Boice) 목사의 설교를 베꼈다는 표절 시비에 휩싸였다. 단순한 표절이 아니라 그 목사의 경험을 자기의 경험처럼 말했다고 해서 비난을 받는다.[10]

이런 이종윤의 생애 가운데 1984년 전주대학교 총장의 이력을 하나님은 영예로 평가할지 아니면 실족으로 평가할지 우리는 알지 못한다.

내남없이 자기의 수고에 대한 평가를 스스로 하면 교만이다.

역사에 맡기면 객관성을 확보했다는 평을 듣는다.

하나님께 맡기면 겸손이다.

제2부

강홍모 행전 (A) Before 1984

1984년 3월에 개관한 전주대학교 도서관.
지금은 대학 본관으로 사용한다. 저 멀리 모악산이 보인다.

1. 전주북중학교 뒤로하고 서울 경신학교로

영생학원을 설립한 강홍모는 1921년 전주 동남쪽에 연한 완주군 상관면에서 강대석의 3남으로 태어났다. 그의 조부 강경호는 상관에서 남원에 이르는 지역에 상당히 많은 전답과 임야를 소유한 대지주였다. 전주에서 남원 가는 길에 그의 땅을 밟지 않고는 못 간다는 말이 있을 정도였다.

부잣집에서 태어난 홍모는 전주에서 보통학교를 졸업하고 전주북중학교 입학시험을 쳤다. 전주북중학교는 3.1운동이 일어난 1919년에 설립되었다. 전주에는 이보다 앞선 1900년에 선교사 W. D. 레이놀즈(W. D. Reynolds, 한국명 이눌서)가 설립한 신흥중학교가 있었으나, 당시 강홍모의 집안에는 기독교인이 한 명도 없었다. 자연스레 전주북중학교에 입학 원서를 냈다. 입학시험을 치르는 날 홍모는 형과 같이 학교에 도착했다.

"홍모야, 너 시험 잘 치고 나오면 형이 엿 사 줄게!"

"정말이야, 형?

진짜로 엿 사 줄 거지?"

"그럼, 진짜지!"

"알겠어, 형!"

시험장에 들어가서 정해진 자리를 찾아서 앉았다. 선생님이 시험지를 나눠주었다. 시험지를 받아든 홍모는 시험을 치를 때마다 '선생님이 미리 다 가르쳐 준 것을 되묻는' 이 까다로운 절차가 무엇을 의미하는지 잘 몰랐다. 보통학교에서 시험을 치를 때는 시험지를 나눠 주고 나서 한글을 깨우치지 못한 아이들을 위해 선생님이 시험지를 천천히 읽어줬다. 홍모는 선생님이 읽어주는 속도보다 빠르게 답을 적었다. 중학교 입학시험도 별

반 다를 것이 없었다.

 홍모는 답을 단 시험지를 엎어 놓고 출입문 쪽을 주시했다. 얼른 나가서 형과 함께 집으로 뛰어가서 엿 먹을 생각에 침을 꼴깍꼴깍 삼켰다. 선생님이 다 푼 사람은 나가도 된다고 말했다. 홍모는 조심조심 시험장을 나와서 복도 끝까지 갔는데 아무도 없었다. 기다리고 있을 줄 알았던 형이 안 보인다. 망설이던 홍모는 시험 본 교실 출입문까지 되돌아왔다. 교실 안을 보니 아직도 조용하다. 홍모는 다시 들어와 자기 자리에 앉았다. 엎어둔 시험지가 그대로 있다. 홍모는 무심코 시험지를 뒤집었다. 그때였다.

 "교실 밖으로 나갔다가 되돌아와서 시험지를 뒤집는 것은 부정행위다!"

 선생님이 시험지에 빨간 펜으로 뭔가를 적더니 교탁으로 가져갔다. 어안이 벙벙해진 홍모는 귓불이 빨갛게 달아올랐다. 다른 아이들도 모두 홍모를 쳐다봤다. 선생님이 홍모를 데리고 교무실로 갔다. 그곳에서 한참을 기다렸는데 형이 왔다.

 형의 손을 잡고 따라나서는 홍모에게 형이 말한다.

 "홍모야 왜 그랬어?"

 "형이 엿 사 준다고 했잖아?"

 "그래서 나왔다가 다시 들어갔어?"

 "형이 없어서 교실로 되돌아갔어!"

 며칠 후 합격자 발표 명단에 친구들 이름은 모두 적혔는데 홍모 이름만 없었다.

 집안에서는 동네 창피하게 되었다며 이참에 홍모를 서울로 보내자 했다. 서울에 연통을 놓았더니 연건동에 있는 경신학교 입학 원서 마감 날짜가 사나흘 남아 있다는 기별이 왔다. 서둘러 상경했다. 뜻밖의 서울 유학길이다.

홍모가 입학한 경신학교는 미국북장로회에서 파송한 선교사 언더우드가 1885년에 설립했다. 언더우드는 자기가 살던 서울 정동에서 고아들을 가르치기 시작했는데 이것이 경신학교의 효시다. 언더우드가 고아를 모아서 가르친 것은 고아를 돕기 위해서였지만, 장차 한국에 기독교가 정착하면 한국인 목회자를 세워야 할 필요성을 내다봤다. 언더우드는 경신학교를 세우고 이어서 연희전문학교를 세웠다.

홍모는 경신학교에 입학하여 처음 경험하는 서울 생활에 빠르게 적응할 뿐 아니라 학교에서 가르치는 성경 수업과 예배도 거부감 없이 받아들였다. 학급에는 교회에 출석하는 친구들이 대부분이었다. 홍모는 친구 따라 일요일이면 서울 남대문교회를 다녔다. 남대문교회는 한국에서 첫 번째 주일 예배의 감동을 간직한 교회이다.

1885년 6월 21일 주일 저녁에 알렌 선교사 부부, 헤론 선교사 부부와 스크랜턴 선교사의 어머니가 알렌의 집에서 저녁 식사 후 첫 주일 예배를 했다. 한국에서 드려진 첫 번째 주일 예배로 기록되어 있다. 이 예배가 남대문교회 머릿돌이 되었다.

첫 예배 이후 언더우드와 아펜젤러 그리고 외교관 포크가 참석하여 주일 예배를 정기적으로 드리게 되었는데, 예배 장소를 알렌 선교사의 집에서 제중원으로 옮겨 교회 공동체로 발전했다. 1910년에는 제중원을 벗어나 '남대문밧교회'[11]로 세워졌다. 나중에 '밧'자를 떼어내고 남대문교회가 된다.

1919년 3.1 운동의 주역인 함영태, 이갑성, 이용설은 물론 백범 김구 선생도 남대문교회 성도이다. 한국 교회 초기 지도자로서 서상륜, 김익두, 김

치선, 맹의순도 남대문교회 출신이다. 강홍모가 경신학교에 진학하여 남대문교회에 출석할 무렵에는 한국인 목회자가 자리를 잡고 담임으로서 목회하고 있었다.

경신학교와 남대문교회를 오가면서 강홍모는 홍난파 선생으로부터 성악 교습을 받고, 웅변 학원도 다니는 등 활기찬 생활을 이어갔다. 전라도에서 온 촌놈이었지만 학교와 교회 안에서 두각을 나타내어 모두가 주목하는 학생으로 학창 시절을 보내고 있었다. 홍모는 주변으로부터 호감을 받는 청년으로 성장했다.

전주북중학교 시험에 낙방하여 엿도 못 먹고 서울 유학길에 올랐다. 그 발걸음이 놀랍게도 한국기독교 선교 스테이션 심장부에 진입하여 예수 믿고 그리스도인이 되는 길이었다. 무릇 입학시험에 붙거나 떨어지는 것은 성공이냐 실패냐의 문제가 아니다. 그것은 인생행로 갈래 길을 안내하는 나침판이다.

2. 삼순이와 홍모 로맨스

1930년대 크리스마스이브에 남대문교회 학생부가 무대에 올리는 성탄극은 서울 장안의 으뜸 화젯거리였다. 당시만 해도 볼거리가 거의 없던 때다. 교회의 성탄 축하의 밤은 온 장안이 들썩거리는 화제의 중심이었다. 그중에서도 태어나는 아기 예수를 마구간 구유에 누이는 성극은 그날 밤의 백미였다. 해마다 성극의 주연을 누가 맡느냐 하는 것은 교회와 학교와 장안 초미의 관심사였다. 1938년 성탄절 연극 남자 주인공 요셉 역은 경신학교 강홍모가, 마리아 역은 정신여학교 김삼순이 맡았다.

정신여학교는 경신학교와 쌍둥이 학교라 할 수 있다. 언더우드가 자신의 집에서 고아들을 가르치면서 경신학교가 세워지는데, 1887년에 새로 데려온 다섯 명의 고아 중에는 '정네'라는 다섯 살짜리 여자 아이가 있었다. 언더우드는 남녀 7세 부동석의 나라 조선에서 남녀 고아를 함께 가르칠 수 없었다. 그래서 제중원 여의사 B. A. 엘러스(B. A. Ellers)에게 '정네'를 부탁했다. 엘러스는 정네를 맡아서 가르치는데 이 일이 '정동여학당'의 시작이다. 나중에 정신여학교가 된다.

1938년경 정신여학교 졸업반 김삼순은 강홍모보다 나이는 한 살 위로 경남 진영 출신이다. 남대문교회 학생회장은 김삼순, 부회장은 강홍모였다. 성탄절 단막극 '예수 탄생'에서 회장 부회장이 마리아와 요셉 역을 맡는 일은 전통이 되어 있으므로 삼순이와 홍모가 주인공이 될 줄은 알았지만, 그해는 더욱 장안의 화제가 되었다.

두 사람 다 신앙심이 돈독했을 뿐 아니라 지도력이 있어 학생회가 크게 부흥했다. 웅변뿐 아니라 성악도 잘하는 홍모와 여성스러우면서도 야무지고 당찬 삼순이 콤비의 성탄극은 예배당 안에 발 디딜 틈이 없도록 관객을 끌어들였다.

"여보 마리아, 힘내시오!"

"아, 요셉! 내 손 좀 잡아줘요! 이마의 땀도, 허리도 받쳐주세요!"

"아 어쩜 좋단 말인가? 하필 마구간에서 해산하다니!"

"요셉, 요셉!"

그때 홍모는 삼순의 치마 속에서 아기 예수를 꺼내 마구간 구유에 누였다. 관객들은 우레와 같은 박수와 함성을 질렀다.

"오 주여!" 탄식도 흘러나왔다.

그렇게 성탄절을 보내고 홍모는 삼순을 만났다.

"삼순 자매 나와 결혼해 주오!"

감을 잡고는 있었지만, 삼순은 때를 놓치지 않았다.

"홍모 형제는 결혼하면 어떤 가정을 이루고 싶어요?"

"믿음의 조상 아브라함과 같은 가정을 이룹시다. 삼순 자매!"

홍모가 이 말을 하는 순간 삼순은 소스라쳤다. 그도 그럴 것이 성탄 전야 공연 준비로 한창 바쁘던 때 삼순이와 홍모가 연애한다는 소문이 장안에 퍼지고 있었다. 그러던 어느 날 삼순의 친구들이 삼순에게 확인차 물었다.

"너 정말 홍모 형제와 결혼할 거야?"

"나는 기도로서 받은 응답이 있어!"

"그게 뭔데?"

"나에게 프러포즈하는 남성이 '나와 결혼하여 아브라함과 같은 가정을 이룹시다'라고 말하면 나는 그 남자와 결혼할 거야!"

"기도 중에 그런 응답을 받았단 말이지?"

"꽤 되었어! 나는 믿음의 조상 아브라함과 같은 가정을 이루고 싶어!"

그리고 성탄절을 보냈는데 홍모의 입에서 베껴온 듯 그 말이 나온 것이다. 삼순의 생각에 짚이는 바가 있었다. 그날의 대화가 홍모에게 전해진 것이 틀림없다. 홍모가 싫은 것은 아니지만 속내를 들킨 것 같아 얼굴이 달아올랐다.

"홍모 형제는 아브라함의 가정이 어떤 가정이라고 생각해요?"

"그야 뭐 구약에 나오는 대로 고아와 과부와 나그네를 섬기는 가정?"

"홍모 형제는 언제부터 아브라함처럼 고아와 과부와 나그네를 섬기면서 살아갈 생각을 했어요?"

"히브리서에 나그네를 대접하다가 아브라함은 천사를 만났다고 했잖아요. 우리도 먼저 주님 말씀에 순종하면 하나님은 나중에 우리에게 영광을 주시리라고 믿습니다."

"좋아요! 홍모 형제, 우리 두 손 잡고 기도해요!"

두 사람은 결혼을 약속하고 나란히 일본으로 유학을 떠났다. 홍모는 메이지대학 신문고등연구과, 삼순은 도쿄여자미술전문학교 사범과로 진학했다. 나란히 유학을 마치고 귀국하여 결혼식을 올리고 홍모의 고향인 전라북도 전주에 정착했다.

3. 축복의 땅 전라도_7인의 선발대

한국에 기독교가 들어온 원년은 1884년 9월 미국북장로교가 파송한 의료 선교사 호러스 알렌(Horace N. Allen, 한국명 안운)이 입국한 해이다. 알렌이 입국한 이듬해 갑신정변이 일어났다. 이때 부상 당한 민영익을 알렌이 서양 의술로 고친 것을 계기로 광혜원이 설립된다. 이 해에 언더우드와 아펜젤러가 인천항으로 입국했다.

선교사들은 병원 설립에 이어 한국에 사립 학교를 세운다. 1885년 경신학교, 배재학교, 이화학교를 설립한다. 1887년에 정신여학교를 설립하고 전국 각지에 기독교 학교를 세웠다. 이처럼 선교사들에 의해 학교가 세워지면서 한국에 기독교가 뿌리를 내리고 한국 근대화를 이끌었다.

기독교가 한국에 들어와 가장 빠르게 부흥한 지역을 꼽자면 단연 평양이다. 평양에서 기독교는 놀라운 속도로 부흥하고 정착했다. 1901년 한국 최초 신학교인 평양신학교가 설립되었다. 평양은 '한국의 예루살렘'으로 불렸다. 그러나 남북 분단으로 평양은 기독교 역사의 뒷장으로 접히고 만다.

그러면 남한 지역에서 기독교가 가장 부흥한 곳은 어느 지역일까?

언더우드의 행적을 주목해 보자.

미국북장로교가 파송한 언더우드는 1985년 서울에서 선교 활동을 시작한 지 6년 지난 1891년 안식년을 맞아 미국으로 귀국한다. 언더우드는 맥코믹신학교에서 한국 선교 6년 실적을 보고하고 네쉬빌로 갔다. '미국 신학생 해외 선교 대회'가 네쉬빌에서 열리고 있었기 때문이다. 거기에서 언더우드는 한국의 선교 상황을 보고하고, 동행한 윤치호는 한국이라는 나라에 대해서 강연했다. 이를 계기로 1892년에 미국 남장로교에서 선교사 일곱 명을 한국에 파송하기로 결정한다.

북장로회 소속 언더우드의 선교 보고에 남장로회가 반응했다. 남장로회는 한국에 파송할 선교사 일곱을 뽑았다. 이들 7인의 선발대[12]는 두 쌍의 부부, 한 쌍의 남매 외 또 한 명으로 구성되었다. 이들은 1892년 9월부터 11월 사이 순차적으로 한국에 도착한다. 이때 한국의 선교 스테이션은 지역을 나누어 선교사에게 할당하는 '예양' 정책을 시행했는데, 이들 7인의 선발대는 호남 지역을 배당받았다. 이 해가 1893년이다.

이들의 활약상을 보자.

1893년에 레이놀즈(이눌서)가 전주로 사람을 보내어 땅을 매입하고 첫 예배를 드렸다. 이를 시점으로 7인의 선발대가 선교 활동을 시작한다. 이 듬해인 1894년 5월 갑오 농민 혁명이 터졌다. 7인의 선발대는 일단 서울로 철수했다가 다음 해 다시 전라도로 내려온다.

　1896년 4월에 군산에 진료소를 개설하고, 11월에 전주에서도 진료소를 개설하여 양의학 진료 선교가 시작되었다. 1897년에는 여의사 잉골드가 합세하여 전주에서 예수병원을 개설했다. 1900년에는 전주에 신흥학교, 기전학교를 설립하고, 1902년에 군산에 영명학교, 멜볼딘여학교를 설립했다. 1903년에는 목포에 영흥학교와 정명학교, 1908년에 광주 숭일학교와 수피아여학교를 세웠다.

　전라도 지역에 8개의 남녀 학교가 설립되었다. 당시는 논산과 금산이 전라북도였다. 이곳에도 두 개의 학교가 세워졌다. 놀라운 일이 아닐 수 없다. 이들 10개의 학교는 1937년 일제의 신사 참배 강요를 거부하고 자진 폐교했다가 해방 이후 복교하는 공통된 역사를 보유한다.

　미국남장로교 선교 스테이션이 호남에 자리 잡고, 일제 강점기의 시련을 기독교에 힘입어 극복함으로써 전라도에 뿌려진 복음의 씨앗은 자갈밭에 떨어지지 않고, 호남평야 옥토에 뿌려져 튼실하게 발아했다. 이 결과는 한국의 지역별 복음화 비율로 고스란히 나타난다.

　전주 군산 익산의 기독교인 비율이 30퍼센트를 웃돌면서 전국에서 최고다. 제주도와 부산 울산을 비롯한 영남 지역의 복음화 비율이 두 자릿수 미만임을 감안 할 때 이는 기적이라 아니할 수 없다. 예수 그리스도의 복음이 결실한 기준으로 전라도는 놀랍게 축복을 받은 땅이다. 그러나 복음의 축복이 세속적 축복으로 직결되지는 않는다.

　6.25 동란 이후 한국의 근·현대화 과정에서 전라도는 상대적으로 낙후되면서 전라도를 제외한 전 지역으로부터 미운 오리 취급을 당한다. 정치적 쟁점이 있을 때면 전라도는 외톨이가 되곤 한다. 세속적 성공과 호감

도는 복음의 확산과 반비례할 수도 있다. 복음의 확산도 빼어나고 세속적 번영과 평가에서도 우세하다면 금상첨화지만 양손에 둘 다 거머쥘 수는 없다. 금상첨화는 하나님의 섭리와는 친하지 않다. 다 가지려고 해서는 안 된다.

2015년, 학교 법인 신동아학원 홍정길 이사장이 전주대학교 전 교직원에게 보낸 이메일 서신에 다음과 같이 쓴 대목이 있다.

> 마지막으로 한 가지만 더 말씀드리고자 합니다. 고향 사람들을 불러 모아서 일한다고 하셨습니다. 저는 제 고향을 사랑합니다. 55년 동안 서울살이를 하면서 원죄처럼 따라다니는 '전라도 사람'이라는 표식을 등에 지고 다녔습니다. 내가 잘못을 해서 죄 없는 내 고향 땅이 멸시받는 일이 없어야 한다는 생각으로 오늘까지 살아왔습니다. 그 고통스러운 일들이 오늘의 나를 만드는데 큰 토대가 되어 주었습니다. 이번에 온누리교회 장로님들께 지방색을 가지고 호소하려고 하셨는데, 이 일은 최(순영) 회장님의 아쉬운 점이라 생각됩니다.

뒤에서 언급하지만 2015년 신동아그룹 최순영 회장이 서울 온누리교회 장로들에게 먼저 서신을 보내고, 그 글을 고스란히 전주대학교 전 교직원에게 보냈다. 이에 대해 홍정길 이사장이 대응하는 서신을 보내는데, 그 속에 위의 내용이 포함되어 있다. 홍정길 이사장은 전라남도 출신이다. 사회지도층에서도 전라도 비하의 행태가 고스란히 표출되고 있다.

'전라도'라는 말은 세상에서 비하하는 소리가 되기도 하지만, 하나님은 그렇게 보시지 않음이 분명하다. 하나님은 전라도 땅에 복을 내려주었다. 전라도는 하나님의 복을 받아 누리는 땅이다. 그러나 세상인심은 그렇지 않다. 전라도인에게 세상인심을 택할지 하나님의 복 주심을 택할지, 하나를 고르라고 한다면 그들은 어떤 선택을 할지 자못 궁금키도 하다.

전주대학교를 비롯한 네 개의 학교를 설립한 강홍모는 전라도 출신이다. 전라도 출신으로서 자기의 고향에 학교를 세웠다. 홍모의 아내 삼순은 경남 진영 출신이다. 영호남 부부다. 이들이 결혼할 무렵에는 지역 갈등이 없었다.

홍모와 삼순은 결혼하여 금의환향했다.

세속적으로도 금의환향이고 복음적으로도 화려하게 고향 땅을 밟았다. 이들을 맞이한 전라도는 이들에게 어떤 삶을 살도록 할지, 그 파노라마를 따라가 보자.

4. 한쪽은 죽음, 한쪽은 삶

전라도 남편 홍모, 경상도 아내 삼순 부부는 전라도 전주 땅에 인생의 닻을 내렸다. 홍모는 전북도청 공무원이 되었고 삼순은 전북여학교와 전주사범학교에서 교편을 잡았다. 해방 직후 전주 지역 사회에 서울에서 신학문을 하고 나란히 동경 유학을 다녀온 도청 공무원 남편과 사범학교 교사인 아내는 주변의 시선을 끌었다.

이들은 스스로 교회를 찾아갔다. 교회가 전도하지도 않았는데, 꽤 돈독한 신앙을 가지고 혜성처럼 부부가 등장했다. 이들이 처음 찾은 교회는 전주서문교회였다. 이 교회는 미국남장로회 파송 7인의 선발대 중 레이놀즈(이눌서)가 1893년에 전주에 세운 교회다. 전라북도의 첫 교회다.

당시의 교회는 안으로 자기 교회만 살찌우는 교회가 아니었다. 서문교회는 전북의 어머니 교회로서 때마다 성도들을 떼어내 번식하고 있었다. 성도를 모으고 건축 헌금을 모아 교회당을 크게 짓자는 망령된 생각이 그 때는 없었다.

서문교회는 1948년경 강홍모 김삼순 부부를 집사로 안수하여, 전주 남문교회에 가서 힘을 보태도록 보냈다. 남문교회는 서문교회가 1905년에 20명의 성도를 보내어 분립시킨 교회다. 이후로도 남문교회가 약하면 서문교회는 성도를 떼어 또 보냈다.

서문교회에서도 반짝이던 강홍모 김삼순 부부는 남문교회에서도 모두가 주시하는 별이었다. 남문교회는 이 부부를 보다 크게 쓰고자 갓 서른을 넘긴 강홍모 집사를 장로로 장립했다. 1951년이다. 나라는 6.25전쟁으로 난리 통이었지만 교회의 복음 확장은 멈출 수 없었다.

강홍모 장로는 전북도청 재무과장으로 있다가 운수과장으로 자리를 옮겼다. 이때 도청 운수과는 소총 방아쇠 당기는 법만 겨우 배우고 전쟁터로 징발되는 학도병을 익산역까지 실어나르는 일이 주 업무였다. 까까머리에 교복을 입은 채 화물 칸에 타고 겨우 사나흘 익힌 군가를 목청껏 부르는 학도병을 이리역에 내려주고 돌아설 때는 산천초목이 함께 흐느꼈다. 강홍모는 그들이 가는 곳이 어떤 곳인지 알기에 따라 울면서 새벽마다 기도했다.

전주는 비교적 후방이지만 이미 전쟁 고아가 늘어갔다. 언제 돌아올 지 기약도 못 하고 전쟁터로 떠난 부모를 기다리는 아이도 많았다. 강홍모 김삼순 부부는 그들을 위해 뭔가를 해야 한다는 사명으로 하나님께 부르짖었다. 아브라함과 같은 가정을 꾸리기로 약조하고 결혼한 부부다. 고아와 과부와 나그네를 대접하는 사명을 제일로 여기고 김삼순은 이웃의 여인네들을 불러 모아 뜨개질을 가르쳤다.

고아와 나그네를 위하여 헌신해야 할 사명이 남았다.

남문교회에는 1925년에 유치원과 보육원을 설립하여 운영했다.

유치원 이름이 '영생유치원'이다. 보육원은 유치원 보모를 양성하는 기관으로 설립했다. 그런데 1944년 일본 제국주의의 동아시아 침탈 전쟁 막바지에 일본이 교회들을 전쟁에 징발하면서 영생유치원과 영생보육원을 폐쇄했다. 남문교회에는 그때 사용했던 시설이 남아 있었다.

강홍모는 그 시설을 보면서 하나님의 음성을 듣는다.

'이곳에 전쟁 고아와 방황하는 청소년을 모아 가르쳐라!'

강홍모 장로는 남문교회 담임 이해영 목사에게 건의했다. 이해영 목사도 흔쾌히 동의하고 당회를 소집했다. 이해영 목사는 담임으로 부임한 직후여서 의욕에 차 있었다. 당회에서 이사회를 구성했다. 이해영 목사가 이사장, 강홍모 장로가 부이사장이 되어 1952년에 '사립 전주영생학원'을 설립하고 전주시 교육청에 사설 강습소로 신고했다.

1944년에 폐원된 영생유치원과 보육원을 다시 개원하면서, 야간 중학 과정을 추가로 개설했다. 마침 남문교회 최백진 장로가 고아원을 운영하고 있었다. 고아원 원생이 중학 과정에 입학하고, 전주 시내 불우 청소년이 지원하니 순식간에 야간 2학급이 되었다. 정규 중학교가 아니었으니 '영생중학관'으로 불렀다. 주간에는 영생유치원과 영생보육원이고, 야간에는 영생중학관이 되었다.

이 무렵 강홍모 장로는 두 번이나 빨치산에게 붙들려갔다. 오밤중에 자다가 붙들려 두 눈을 가리운 채 끌려갔다. 깊은 산골에 날이 밝았다. 밤새

끌려온 많은 주민이 포로가 되었다. 빨치산은 붙잡혀 온 이들을 모두 한 곳으로 집합시켰다. 한 사람 한 사람 앞으로 불러내어 취조했다. 자기들의 판단에 따라 좌우로 나누었다. 한쪽은 틀림없이 생명을 부지할 수 없을 것이고, 한쪽은 생명이나마 건질 수 있을 것이었다.

일제 강점기 지주의 자손이고, 해방 후 도청 중견 공무원이며, 교회 장로인 강홍모가 그 자리에서 살아남을 길은 보이지 않았다. 곧이곧대로 진술했다가는 목숨이 열이라도 부지할 수 없다. 그렇다고 신앙을 숨기자니 하나님께 부끄러웠다. 자신이 죽으면 올망졸망 5남매는 영락없이 최백진 장로가 운영하는 고아원에 수용될 터였다.

기도로 자세를 흩트리지 않고자 애를 태웠다. 앞사람의 심문이 끝나고 강홍모가 앞으로 나갔다. 총부리를 겨누고 사는 곳을 물었다. 다음에는 직업을 물을 것인데 그때 빨치산 졸병 한 사람이 허겁지겁 신문하는 이에게 다가왔다. 무슨 쪽지를 내밀면서 귓속말로 속닥거렸다. 서로 심각한 표정을 짓고 땅바닥에 침을 뱉고 하늘을 쳐다보곤 했다.

"야 임마! 너는 저쪽으로 가라고 했잖아, 다음 사람 나와!"

그가 가리키는 쪽은 가난에 찌들고 기운 없는 아녀자들이 많은 그룹이었다. 등으로 식은땀을 흘리면서 엉거주춤 무리 가운데로 비집고 들었다. 자기끼리 심각한 이야기를 나누다가 강홍모를 취조가 끝난 앞사람으로 착각했던 것 같았다.

'하나님이 나를 살려 주시는구나! 하나님은 나에게 남문교회 영생학원을 사명으로 주신 것이다'라고 속으로 되뇌면서 무리와 함께 산모퉁이를 돌아 나오는데, 콩 볶듯이 총기를 난사하는 소리가 어두워가는 두메산골 지축을 흔들었다.

그 일 후에 또 한번 붙잡혀 갔다. 이번에도 상황은 비슷했지만, 질문 순서가 달랐다. 붙잡힌 이들에게 사는 곳과 부모 조부모 이름을 캐물었다.

"아버지 할아버지 이름은?"

"아버지는 강대석, 할아버지 강경호입니다."

예의를 갖춰 아버지 할아버지 함자를 댈 수 없었다. 그랬다가는 대번에 소총의 개머리판이 명치를 가격한다.

"뭐? 네 할아버지가 상관면 사는 강경호?"

"네!"

"너 이리 와봐!"

싸리나무를 잔뜩 쌓아둔 곳 뒤편으로 앞서 걸어갔다. 바짝 긴장하여 따라갔다. 그가 낮은 소리로 타이르듯 속삭였다.

"너희 할아버지 덕택에 내가 굶어 죽지 않고 살았다. 그 덕에 너를 살려줄 테니 내 말 잘 들어야 한다. 해 질 무렵에 너희를 다 내려가라 하면서 왼편 산악 골짜기로 가라 할 것이다. 그때 왼편으로 가지 말고 무조건 오른편 골짜기 가파른 폭포수 길로 달아나야 산다!"

"네 알겠습니다."

빨치산은 산속에서 싸리나무를 베어다가 밥을 지었다. 싸리나무가 화력이 세면서 연기가 거의 안 나기 때문에 아지트가 드러날 위험이 적었다. 강홍모에게 살길을 일러 준 빨치산은 시침을 떼고 자기의 자리로 되돌아갔다.

강홍모의 조부 강경호 옹은 보릿고개가 되면 가마솥에 밥을 가득 지어 주먹밥을 만들어 광주리에 담아 마을 어귀 둥구나무 아래 내놓곤 했다. 배고픈 사람들은 누구나 그 밥을 가져다 먹었다. 할아버지의 베풂으로 홍모가 목숨을 건졌다.

    탈진한 모습으로 집에 들어서는 홍모를 붙잡고 삼순이 말했다.

    "당신을 살려주신 분은 하나님입니다. 하나님은 우리 부부에게 사명이 있으니 살려 주셨습니다. 하나님께 감사합니다!"

5. 강홍모의 겟세마네 기도

    강 장로는 구사일생으로 살아 돌아온 간증을 하면서, 영생유치원 영생보육원 영생중학관을 위해 앞장서 헌신했다. 1952년 5월에 시작한 영생학원은 해를 넘기고 1953년 신학기를 맞이했다. 유치원 보육원 중학관에 작년과 동일한 수의 학생이 보태졌다. 학생 수가 300여 명에 달했다.

    1944년에 폐쇄될 때까지의 유치원, 보육원 상황과 달랐다. 그 당시는 유치원과 보육원 학생 수가 이렇게 많지 않았을 뿐 아니라 야간 중학 과정은 없었다. 아무래도 교회 안에서 세 기관을 동시에 시작한 일이 과했다는 말들이 나왔다.

    특히, 수요일 밤 예배가 문제였다. 야간 중학 과정 두 학급의 수업 시간과 겹치다 보니 예배가 산만해졌다. 나중에는 주일에도 비슷한 상황이 연출되었다. 중학 과정 학생들이 일요일 낮에 마땅히 갈 곳이 없으니 주먹밥이라도 한 덩이 얻어먹을 수 있는 교회로 몰려들었다. 이들은 예배당 마당을 점령하고 비석 치기와 축구를 하면서 왁자지껄하게 놀았다.

    어느 주일 예배 시간에 학생들이 던진 돌이 날아와 예배 중인 교회 유리창을 "와장창!" 깨뜨렸다. 이해영 목사는 긴급 당회를 소집했다. 유치원과 보육원만 개원했으면 괜찮을 것을 중학 과정까지 개설했던 것이 문제였다. 중학 과정 개설을 앞장서서 주도한 강홍모 장로를 모두가 주시했다. 모든 부담이 강홍모의 양어깨 위로 얹어졌다.

그날 저녁 집으로 돌아온 강홍모 장로는 아내 김삼순과 밤늦도록 숙의했다. 영생중학관 학생들의 생동감 넘치는 눈망울이 떠올랐다. 차마 중학관을 폐교하자고 말할 용기가 나지 않았다. 강홍모 장로는 뭔가 결단해야 한다는 느낌을 감지하고 있었다.

자신은 도청 공무원으로, 아내는 전주사범학교 교사로서 살아가는 모습은 누가 봐도 안정적이고 이상적인 가정이었다. 슬하에는 2녀 3남, 5남매가 올망졸망 커가고 있었다. 당회에서는 유치원과 보육원만을 복원하자고 했지만, 자신이 나서서 야간 중학 과정도 개설하자고 했던 것에 일말의 후회감도 없지 않았다.

내년이면 영생중학관 3학년까지 모두 6학급이 된다.

남문교회 안에서 그 학생들을 모두 수용할 수 없음은 자명했다. 서문교회에서 남문교회로 왔을 때 7년 전 폐원한 유치원과 보육원 시설을 보면서 복원하고자 기도했는데, 학생 수가 이렇게까지 많아지리란 생각은 못 했다. 강 장로 부부는 직장생활을 하면서 충분해 병행할 수 있을 것으로 봤는데 예측이 빗나갔다. 강 장로는 아내에게 조심스럽게 말을 꺼냈다.

"도청에 사표내고 영생학원에 전념하는 것이 하나님의 뜻일까요?"

한참을 생각하더니 아내가 말했다.

"저도 시작할 때는 이렇게 커지리라고 예상 못 했어요!"

강홍모 장로는 양단간에 결정해야 했다. 도청 공무원 직과 영생중학관 둘 중 하나는 내려놓아야 했다. 하나님께 뜻을 묻는 길 외에는 방법이 없다.

다음날부터 강 장로는 새벽 기도회 끝나고 산상 기도를 시작했다. 그동안도 가끔 한 번씩 올라가 기도했던 곳이 있었다. 교회에서 멀지 않은 산등성이다. 큰딸 교자를 데리고 새벽 기도회를 다녔던 터라 산상 기도에도 교자 손을 잡고 올랐다.

"교자야, 여기서 기도하고 있어라, 아버지는 저기서 기도할게!"

서울 경신학교를 졸업하고 일본까지 가서 공부한 값에 전라북도청에 취직이 되었다. 해방 이후 국민 소득 연간 100달러도 안 되는 시대, 도청에 근무한다는 일은 꿈같은 일이었다. 첫 출근 하던 날 하나님께 드린 감사 기도의 감격이 아직도 생생하다. 평생 성실히 근무하여 하나님의 영광을 드러내리라 다짐했었다. 그 자리를 내 던지는 것도 어렵지만, 자신이 학교를 맡아서 운영한다는 것에 대한 두려움은 훨씬 더 컸다.

"하나님이 원하시는 길을 보여주세요! 그 길을 가겠습니다."

소나무를 부여잡고 기도해도, 바위를 치면서 기도해도, 무릎이 깨지도록 기도해도 확연히 드러나지 않았다. 매일의 산상 기도는 일주일을 넘기고 한 달을 넘겼다. 아이들 등교를 위해 아내는 집에 두고, 장녀 교자 손목을 잡고 산에 오르는 산상 기도로 봄이 무르익었다. 그날도 교자를 앞세우고 산기도를 갔다. 아버지의 번민을 아는지 모르는지 군소리 없이 깡총깡총 앞서 오르는 딸의 뒷모습을 보았다.

'오 남매는 내가 돌볼 터이니 너는 영생학원을 맡아줄 테냐?'

멈칫했다. 관목류에 새로 돋는 연초록 이파리에 새벽 햇살이 앉으며 묻는 듯했다.

"꼭 제가 해야 합니까?"

"다른 사람이 하면 안 되겠습니까?"

그날은 기도하다가 큰딸 교자를 바라보고, 다시 기도하다가 또 바라보기를 거듭거듭 했다. 그리고 내려와서 아내에게 말했다.

"여보, 우리 아이들은 하나님께 맡기고 우리가 영생학원을 맡읍시다!"

아내의 얼굴에 슬픈 듯 물기가 스쳤다.

고아와 과부와 나그네를 대접하는 아브라함의 가정이 이 길일까?

"예수님이 겟세마네 동산에서, 자기가 십자가를 꼭 짊어져야 하는지 기도하실 때, 이마의 땀방울이 핏방울로 흘러내렸다고 했어요! 당신이 날마다 산 기도를 다니면서 하나님께 받은 응답이라면, 하나님이 맡기시는 줄 믿겠습니다!"

경신학교와 정신여학교에서 신앙으로 맺어진 부부였다.

세상이 선망의 눈으로 바라보는 도청 공무원과 사범학교 교사 부부로서 살아가는 길은 눈에 익지만, 산 기도를 통하여 인생행로의 물꼬를 돌린 이 길은 낯설고 좁은 길이다. 부부가 결단하고 강홍모 장로는 이해영 목사에게 알렸다.

당회가 다시 소집되었다. 1953년 남문교회 당회는 영생유치원은 교회 안에 두고, 영생중학관과 보육원을 강홍모 장로가 인솔하여 교회 밖에 학교를 세워 독립하는 것으로 결의했다.

담임 목사도 당회원들도 모두 강 장로의 결단에 숙연해졌다. 한편 걱정도 컸다. 모두가 기도로 후원하겠노라고 서로 손을 굳게 잡아주었다. 원로 목사인 고명량 목사 내외는 눈물을 글썽이면서 강홍모 내외를 꼭 안아주었다.

겨울 방학까지는 남문교회가 중학관과 보육원을 운영하고 다음 해 신학기부터 점차로 학생을 데리고 나가는 것으로 결정했다. 남문교회는 이 과정에서 강홍모 장로에게 최대한 지원하기로 했다.

전주 지역 사회와 교회에 반짝이는 엘리트 부부로서 혜성처럼 등장한 강홍모 김삼순의 인생행로에 그들이 당초에 생각지도 않았던 길로 들어섰다. 당장 이듬해 2월 말까지 여섯 학급의 학생들을 수용할 시설을 마련해야 했다. 한꺼번에 못 하면 일부는 남문교회에 잔류시키더라도 '영생'이라는 이름으로 중학교를 세워야 했다.

6. 전주서문교회_남문교회_영생교회

강홍모는 도청에 같이 근무하는 동료 이철상을 만났다. 이철상은 연세대학을 나오고 도의원을 역임했다. 같은 기독교인이 아니라는 것이 아쉽기는 했지만, 그의 도움을 청하기로 했다. 이철상의 부친 이석한은 전주시 남노송동 전라선 철둑 너머 간납대 부지의 소유자다. 당시만 해도 간납대는 전주 시내 사대문 밖이고 전라선 철로 둔덕이 도심과 선을 그어 성안 사람들은 관심도 없었지만, 적당히 솟은 '돈대'라서 거기에 학교가 들어서면 좋을 듯 싶었다.

이철상은 강홍모의 뜻을 이해하고 자기의 부친 이석한을 찾아가 학교 용지로 쓰게 하자고 청했다. 이석한은 그곳에 학교 짓기를 허락했다. 일부는 기증하고 일부는 임대하고 일부는 매각했다. 임대한 땅은 임대료를 지불 하기로 구두로 계약하고 정지 작업을 시작했다.

강홍모가 할아버지 강대석의 재산을 모두 물려받았으면 큰 힘이 되었겠지만, 후손에게 쪼개져 상속받았기 때문에 강홍모 장로의 재산이 아주 많지는 않았지만 다 내놓고, 사방팔방으로 후원자를 찾았다. 정부의 지원과 해외 원조를 받는 길도 모두 찾아 나섰다. 전라북도청에는 사직서를 내기로 이미 결단했지만, 최대한 미루면서 장차 학교를 운영하기 위한 준비에 박차를 가했다. 공사립 학교를 주관하는 부서에 자주 출입하면서 면을 넓히고 부지런히 공부했다.

간납대 부지를 얻어 교실을 짓는 한편, 그동안 사설 학원으로 신고하고 시작한 영생중학관을 정식중학교로 승인 요청서를 작성하는데 학교 시설을 비롯한 재정을 감당할 수 있는 수익용 재산 목록을 첨부해야 했다. 강장로는 이철상 과장을 설득하여 신고서에 간납대를 비롯한 승암산 일대의 부지를 학교의 수익용 재산으로 등기할 수 있도록 요청했다. 이철상은 아버지 이석한 옹과 형 이주상과 협의하여 영생중학교 승인이 나도록 배려했다.

교육청은 전주 지역 중등 교육 시설이 부족했기에 강홍모가 제출한 서류에 미비점이 없지 않았지만, 수익용 재산 추가 확보 및 미비점 보완을 단서로 승인했다.[13] 이철상은 학교 법인의 등기 이사가 되고, 영생학교 부교장으로 취임했다. 교장은 강홍모가 맡았다.

영생중학관이 영생중학교가 되었다. 교육청의 승인과 함께 간납대에는 힘찬 건설의 기계음이 울려 퍼졌다.

김삼순은 친정의 인맥을 총동원했다. 대구에 있는 제2군 사령부 최영희 중장의 지원을 얻어낼 수 있었다. 대구에서 실어 온 불도저 2대가 간납대 정지 작업을 했다. 이어서 교실을 짓기 시작했다. 강홍모 김삼순 부부에게 전혀 새로운 길이 열렸다.

교사 건축에 박차를 가해 1954년 7월 21일 첫 준공식을 거행했다. 공사비 300만 환, 목조 건물 150평이 들어섰다. 준공식에 참석한 이요한 전라북도지사는 간납대 토지 증여자 이석한에게 감사장과 기념품을 증정했다. 준공식에는 음악 무용 등 학예회가 함께 거행되었다.

11월 30일에 두 번째 교사 60평도 준공했다. 이 교사까지 준공되자 그때까지 남문교회에 잔류했던 학생들도 모두 간납대로 이전했다.[14] 남문교회는 수백 명의 학생을 포화 상태로 품고 있다가 전라선 철둑 너머 간납대로 보내 주었다. 영생중학교와 영생보육원이 간납대로 이전하면서 강홍모는 영생교회를 창립했다. 남문교회는 이때 수십 명의 성도를 보내주었다.

한국의 초대 교회는 참 아름다웠다. 이 길을 같이 한 중요한 인물이 있다. 남문교회 제2대 목사를 역임한 고명량(일명 고득순)이다. 익산 황등 출신으로 일찍이 예수 그리스도를 영접하고 평양신학교를 졸업하여 목사가 되었다.

1905년 전주서문교회가 성도 20명을 떼어 남문교회로 분립하여 번식할 때는 마로덕(馬路德, L. O. McCutchen) 선교사를 남문교회 초대 목사로 보냈다. 마로덕 선교사는 남문교회에서 1923년까지 18년간 목회한 후 한국인 고명량 목사를 후임으로 앉혔다. 고명량 목사가 1925년에 남문교회 안에 유치원과 보육원을 설립하면서 '영생유치원', '영생보육원'으로 명명했다. 함흥 영생고보의 '영생'이라는 이름이 전주에서 '영생유치원'으로 발현했다.

1944년 일제의 탄압으로 영생유치원과 영생보육원이 폐쇄당할 때 가장 가슴 아파했던 인물이 고명량 목사다. 고명량 목사는 1951년에 남문교회에서 65세로 은퇴했는데, 강홍모 장로 부부가 남문교회에 유치원, 보육원과 중학관을 '영생'이라는 이름으로 복원한다 할 때 얼마나 가슴이 벅찼겠는가. 그는 슬하에 자녀가 없어서 강홍모 내외를 자식같이 귀히 여기면서 자신이 살던 집까지 강홍모에게 이전해 주었다.[15]

영생교회는 영생학원과 동시에 출발했다. 마침 고명량 목사가 연로했으나 영생교회의 초대 담임이 되어 주었다. 영생교회는 남문교회와 같은 한국기독교장로회 소속교회로 출발했다. 고명량 목사 부부는 남문교회를 떠나 영생학원과 함께 간납대로 거처를 옮기고 여생을 영생학원, 영생교회와 함께했다.

7. 전라선 철둑 너머 간납대

전주는 동서남북이 성벽으로 둘러 쌓이고 사대문이 있는 성안 도회지다. 네 개의 문 중에서 현재는 남쪽의 풍남문이 보존되어 있다. 전주 동쪽 동문 밖으로 전라선 철도가 남북으로 길게 뻗어있다. 철둑이 도심과 선을 긋는다. 거기에 야트막한 산이 언덕처럼 있었다. 언덕을 오르면 정상 부분이 비교적 평평한 돈대를 이루고 있다.

전주 사람들은 그곳을 '간납대'라고 불렀다. 간납대 남쪽으로는 간납대보다 조금 높은 '이목대'가 있고, 이목대에서 서쪽으로 골짜기 하나를 건너면 간납대보다 작은 봉우리가 있는데 '오목대'다. 지금의 전주 한옥 마을 동남편 모서리에 간납대 이목대 오목대가 '오모가리'처럼 한옥 마을을 감싸고 있다.

간납대는 재산 가치로는 보잘것없는 야산에 불과했으나 역사적으로는 뜻깊은 곳이다. 1636년 12월에 청나라가 2만여 대군을 이끌고 조선을 침략했다. 인조대왕은 남한산성으로 피신하여 적에게 포위된 상황에서 혹한의 겨울을 견디고 있었다. 병자호란이다.

그때 전주에서는 이흥발, 이기발, 이생발 삼형제가 의병을 일으켜 북으로 향했다. 남한산성에 당도하기 전 인조가 청에 항복했다는 파발을 접하고 낙심천만하여 전주로 복귀했다. 이들이 간납대에 기거하면서 청나라에 무릎 꿇은 조국의 운명에 비분강개하여 후학을 양성해야 나라가 부강해지리란 신념으로 기개를 펼쳤다.

간납대라는 명칭은 이흥발이 사간원 헌납(司諫院 獻納)이라는 벼슬을 지냈기에 사간원에서 '간' 자를 취하고 헌납에서 '납' 자를 취하여 붙여진 이름이다. 이흥발, 이기발 형제는 전주의 팔현[16]으로 추앙된다. 남문교회에서 시작한 영생학원이 간납대에 뿌리를 내리게 됨은 예삿일이 아니다.

1955년 간납대에서 영생중학교 제1회 졸업식이 열렸다.

1952년 사설 학원으로 신고하고 모집한 야간 중학생 2학급의 졸업식이다. 입학할 때는 사설 학원 야학 중학생이었지만 졸업할 때는 어엿한 정규 중학교 제1회 졸업생이 된 것이다. 이들에게는 행운이 따라주었다. 영생학원이 이들을 위해 영생고등학교를 설립하고 1955년에 첫 신입생을 모집했기 때문에 졸업과 동시에 영생고등학교에 진학하는 행운을 누렸다.

70여 년이 흐른 지금의 관점에서 보면 법을 어겼다고 주장할 수도 있을 것이다. 그러나 그들 한 사람 한 사람이 졸업장을 자랑스럽게 들고 세상에 나와 한 생애를 튼실하게 살아갔음을 보아야 한다. 영생학원의 시대적 사명 감당은 너무 훌륭했다.

강홍모 목사는 1955년 '재단법인 영생학원' 이사장과 영생중·고등학교 교장을 겸직했다. 불과 1년 전까지 전북도청 공무원이었다. 영생중학교 1회 졸업생과 강홍모의 인생은 평행을 이루고 달리기 시작했다.

1956년이 밝았다. 간납대에는 영생중학교 1, 2, 3학년 학생 350여 명이 재학하고, 유치원 보모를 양성하던 영생보육원은 고등학교를 설립하면서 고등학교 과정으로 흡수되었다. 영생고등학교는 1, 2학년 300여 명이 재학하는 학교로 커가고 있었다. 중고등학교 모두 주간과 야간이 있었다.

이 해에 강홍모 이사장은 첫 시련을 맞이한다. 전라북도청에서 함께 근무하던 동료이자 간납대에 학교를 세울 수 있도록 도운 이철상 이사와 강홍모 이사장 사이에 갈등이 일어났다. 이철상은 영생학원 이사와 영생고등학교 부교장으로 재임 중이었다. 두 사람 사이의 갈등으로 이철상은 학교를 떠나게 된다. 강홍모와 이철상의 별리는 이후 간납대 부지를 이철상의 부친 이석한이 기부한 것이냐, 임대한 것이냐의 문제로 비화된다.

이철상이 영생학원에서 떠나자 소문이 파다했다. 강홍모와 이철상 사이 갈등의 원인은 간납대 학교 부지의 소유권에 기인했을 거라는 추측에서 파생된 소문이었다. 자세한 내막은 이미 고인이 된 분들이 알겠지만, 학교 설립 인가를 받으면서 간납대 부지는 영생학원으로 등기가 마쳐졌다. 법적으로 간납대는 영생학원 소유로 최종 결말이 났지만, 이철상의 떠남에는 아쉬움이 남아 있다. 더욱이 그가 기독교인이 되지 않았음이 안타깝다.

한편 이 일은 간납대 소유자인 이철상의 부친 이석한이 영생학원에 사유 재산 일부를 흔쾌히 기부함으로써 학교가 설 수 있었다는 '아름다운 이야기'로 승화되기에 걸림돌이 되었고, 강홍모 이사장은 간납대에 온당치 못한 방법으로 학교를 세웠을 거라는 저잣거리 소문의 빌미가 되었다.

이철상은 떠났지만, 그해 11월에 강홍모 이사장 겸 교장은 교실 12개를 신축할 재원을 확보했다. 대구의 제2군 사령부로부터 원자재를 확보하고 건축 공사를 위한 비용을 미국으로부터 원조를 받는 한편 재미 교포 손노디 여사의 후원을 받는다.

손노디 여사는 본명이 김혜숙이며 황해도 곡산 태생이다. 부모를 따라 하와이에 이민 가서 살다가 3.1 운동 직후인 1919년 4월 필라델피아 독립관에서 열린 '대한인 자유 대회'에서 일본의 만행을 규탄하는 웅변으로 참석자들에게 깊은 감동을 주었다. 이후 이승만과 밀접한 관계 속에서 이승만의 동지로 활약했다. 정부 수립 후 이승만은 손노디를 한국으로 불러들여 외자 구매 처장(1953-1955), 대한적십자사 부총재를 역임(1955-1958)하도록 했다.

이런 도움이 보태져 1958년 2월에 교실 12개의 신축 교사를 준공했다. 이 준공식은 매우 독특했다. 전교생이 도열 한 가운데 제2군 사령부 최영희 중장이 참석하여 '건축물 이양식'으로 진행이 되었다.[17] 군의 자재와 미국 원조, 손노디 여사의 후원으로 준공하여 영생학원에 이양한다는 의미이다. 특히, 이 준공식은 영생고등학교 제1회 졸업식과 함께 거행되었다. 제1회 졸업생은 이 신축 교사에서 공부는 못해 보고 졸업하지만, 애교심으로 가슴 뿌듯한 감격을 나누어 가졌다.

영생고등학교 1회 졸업생들은 복도 많았다. 이 당시 전라북도 내 유일한 4년제 국립대학인 전북대학교는 원서만 내면 거의 합격하는 시대였다. 여학생 지원율이 낮아서 여학생은 원서만 내면 무시험으로 받아 주었다. 영생고등학교는 1회 졸업생들의 자부심이 유독 도드라졌다. 등교하면 으레 한 시간은 노력 봉사에 동원되었다. 줄줄이 서서 돌을 나르고 흙을 퍼 날

라야 했다. 비가 오면 씻겨 나간 운동장을 보수했다.

그런데도 신바람이 났던 것은 학령기를 놓쳐 다른 학교에는 진학할 수 없었으나 영생고등학교에는 나이든 만학도가 많아서 거리낌 없이 지원할 수 있었다. 더욱이 영생학교에 입학하여 예수를 영접하고 신앙을 가진 기쁨은 생애 최고의 선물이었다.

영생중·고등학교는 전주 시내에서 '아이스케키' 통을 메고 다니던 소년들, 구두닦이 통을 메고 '닦아'를 외치던 소년들, 넝마주이 통을 등에 짊어지고 집게로 딱딱 소리를 내면서 거리거리 폐지와 고철을 줍던 청년들이 밤에 공부할 수 있었던 유일한 학교였다.

1958년 3층 교사를 준공한 데 이어 1960년에는 운동장 확장 공사를 마무리할 수 있었다. 한 아이를 키우는 데는 한 마을이 필요하다 했는데, 한 학교를 세워가는 일에 온 세계가 필요했다. 강홍모 김삼순 부부의 가슴이 벅차올랐다. 두 손을 맞잡고 하나님께 감사했다. 영생학원은 산상 기도의 열매다.

8. 리-드(Albert Reid & Tommy Reid) 부흥회

1961년에 둘째 아들 희만이 전주 풍남초등학교 졸업반이었다. 5남매가 모두 공부를 잘했고 희만이는 성품도 착했다. 두 살 위 희진이는 서울에서 휘문중학교에 다녔는데, 희만이는 전주 북중학교에 원서를 내고 싶어 했다. 북중학교는 전라북도 내 최고의 명문으로 아버지가 어린 시절 입학시험을 쳤다가 불합격한 바로 그 학교다. 아버지는 드러내지는 않았지만, 자신이 설립한 영생중학교에 아들이 입학했으면 하는 눈치였다.

그 무렵 전주 시내에 강홍모 일가에 대한 헛소문이 꽤 나돌았다. 학교 운영이 어렵다 어렵다 하면서도 큰딸은 이화여자고등학교를 졸업하고 연세대학교에 재학하고 둘째 딸은 서울 예원학교에서 피아노를 전공하고, 장남 희진은 휘문중학교에 다녔으니 '그 집안은 가난한 학생의 등록금으로 호사를 누린다'라는 소문이 돌았다.

강홍모는 자녀들의 학교 선택을 자율에 맡겼다. 각자가 실력대로 알아서 가도록 했다. 자기가 선택하고 합격하면 밀어주었다. 그러나 희만이는 영생중학교에 입학하기를 마음속으로 바랐다. 희만이는 아버지의 뜻을 헤아리고 6학년 담임선생님의 강권을 뿌리치고 영생중학교에 들어갔다.

이듬해인 1962년에 연세대학교 2학년이 된 장녀 교자의 건강이 매우 위중했다. 음식을 넘기는 족족 토하고 병원에서는 뚜렷한 원인을 찾지 못했다. 어머니 김삼순이 상경하여 교자를 보살폈다. 큰딸의 와병 소식에 상경한 강홍모는 병원에서 따로 의사의 말을 듣고 오더니 딸에게 전주로 내려와 요양하자고 했다. 그러나 교자는 휴학하기 싫다면서 버텼다.

어느 날 어머니가 딸의 손목을 잡고 서대문에 있는 순복음교회 부흥회에 가자고 했다. 교자는 어머니의 강권을 못 이겨 따라나섰다. 가 보니 수많은 이가 멍석을 깔고 앉아 찬송하는데, 손뼉 치면서 상체를 전후좌우로 흔드는가 하면 어떤 이들은 괴성을 질렀다. 연세대학교 2학년 숙녀가 보기에 창피하기 이를 데 없었다. 되돌아 나오려는데 어머니가 손목을 놓아주지 않았다. 교자는 혹시라도 주변에 아는 사람이 있을까 봐 멍석에 앉아서 고개를 푹 수그렸다.

그곳은 조용기 목사가 개척을 시작한 순복음교회였다. 아직 장안에 알려지지 않은 작은 교회다. 부흥 강사는 1914년 미국 아칸소주 핫스프링스에서 설립한 교단 '하나님의 성회' 소속 알버트 리드(Albert Reid) 목사와 그의 아들 토미 리드(Tommy Reid) 목사였다. 부자 간에 번갈아 가면서 영어로 설교하고 조용기 목사가 통역했다.

김삼순은 교자의 손을 잡고 날마다 집회에 참석했다. 음식을 삼키면 토하기 때문에 겨우 연명하던 교자는 어머니의 뜻을 거역할 힘조차 없었다. 체념하고 따라가서 리드 부자의 설교를 들었다. 조용기 목사가 통역을 잘한다는 생각을 하다가도 어느덧 설교의 줄기를 따라가고 있는 자신을 발견하고 스스로 놀라기도 했다. 일주일쯤 모녀가 부흥 성회에 참석하는 중 어느 날 저녁 설교는 온전히 자신만을 위한 설교로 교자를 집중케 했다. 함께 앉은 아줌마들은 시야에 들어오지도 않았다.

설교를 마치고 기도하는 시간에 교자는 몸뚱이가 불덩이가 된 듯함을 느꼈다. 몸이 깃털처럼 가벼워진 듯하다가 속에서 뭔가가 쑥 빠져나가는 듯한 엑스터시를 체험했다. 그날 이후 교자가 오히려 어머니의 손을 잡고 부흥회 참석을 서둘렀다.

교자 마음에 소원이 하나 생겼다. 지금 이 부흥회 강사 부자가 전주의 영생교회에서도 똑같이 부흥회를 해줬으면 좋겠다는 소원이었다. 설교가 끝나고 각자가 기도하는 시간이 되면 교자는 그 소원을 이루어 달라고 눈물로 기도했다.

어느 날 새벽 집회 설교가 끝나고 그날도 교자는 소원을 들어달라고 기도하는데 누군가 와서 어깨를 건드렸다. 눈을 뜨고 보니 조용기 목사다. 부흥 강사가 자기를 부른다고 했다. 자리에서 일어나 조용기 목사를 따라

리드 목사와 대면했다. 리드 목사는 젊은 자매가 어떤 기도 제목이 있기에 그렇게 간절히 기도하느냐고 묻는다. 주저 없이 자초지종을 이야기했다. 즉석에서 리드 목사는 승낙했다.

1962년 가을에 전주영생교회에서 '리-드 부흥회'가 열렸다. 조용기 목사가 안내 겸 통역으로 동행했다. 조용기 목사는 자기 교회 밖 다른 교회에서 처음 부흥 집회를 인도한다고 했다. 영생교회는 외부 강사를 교회 안으로 초청한 처음 집회였다. 간납대 영생교회에서 일주일간 열린 리-드 부자 집회는 서울 서대문 부흥회의 연장이었다. 파란 눈의 미국인 아버지 목사와 아들 목사는 영생교회를 뜨거운 불판으로 달궈냈다.

집회에는 영생교회 성도뿐 아니라 전주 시내 여러 교회 성도가 구름처럼 몰려왔다. 전주 영생교회 리드 부흥회는 조용기 목사가 외부 교회를 순회하는 부흥회 강사로서의 출발점이 되었다.

부흥회는 뜨겁게 마무리되었다. 이 부흥회를 계기로 전주 영생학원과 미국 '하나님의 성회' 사이에 우정의 가교가 맺어졌다. 미국 하나님의 성회는 영생학원의 후원자를 자처했다. 리드 부흥단은 영생학원의 탄탄한 후원자가 되어줬다. 그 자리에서 1백 만 원이라는 거금을 후원했다.

강홍모는 이때 영생여자중학교, 여자고등학교 설립을 계획하고 있었다. 그동안 영생중·고등학교는 남녀 공학이었다. 이제는 남녀 학생을 분리시켜야 할 때라고 생각했다. 강홍모는 리드 부자에게 그 계획을 설명하고 도움을 요청했다. 하나님의 성회 측에서 2백만 원을 추가로 보내왔다. 이후 해마다 1백만 원을 후원하기로 약속함에 따라 여기에 힘입어 강홍모는 영생여중고 설립 인가를 신청했다.[18]

학교 설립 인가 신청서에는 당연히 자금 계획서가 첨부된다. 영생학원은 미국 하나님의 성회 선교부에서 후원한 내력을 덧붙이고, 향후 하나님의 성회가 지속해서 후원한다는 확약서를 받아 첨부했다. 하나님의 성회는 이 약속을 이행했다. 1963년부터 1966년까지 4년간 재단 법인 영생학원의 세입 중에서 하나님의 성회 보조금이 평균 68.13퍼센트를 점한다.[19] 이외에도 첨부된 서류를 보면 영생교회에서 매년 36만 원을 후원하고, 강홍모 이사장이 1백만 원을 출자한다는 내용도 포함되어 있다.

이렇게 하여 영생학원은 1963년 1월에 영생여중·여고 설립 승인을 받고 그해 3월 남녀 공학에서 여중과 여고를 분리하여 개교했다. 번갯불에 콩 구워 먹는다고 했던가, 강홍모 이사장의 학교 확장에는 브레이크가 없었다. 여중 여고를 설립한 1963년 10월에는 4년제 정규 야간 대학 설립 신청까지 한다. 지난 10년 동안 간납대 언덕을 캠퍼스 천국으로 만들었고, 국내 경제의 비약적인 발전으로 야간 중고생의 수요가 줄어 야간에 비게 되는 교실을 활용하면, 야간 대학을 운영할 수 있겠다는 포부를 가졌다.

당시 국내에는 야간 대학의 수요가 급증하고 있었다. 강홍모 목사는 결단하고 설립 신청서를 전라북도 교육국 학교 관리과에 제출했다. 1963년 10월 26일에 서류를 냈는데 전라북도는 서류 접수 당일 문교부 장관에게 상신했다. 두 달 반 만인 1964년 1월 9일에 승인이 났다. 기막히다고 하기 전에 기적이라고 해야 옳다.

승인과 동시에 5개 학과 정원 440명을 모집하고 1964년 3월에 '전주영생대학'이 개교했다. 초대학장이 마가렛 칼로(Margaret Emme Carlow) 선교사다. 칼로 선교사는 미국 '하나님의 성회'가 일본으로 파송한 여 선교사였다. 하나님의 성회가 영생대학 설립에 적극적으로 후원하면서 학장으로 추천했고 영생학원은 받아들였다.

　일본에서 급거 귀국하여 영생대학 초대 학장이 된 칼로 여사는 일본어는 능통했으나 한국어는 전혀 못 했다. 마침 일본 유학을 했던 강홍모 이사장이 일어 구사력이 뛰어났으니 가능한 일이었다. 장녀 교자가 병을 얻어, 딸 하나 잃는 줄 알았는데, 하나님의 성회 리-드 부흥회를 계기로 반전에 반전을 거듭하면서 간납대가 별처럼 빛을 내어 전주를 비추고, 온 나라를 비추고, 전 세계를 비추는 별이 되었다. 강홍모의 기도에는 언제나 소름이 돋았다.

9. 선주후광 先主後光

　영생학원이 야간 영생대학을 개교하자 입학 지원자가 구름처럼 몰려왔다. 대학 졸업장이 부러운 이들이 있었다. 당시 초등학교 교사 중에 고등학교 졸업자들이 많았다. 문교 당국이 한때는 농업고등학교 졸업생을 단기간 교육시켜 초등학교 교사로 발령내기도 했다. 이들에게 대학 졸업장은 버킷 리스트였다. 영생대학은 그들에게 절호의 기회였다.

　다음으로 목사 중에 대학 졸업장 없는 이가 부지기수였다. 한국은 기독교 역사에서 가장 짧은 기간에 가장 폭발적으로 복음이 전파된 단 하나의 사례에 속한다. 50년대, 60년대에는 십자가 깃발만 꽂으면 성도가 모여들었다. 그리스도의 복음에 목마른 이들이었다. 이들을 목양할 수 있는 목회자 양성 과정이 자리 잡기 이전, 고등학교 졸업 이하의 목회자도 드물지 않았다. 영생대학은 이들에게 사막의 오아시스였다. 교사 목사 외에도 고등 교육 맛에 애타는 전라도 지역의 숱한 직장인들에게 영생대학은 진정한 진리의 상아탑이었다.

강홍모는 기업가도 아니고 재력가도 아니다. 할아버지가 만석꾼이었지만 그 재산은 아버지 대에서 아버지 형제들에 의해 나뉘고 소진되기도 했다. 북중에 떨어지는 바람에 서울 경신학교에 진학하면서 들어선 예수 믿음의 길이 그를 이끌었다. 간납대에 영생학원 터를 잡고 1954년 전라북도청 공무원직을 내던진 지 10년, 간납대 3만 6천 평 부지에 영생중·고등학교, 영생여중·여자고등학교, 영생대학 등 모두 5개의 학교를 설립했다. 10년이면 강산이 변한다고 했다. 상전벽해라는 말도 있다.

이런 말들로 간납대의 10년 역사를 설명해 낼 수 있을까?

강홍모는 영생학원을 이끌어오면서 단 하루도 제대로 잠을 잔 날이 없었다고 토로했다. 매일매일 순간순간이 긴장의 연속이었다. 학교를 세우니 학생들이 뭉개뭉개 몰려와서 학생 모집 걱정은 없었지만, 모든 일에는 강홍모 김삼순 부부에게 피와 땀과 눈물과 기도가 있어야했다. 해결의 실마리가 도무지 안 보일 때가 한두 번이었을까. 그때마다 두 부부는 기도했다. 주변에서는 그들의 기도 모습을 보며 혀를 끌끌 찼다.

"저렇게 기도해서 해결된다면 나도 기도하겠다!"

말은 그렇게 하면서 사람들은 기도하지 않는다. 그러나 강홍모는 기도가 돌파구라는 것을 알았다. 강홍모는 일찍부터 자기 방에 '선주후광 先主後光'이라는 네 글자로 족자를 만들어 걸었다. '먼저 주님을 섬기면 나중에 반드시 빛을 비추신다'라는 뜻으로 자신이 조어한 사자성어다. 간납대 10년 기적의 역사는 피땀 눈물로 점철된 선주후광의 역사다.

강홍모의 선주후광 신앙에는 매양 거룩함만이 있는 것은 아니다. 대내외적으로 뜻밖의 후원과 기증을 받아 학교를 이끌어갔지만, 안으로 감내해야 하는 고통도 적지 않았다. 피땀 눈물의 기도는 강홍모 내외만 해야 하는 것이 아니었다.

당시만 해도 사립 학교 운영상 학생의 등록금 의존도는 매우 높았다. 학교를 운영하기 위한 가장 큰 재원이 등록금이었다. 그러나 영생학원에 입학하는 학생들 면면은 한결같이 형편이 어려웠다. 일 년에 네 번에 나눠서 납부하는 등록금 마감 시한이 되면 담임 선생님들은 등록금 납부 실적으로 초조해졌다. 학교 측에서는 등록금 납부 실적 그래프를 교무실에 붙여두고 학급 간 경쟁을 유도했다.

쉬는 시간이면 담임 선생님이 등록금을 내지 않은 학생을 교무실로 따로 불러 회초리를 들고 채근했다. 때로는 학생들로부터 받은 등록금을 담임의 월급으로 가져가라 하기도 했다. 등록금을 못 받으면 월급이 없다. 학기 중 중간고사, 기말고사는 성적 테스트가 아니라 등록금 독촉 기회로 활용하기도 했다. 교사들은 자신이 교육자인지 돈 받아내는 수금 사원인지 자괴감이 들 때도 많았다.

새 학기가 되면 담임을 발표했다. 당시만 해도 모든 교사가 담임을 맡는 때였다. 담임을 맡지 않는 교사는 없었다. 담임 수만큼 교사를 뽑고 부족한 교과목은 유사 과목 교사에게 맡기던 시절이다. 담임을 못 맡는 것은 퇴교를 의미했다. 새 학기 담임을 발표하는데, 자기 이름이 호명되지 않으면 자동 퇴출이었다.

이런 일들로 인한 원성은 교주인 강홍모에게 돌아갔다. 담임 배정을 못 받고 다른 학교에서 선생 자리 얻어 떠나는 교사들은 두고두고 원망을 쏟아 냈을 것이다. 설립자의 노력과 수고로 흘리는 피땀 눈물도 있지만, 이런 억울함으로 흘려야 하는 피땀 눈물이 한데 엉겨 영생학원이 자라갔다.

10. 영생교회 (1)

간납대의 10년, 학교만 기적을 연출한 것은 아니다. 영생교회도 있다. 영생교회는 간납대에서 영생학원과 동시에 출발했다. 초대 목사는 남문교회에서 1951년 은퇴한 고명량 목사다. 남문교회 은퇴 후 2년이 지나 영생교회 초대 담임 목사가 되었다. 남문교회에서부터 강흥모 장로 부부를 친자식처럼 여기고 서로 의지했었다.

강흥모 장로는 학교뿐만 아니라 영생교회를 실질적으로 이끄는 지도자였다. 연로한 고명량목사에게 부담을 주지 않으려고 새벽 기도회는 강흥모 장로가 고정적으로 인도했다. 주일 예배 설교는 영생학원 교목이 있었기에 그들을 강단에 세웠다. 간혹 강흥모 장로가 주일 설교 강단에 설 때도 있었다. 정규 신학을 하지 않았을 뿐이지 강흥모의 깊은 성경 지식과 신학적 탁월함, 그리고 피땀 눈물의 기도로 쌓아 올린 내공은 영생교회를 날로 부흥시켰다.

영생교회는 1962년 영생여중·여고 설립을 위한 인가 신청 시 매년 36만 원을 후원하겠다는 확약서를 제출할 만큼 급속히 성장했다. 성도의 자부심도 따라서 성장했다. 영생교회와 영생학원은 하나가 되어, 교회는 학교에 영적, 재정적인 후원자가 되었고, 학교는 영생교회에 성도를 보내주는 후원자로 나란히 커가고 있었다.

강흥모 장로가 간납대에 다섯 개의 학교를 세운 일은 한국 사립 학교 설립 역사에서 유례를 찾아볼 수 없는 독특한 사례다. 학교를 발전시키기 위한 연차적 청사진이 있었던 것도 아니고 든든한 재력이 준비되어 있지도 않았다. 영생교회도 그러했다. 은퇴한 목사를 담임으로 세우고 시작한 교회의 창립도 그 당시는 매우 특이한 사례였다.

고명량 목사는 1964년 봄에 소천한다. 그때까지 영생교회 담임 목사로 있다가 하나님의 부르심을 받았다. 목사로서 매우 행복한 중에 눈을 감았다. 그의 소천 이후 영생교회는 후임 목사 청빙의 문제를 해결해야 했다. 당시 영생교회는 한국기독교장로회 소속이었다. 흔히 기장으로 약칭되는 한국기독교장로회는 진보적 신학으로 사회 참여를 강조하는 교풍을 가지고 있다. 고명량 목사 사망 이후 자연스러운 흐름이라면 기장 교단의 목사 중에서 후임 목사를 청빙 함이 맞다.

영생교회는 강홍모 장로의 리더십이 절대적이었다. 교회 성도는 강홍모 장로만 쳐다보고 있었다. 그가 어떤 방향으로 교회를 이끌어간다 해도 모두가 순종하면서 오히려 강홍모 장로가 차기 담임 목사가 되어주기를 바라는 분위기였다. 영생교회가 기장 소속교회로 남으면서 강홍모 장로를 목사로 청빙하려면 기장 교단 신학대학인 한국신학대학에 진학하여 소정의 과정을 이수해야 한다. 강홍모 장로가 그렇게 하기에 그가 너무 바쁜 사람이라는 것을 교인들은 모두 알고 있었다. 그럼에도 교인들은 강홍모 장로가 자기들을 목양해 주기를 바랐다.

한편 1962년 리드 부흥회를 통해 급격히 성장한 영생교회는 신앙의 결이 변화하고 있었다. 기장의 신앙은 성령 체험이나 병 고침 등 은사주의를 앞세우기보다는 차분하면서 냉철하고 사회의 부조리에 관심이 높았다. 그러나 영생교회는 리드 부흥회를 기점으로 '하나님의 성회' 신앙이 주류를 형성하고 있었다. 영생교회가 기장 교단으로 이어가기는 현실적으로 어렵게 되었다. 이런 시점에서 강홍모 장로는 결단해야 했다.

영생교회는 1965년 독립된 교회 성전을 준공하여 헌당했다. 그동안 학교의 교실을 예배당으로 쓰고 있었다. 전라선 철도를 넘어 교문을 들어서면 25도쯤의 경사길이 시작된다. 30여 미터 올라 오른편에 목조 건물 2층으로 건축했다. 교회가 자기 건물을 갖는 것도 쉬운 일이 아니었지만, 강홍모는 강력한 지도력으로 일을 추진했다. 교인들은 그를 믿고 따랐다. 영생교회는 학생들의 채플 공간으로 쓰이고 향후 상당 기간 학교의 강당 역할을 존존히 해 낸다.

그 당시 목사로 안수받는 과정은 매우 다양했다. 단기 속성의 코스도 많았고, 기장이나 예장처럼 문교부 인가 정규 신학대학을 가진 대형 교단도 있었다. 영생교회는 고명량 목사 소천 이후 2년여 담임 목사 없이 유지되면서도 성도의 수가 늘어났다. 교인 모두 이 상황에서 강홍모 장로를 옆에 두고 다른 목사를 청빙할 수 없음을 감지하고 있었다.

영생교회는 현실을 직시하고 강홍모 장로에게 단기 속성 과정을 거쳐 목사로 안수받아 제2대 담임 목사가 되어 주기를 청했다. 전국에 산재한 작은 규모의 교단들은 강홍모 장로와 같이 안팎으로 영향력이 있는 인물이 자기 교단에 와서 목사 안수받기를 희망했다. 강홍모 장로는 기도 끝에 인천에 소재한 한 교단에서 소정의 과정을 마치고 1966년에 목사 안수를 받았다. 영생교회는 기장 교단에서 탈퇴하고 강홍모 목사를 2대 담임으로 세웠다.

강홍모 목사는 정력적이고 남에게 지기 싫어하고 욕심도 많아서 자신의 신학 스펙을 남부럽지 않게 쌓고 싶었으나 현실은 그렇지 못하니 작은 교단 소속 목사로 자족했다. 자랑스러운 신학 이력을 쌓지 못한 아쉬움은 있지만, 그는 결단하고 목사의 길을 또 하나의 자기 십자가로 짊어졌다.

2천 년 전 초대 교회 때나, 16세기 종교개혁 이후에, 그리고 1884년 한국에 알렌 선교사가 입국한 이후 기독교인이 목사로 안수받고 사역하는 걸음걸음에 하나님은 일일이 간섭하고 섭리해 오셨다. 영생학원 설립자 강홍모에게 목사로서의 행전이 추가되었다.

겟세마네 기도 이후 강홍모는 오직 하나님만을 바라보면서 걷고자 했다. 세상을 기준으로 살기보다 기도를 통해 응답받아 성경에 충실한 삶을 늘 모색했다.

강홍모가 목사로서 내디디는 발길에는 또 어떤 굽이들이 기다리고 있을까?

11. 진짜 목사

강홍모 목사가 안수받은 그해 1966년 11월에 학교 교비 회계 자금 부족으로 교사 임금을 두 달 치나 지급하지 못했다. 처음 있는 일은 아니었다. 이런 일이 있을 때마다 강홍모는 지체 않고 기도실로 달려갔다. 그는 기도함으로써 돌파구를 찾았다. 기도하고 후원자를 찾아 나서고, 기도하고 은행을 찾아가고, 기도하고 관할청을 방문하고, 기도하고 수익용 재산에서 실마리를 찾아내고, 기도하고….

겨우 자금을 변통하여 밀린 임금을 지급하고 나니 12월에 79만 원 부도 고발 사건이 터졌다. 당시 이사장은 김삼순의 오빠 김경덕이었는데 이 사건으로 구속되어 수사를 받아야 했다. 우여곡절 끝에 해결했더니, 이번에는 서무과 직원들의 교비 횡령 사건이 터졌다. 이 사건들을 해결하느라

1967년 한 해를 다 보내고 1968년을 오뚜기처럼 일어나 맞이했다.

　1968년 2월 14일, 영생대학 첫 번째 학사 학위 수여식이 거행되었다.[20] 이 기쁨을 누리기 바쁘게 그해에는 더 큰 위기가 닥쳤다. 7월 24일 전주에서 평화 주조장을 경영하는 오모 씨가 학원장 강흥모를 사기 혐의로 형사 고발했다. 강흥모는 8월 19일 구속 수감되었다. 이 사건은 강 목사의 비서와 서무 과장의 횡령 사건으로 함께 얽혀 구속되는 복합적인 양상으로 전개되었다. 담당 검사는 죄목으로 걸 수 있는 모든 법 조항을 적용하여 구속 영장을 발부받아 강 목사를 구속하고 재판을 진행했다. 강 목사는 포승줄에 묶인 채 판사 앞에 섰다.

> 오 씨에게 돈을 빌린 건 사실입니다. 그러나 제가 빌린 돈은 오 씨가 주장하는 32,639,800원이 아니라 12,639,800원입니다. 그런데 오 씨가 가지고 있는 수표에는 2천만 원이 더 쓰여 있습니다. 부하 직원들의 공납금 3천만 원 횡령 건은 저의 불찰입니다.

　강흥모 목사는 학원장으로서 책임은 인정하고, 자신이 꾸어 쓴 금액에 착오가 있음을 천명했다. 상대방에게는 일체의 법적 맞대응을 자제했다. 당장 구속 상태에서 벗어나려는 생각도 안 했다. 수감 된 채 진실이 밝혀질 것을 믿고 기다리면서 구치소에서 복음을 전했다.

　복음을 전하는 그에게 '다 똑같은 죄인 주제에 무슨 성경 타령이야?'

　처음에는 냉랭하다가 점차 마음을 누그리고 강 목사의 전도를 받아들였다. 모두가 예수를 구주로 영접하고 식사 시간에 함께 기도하는 형제가 되었다.

남편이 구속되어있는 동안 아내 김삼순은 오모 씨가 법원에 제출한 수표의 숫자와 인장의 진위를 가리기 위해 필적 감정 의뢰서를 감식 연구소로 보냈다. 수감 6개월 만인 1969년 2월 5일에 필적 감정서가 나왔는데, 금액을 적인 숫자와 인장이 위조되었음이 밝혀졌다. 법원은 그제야 강홍모 목사를 석방하고 재판을 진행했다.

최종 선고 기일로 정해진 1970년 5월 2일을 하루 앞두고 오 씨의 아내가 강 목사 사택에 찾아와서 애원했다.

"선생님 제가 죽을 죄를 지었습니다. 돈에 눈이 멀어 남편과 짜고 그랬습니다. 그것 때문에 제가 암에 걸렸습니다. 용서해 주세요."

맨 앞의 숫자 '1'을 '3'으로 조작하여 2천만 원의 추가 변제를 요구하는 소를 제기 했던 것이다.

강 목사는 그 여인의 손을 잡고 용서한다면서 기도했다.

> 하나님 이 불쌍한 어린 양이 주님께 죄를 자복하고 회개합니다. 긍휼히 여기시고 불쌍히 여기사 그의 남편과 함께 용서해 주옵시고, 이 여인의 병을 주님의 권능으로 치유하시고 주를 믿는 신실한 성도로 거듭나게 하옵소서! 주님의 이름으로 기도합니다. 아멘!

오 모씨의 아내가 다녀간 다음 날인 5월 2일에 법원에서 최종 판결이 났다.

"1968년 1월 24일 전주 지검 소속 공증인 사무소에서 1968년 공증 제242호로 작성된 채무 승인에 관한 공정 증서(32,639,800원)는 무효임을 확인한다."

이 판결로 싱겁게 끝났지만, 강 목사는 6개월간이나 억울하게 옥고를 치르고도 일체의 법적 조치를 하지 않았다. 더욱이 이 사건으로 학교의 경매 절차가 개시되었다. 경매는 계속 유찰되었다. 나중에 안 일이지만 학생들의 학습에 공여되는 교육용 재산은 경매의 대상이 될 수 없다는 것이 밝혀졌지만, 어쨌든 강홍모가 걸어가는 목사의 길은, 세상 법정에서 유불리를 다투지 않고 용서하고 화해하는 길이었다.

이 일 후 사건의 형태는 유사하나 입장이 역전된 또 한 사건이 일어났다. 영생학원이 전주 시내의 한 극장을 수익용 재산으로 매입했다. 그런데 계약 과정에 약간의 하자가 있었다. 매입을 담당한 직원이 매도인을 찾아가 계약서에 직접 인장을 받아야 하는데 매도인의 아내로부터 날인을 받았다. 지금처럼 공인 중개사 제도가 체계를 잡기 이전이었다. 서류상 하자는 없으나 매도인은 자기가 직접 날인 하지 않았음을 빌미로 계약 무효 소송을 제기했다.

강홍모 목사는 이번에도 판사 앞에 서게 되었다.

"존경하는 재판장님, 저는 목사로서 또 교육자로서 자기의 유익을 위해 세상의 법정에서 다투는 것은 도리가 아니라고 생각합니다. 저의 부하 직원이 원고로부터 직접 날인을 받지 않은 것은 분명한 사실입니다. 재판장님께서 법에 따라 판결하여 주시기 바랍니다"라고 진술했다. 그러자 판사가 대답했다. "당신이 진짜 목사입니다!"

12. 전주천을 건너라, 삼천천을 건너라

 이 재판에서 매매는 결국 무효로 판결이 났다. 영생학원은 그에 따른 손해를 보게 되었다. 이런 시련이 있었지만 기쁜 소식도 뒤따랐다. 1969년 8월 전주에 기거하는 박판향 여사가 영생학원에 매우 큰 금액을 기부했다. 이 돈으로 16개 교실의 6층 캠퍼스를 건축하고 "판향관"으로 이름 붙였다.
 강홍모는 박판향 여사를 영생학원 제4대 이사장으로 추대했다. 박판향 이사장 재임 중 1970년에 중학교 평준화가 전국적으로 확대 시행되었다. 문교부는 평준화를 위해 세칭 일류 중학교를 폐교했다. 추첨으로 학교가 정해지는데 일류 중학교에 배정받은 학생과 그렇지 못한 학생 간의 괴리가 크기 때문이었다. 서울의 경기중학교를 비롯한 이화여중학교 등이 폐교되었다. 전주에서는 북중학교와 전주여중학교가 폐교되었다. 그 대신 동일계 고등학교인 전주고등학교와 전주여자고등학교의 입학 정원이 늘어났다.
 영생학원이 이 시점에서 전략적 선택을 한다. 영생중학교와 영생여자중학교를 자진 폐교하고, 고등학교 정원을 늘리기로 했다. 고등학교와 대학교로 특화하자는 결단이었다. 중학교 둘을 폐교하고 고등학교 정원을 늘려 받았지만, 학교 시설에 여유가 생겼다. 이에 전문대학 설립을 기획했다. 박판향 이사장은 이런 발전 계획에 공감하고 1973년에 2천만 원을 추가 기증했다. 영생학원은 이 자금으로 교사를 건축하고 1976년 3월에 전주공업전문학교를 개교했다.
 이 시기 한국 경제는 비약적으로 발전하고 있었다. 특히, 중동 개발에 참여하면서 초급 대학 과정인 전문학교 수요가 크게 늘었다. 강홍모는 향리에 전문대학을 설립하여 지역 발전은 물론 지역 인재 양성에 기여하게 되었다.

간납대에 영생고등학교와 영생여고 전주공업전문학교와 영생대학 등 4개의 학교로 정리되면서 영생학원은 안정을 찾아갔다. 2개의 중학교에 쏟아붓던 역량을 대학, 전문학교, 고등학교에 집중할 수 있었고, 박판향 이사장의 기부로 학교는 탄탄대로로 들어서는 듯했다. 그러나 시대의 흐름에 또 하나의 변수가 대두되고 있었다.

국내의 경제 발전에 따라 고등학교 야간 과정에 지원하는 학생이 급격히 줄어들었다. 머잖아 야간 고등학교 폐지를 검토해야 했다. 야간이 폐지되면 그 학급을 주간으로 전환 시킬 계획도 세웠다. 영생대학도 줄곧 야간 대학으로 존속했으나, 점차 야간 지원자가 줄어들 것이다. 강홍모는 영생대학도 주간 대학으로의 전환을 대비했다.

1977년에 영생고, 영생여고 야간이 폐지되었다. 1978년에 영생대학은 주간 과정 승인을 받아내고 대학 이름을 '전주대학'으로 바꿨다. 이렇게 눈부신 발전 이면에 학교 시설 문제가 잠복하고 있었다. 그동안은 주간 야간으로 학생이 분산되었으나 이제는 밤에는 텅 비고 낮에는 복작거렸다. 이때 이미 영생학원 산하 네 개 학교 재학생이 9천여 명에 달했다. 간납대는 너무 비좁았다. 강홍모는 1977년 2월 고등학교 야간부 폐지 직후부터 측근을 대동하고 캠퍼스 이전을 위한 부지 물색에 나섰다.

전주는 동서남북 사대문 안에 자리잡고 역사를 이어온 도시다. 이제는 사대문을 벗어나야 할 시점이 되었다. 영생학원이 동서남북 어느 방향으로 뛰어야 할지 방향부터 잡아야 했다. 전적으로 강홍모 학원장의 선택에 달렸다. 강홍모는 장차 전주 도심이 어느 방향으로 뻗어 나가게 될 것인지 주도면밀하게 검토하면서 여러 곳을 답사했다. 만약 그의 선택과 반대로 전주 도심이 뻗어 나갈 방향을 잡으면, 영생학원 캠퍼스는 도심에서 멀리 떨어져 자칫 낙후될 수도 있다.

전주는 호남평야 지역이라서 사방이 트이고 넓은 벌이 있다. 강홍모는 1년여 기도하면서 등산객으로 변색하고 터를 보러 다녔다. 자칫 소문이 나면 땅값이 급격히 뛸 염려도 있었고, 당시 전주에는 영생학원과 경쟁 관계인 우석대학도 있었다. 우석대학은 전주의 북쪽 동산촌 지역에 있었는데, 우석대학교도 이전 계획이 있음을 피차 알고 있었다. 이전할 지역을 두고 대립하는 일은 피해야 했다.

전주 도심 서편에는 전주천이 남에서 북으로 흐른다. 전주천을 건너면 곧바로 예수병원이다. 예수병원을 지나 서쪽으로 계속 가면 농경지와 과수원이 지평선을 드러내면서 끝없이 펼쳐진다. 예수병원에 인접하여 터를 잡기보다 내친김에 전주천은 물론 삼천천까지 건너 십 리 이상 격한 곳으로 멀리 뛰어도 좋을 듯했다. 거기서 더 가면 완주군 이서면이고 김제시가 연해 있다.

강홍모는 이서면 인근까지도 좋겠다고 판단했다. 이서면 못 미쳐 해발 145미터의 야트막한 천잠산이 있다. 천잠산 기슭 광활한 부지를 눈여겨봤다. 강홍모는 측근을 대동하고 숨을 고르며 천잠산에 오르니 가파르지 않고 야트막하면서도 전주시가 한눈에 바라다보이고, 전북대학교와 우석대학이 내려다보였다.

"여기다! 전주천을 뛰어넘고 삼천천도 건너오자!"

강 목사는 그 자리에 무릎을 꿇고 기도했다.

"주여! 이 산지를 내게 주소서!"

강홍모 목사는 이전을 위한 큰 그림을 마음속으로 그렸다. 간납대 캠퍼스 부지 32,000여 평을 당시 시세로 쳐서 평당 50만 원에 매각하면 160억 원이다. 우선 140억 원으로 천잠산 기슭에 새 캠퍼스를 조성하고 20억 원은 조경 사업 및 교지 추가 매입 등 기타 시설을 하여 새 보금자리로 만들 청사진을 머릿속에 그렸다.[21]

옛집을 처분하여 새집으로 이사하자는 것이다. 설령 간납대를 매각하지 않더라도 학교 이전을 전제로 문교부와 교육청이 교육 용지를 일반 용지 지목으로 풀어주면 그곳에 아파트 단지를 건축할 수도 있다. 그렇게 되면 부가 가치는 160억 원을 훨씬 뛰어넘는다. 누가 봐도 상식적이고 타당한 구상이다.

선결해야 하는 과제가 있다면 현금 유동 자산이었다. 이 당시 영생학원의 현금 보유금은 많지 않았지만, 자산에 비해 부채도 많지 않았다. 지난 25년간 알뜰살뜰 쌓아 온 재단의 수익용 부동산이 튼실했다. 간납대를 제외하고도 전주시 중앙동 가족 회관을 비롯하여 건물 9건 2,559평, 대지 12건 8,122평, 임야 5건 760,510평에 달했다. 당시의 시가로 따져도 수백 억 원에 달했다.[22]

이를 밑그림으로 새 부지를 매입하고, 절차를 밟으면서 캠퍼스 건설에 착수한다면 어려움이 없을 것이다. 새 캠퍼스로 이전하기까지 간납대를 사전 매각하거나 재개발 계획에 착수할 수 있도록 관할청이 허가를 해주면 큰 무리 없이 학교를 이전할 수 있었다.

강홍모는 이렇게 되지 않을 이유가 없다고 판단했다. 영생학원 관계자 모두 그렇게 되리라 믿어 의심하지 않았다.

강홍모는 결단했다. 모세가 홍해를 건너듯 전주천과 삼천천을 건너기 위해 지팡이를 잡고 나섰다. 강홍모가 지팡이를 높이 들면, 홍해가 갈라지듯 전주천 삼천천은 바닥을 드러내고 영생학원은 마른 땅을 디디고 강을 건너게 될 것이다.

13. 전주 도심이 서(西)로 간 까닭

영생학원이 이전한다는 소문이 파다했다. 소문이 안 날 수 없었다. 1978년 2월경 전주천과 삼천천 사이에 있는 삼천동 주민들이 강홍모를 찾아왔다. 자기들이 땅을 팔겠다며 학교를 삼천동으로 이전하기를 권했다. 삼천동은 천잠산 기슭 효자동보다 전주 도심에 더 가깝다. 강홍모는 효자동으로 가려던 생각을 바꿔 삼천동 부지 매입에 착수했다.

그러나 이듬해인 1979년 2월이 되자 삼천동 지역 토지 소유자 몇 사람이 주축이 되어 토지 가격 인상을 목적으로 전주대학 이전 반대위원회를 구성하여 관계 당국에 구두 및 서면으로 학교 이전 반대 진정서를 제출했다.[23] 일부의 반대에 직면했지만, 유치를 환영하는 대다수 지역 주민의 협조로 1979년 3월에 캠퍼스 이전 종합 계획을 수립하고 학교 시설 결정서를 전주시에 제출했다. 그러자 반대 측 주민들이 시청에 몰려가 항의했다. 지역 언론은 이들의 움직임을 상세히 보도했다. 이전 계획이 어긋나고 지역 주민과의 대화는 차단되고 말았다.[24]

전라북도 도시 설계 위원회도 학교 시설 결정안을 유보 시켰다. 영생학원 측에서도 주민의 반대를 무릅쓰고 삼천동으로 이전하지는 않겠다면서 토지 매입을 중단하고 주민 대표들에게 이전 계획을 파기한다고 통보했다. 1979년 8월, 삼천동 이전 계획이 백지화된 사실을 알고 삼천천 건너 효자동 주민들이 강홍모 학원장을 찾아왔다.

효자동 주민들은 영생학원 이전 추진위원회를 구성하고 김상영 씨를 대표로 선발하여 자체적으로 매각을 추진했다. 그들이 제시한 매각 대상 토지는 5개 마을에 토지 소유자가 200여 명이다. 김상영 씨는 각 마을 대표 5명을 선출하여 25명으로 위원회를 구성했다. 토지 매매 가격도 위원회가 정했다. 평당 2천 원에서 1만 2천 원까지 등급을 매겼다.

영생학원은 이를 고스란히 수용하고 매입에 나섰다. 삼천동처럼 사달이 날까 봐 속도를 냈다. 그런데 뜻밖의 장애가 돌출했다. 전주 우석대학이 덩달아 매입에 나섰다. 우석대학 법인 서정상 이사장도 효자동으로 이전하고자 했다.

한발 늦게 뛰어든 서정상에게 주민들은 호응하지 않았다. 땅값을 더 쳐주겠다 해도 강홍모와 약속했기 때문에 신의를 저버릴 수 없다고 했다. 영생학원은 쾌재를 불렀으나 강홍모, 서정상 두 사람 사이는 테를 메우지 못할 정도로 금이 가고 말았다. 전북일보 사주이자 우석대학, 동산고등학교 설립자인 서정상의 열패감은 매우 컸다.

두 사람 사이에 상처를 남기면서 영생학원은 1979년 8월 20일에 매입을 시작하여 45일 만에 23만 5천여 평을 확보하고 전광석화처럼 10월 초 건설부에 지적 고시 신청을 했다. 이듬해인 80년 8월 17일 건설부는 효자동을 영생학원 캠퍼스 건설부지로 고시했다.[25]

강홍모 목사는 기도하고 목표가 정해지면 좌고우면하는 법이 없었다. 저돌적으로 밀어붙이는 추진력을 가지고 있었다. 그로 인해 원성을 사는 일도 자주 있었지만, 대의를 위해 작은 것을 내버릴 줄 알았다. 간납대를 선택하여 학교를 지을 때처럼 이번에도 망설이거나 주저하지 않고, 1980년 8월에 공사를 시작했다. 간납대에 있는 네 개의 학교를 동시에 이전할 계획으로 효자동 새 부지에 10개 동의 교사를 동시에 기공했다. 1981년 2월 6일 준공식이 열렸다. 준공식에서 밝힌 강홍모의 소회를 들어본다.

> 학교를 설립하는 과거의 동기를 생각해 보면, 때는 6.25 후입니다. 저 공산의 마수가 갑자기 남침해 옴으로 말미암아 이 땅은 말로 할 수 없는 참화를 입었습니다. 많은 참화를 입은 가운데 있어도 특별히 하루아침에 부모를 잃고 터전과 가산을 잃고 거리를 방황할 수밖에 없는 전쟁 고아가 된 그 어린 소년 소녀를 바라볼 때 만일 내가 이번 전쟁에 죽었더라면 내 사랑하는 자식도 저렇게 되었을 것이 아니냐! 그들을 바라보는 눈이 남의 일 같지 않았습니다. 그들에게 자격증을 주기 위하여 영생중학원과 학교 법인을 설립했고 중학원을 중학교로 그 후에 고등학교로 성장시키고 지역 사회 요청에 의하여 만학도를 위한 영생대학을 설립하고 20년 동안 저는 학교 속에 파묻혀 살면서 학교 속에서 인생을 배웠고 세상을 배우기 시작했습니다.[26]

학교 속에 파묻혀 인생과 세상을 배우기 시작했다.

설립자의 뜨거운 가슴처럼 간납대의 네 개 학교가 모두 이전을 했더라면 일이 순조로웠을 것을, 전주대학교만 이전하고, 전주공전과 영생고 영생여고 이전이 벽에 부딪혔다. 1981년 2월에 이전한 전주대학교 재학생들이 전주공전의 효자동 이전을 반대하고 나섰다. 간납대에 함께 있을 때 전주대학생과 전주공전 학생 간에 싸움이 일어나면 전주대생들이 일방적으로 얻어터지는 일이 빈번했다고 한다.[27]

전주대학생들은 전주공전의 이전 반대를 위해서 효자동 캠퍼스 공사의 미비점과 공전이 들어올 예정이었던 시설의 인허가 문제까지 이유로 들면서 거세게 반대했다. 강홍모의 학생 사랑은 지극했다. 강홍모에게 학생은 자식 이상이었다. 학생들이 반대하는 것을 무릎 쓰고 이전을 강행할 수는 없었다. 여기에 또 한가지 이유가 있다.

대학 이전과 달리 고등학교 이전은 전라북도 교육감 소관이다. 당시 류재신 교육감은 영생고 영생여고의 이전을 허락하지 않았다. 이유는 영생고 학부모들이 이전을 반대한다는 것이었다.

고교 평준화 이후 영생고는 매년 서울대 연대 고대에 30여 명씩 대거 합격시켰다. 지방에서 주목받는 신흥 명문으로 부상하고 있었다. 그런데 도심에서 멀리 떨어진 효자동 캠퍼스로 이전하면 면학 분위기를 헤쳐 학생들의 공부에 지장을 초래한다고 학부모들이 반대했다. 이를 이유로 이전을 허가하지 않았다.[28]

전주공전과 남녀 고등학교의 이전이 막히자 강홍모 이사장의 계획에 큰 차질이 빚어지기 시작했다. 옛 학교를 얼른 비우고 그곳을 처분하여 새로 건축한 캠퍼스 공사비를 해결해야 하는데, 문제가 심각해졌다.

학교 법인 영생학원은 위기에 처했지만, 이에 아랑곳하지 않고 효자동 천잠산 기슭에 들어선 전주대학교는 전주 지역 사회에 거대한 지각 변동을 일으키고 있었다. 전주시 시내버스 노선도가 효자동으로 향했다. 등하교 학생이 수천 명에 이르기 때문에 시내 버스가 운행하는 것은 당연했다.

시내 버스 옆구리에 '전주대학교'라는 안내 간판을 큼직하게 붙이고 전주 도심에서 효자동을 부지런히 오갔다. 20개 노선에서 매일 280회 운행했다.[29] 그 모습을 보면서 전주 사람들은 '전주 도심과 전주대학교 사이가 도시화 되겠구나'라고 예감했다.

도시 계획을 담당하는 당국자도 크게 다르지 않았다.

도심을 확장하는데 가장 중요한 변수는 토지 수용이다. 토지 소유주가 땅을 제 때에 매각해 주어야 한다. 행여 '알박기'로 곤란을 주면 도심은 방향을 틀 수밖에 없다. 천잠산 기슭 효자동 사람들의 선한 마음씨는, 전주대학교 이전으로 지역에 널리 알려졌다. 도시 계획이 그곳을 외면할 리 없다.

전주시의 도시 확장 계획이 서쪽을 향했다.

전라북도청 앞 도로를 지나 전주대학교로 향하다 보면 전주대학 못 미쳐 도로 왼편에 '바위백이 근린공원'이 있다. 점심 식사 후에 잠깐 산책하기에 딱 알맞은 동산이다. 동산 남쪽에는 전일고등학교와 호남제일고등학교가 연이어 있는데, 바위백이 공원이 망향동산으로 조성되어 있다.

그곳은 전주시 효자 4동이 서부 신시가지로 개발되는 과정에서 토호들이 수백 년 대대로 살아온 향리를 '기껍게' 내어 주었음을 기려 팔각정을 짓고 큰 돌을 세우고 옛 마을 이름과 사진을 새겼다. 영생학원에 땅을 내준 효자 2동을 본받아 효자 4동도 전주시의 발전을 위해 고향을 내주었다.

영생학원 설립자 강흥모가 허허벌판 십리 길을 걸어 천잠산 기슭에 터를 잡았고, 그 마을 사람들의 착한 심성이 발원하여 전주의 도심 확장을 서쪽으로 이끌었다. 지금은 천잠산 너머로 혁신 도시가 조성되어 영생학원 네 개의 캠퍼스는 도심의 중심 지역에 위치하게 되었다.

14. 서울의 봄, 전주의 봄

1979년 영생학원이 효자동 천잠산 기슭의 땅 23만 5천여 평을 45일 만에 전격 매입하고 청운의 꿈을 가꾸어 갈 무렵, 박정희 대통령 피격 사건이 터졌다. 이 때문에 이른바 '서울의 봄'이 오고 그 봄은 사계절의 봄과 달리 남쪽으로 내려오기 시작했다. 그 봄이 전주에 도착했다. 간납대에도 왔다. 간납대의 맏이 격인 전주대학교 학생들은 모처럼의 봄을 누릴 차비에 나섰다. 진달래 붉은 빛이 번지듯 그들의 상춘 행위는 먼저 학장실로 번졌다.

박정희 정권 18년간 쌓아 올린 절대 권력의 아성이 한순간 서너 발 총성으로 무너졌다. 그것도 최측근 중앙정보부장 김재규에 의해서였다. 이런 엄청난 사건은 역사의 흐름에 거대한 굴곡을 일으킨다. 한국 최고의 권좌가 너무 쉽게 너무 짧은 시간에 블록쌓기 놀이처럼 무너져 흐트러졌다. 매스 미디어는 그의 죽음을 애도하고 장례식장에서 부모가 죽은 것보다 더 슬피 곡하는 여인들에게 앵글을 맞추지만 10.26사건의 본질은 거기에 있지 않다.

대한민국 최고의 권좌가 무너졌다.

이는 국내에 존재하는 모든 권위에 위기가 닥쳤음을 알리는 신호탄이다. '아무개는 물러가라 훌라, 훌라'로 대표되는 운동권 노래가 바로 그것이다. 절대 권력 아래 피 끓는 젊음의 패기를 짓누르면서 살았는데 박정희가 한

순간 스러지는 것을 보았다. 이제는 대학생들 앞에서 그 어떤 권위도 손대면 '톡'하고 와르르 무너져야 한다.

전국의 대학생들이 서울역 앞에 집결했다. 모였다가 흩어져 '서울역 회군'이라는 자랑스럽지 못한 이름으로 역사에 남았지만, 젊음은 세상이 뒤바뀌었음을 목격했다. 가치관이 뒤바뀌었다. 도도한 흐름은 사립대학교라고 해서 비켜 가지 않았다.

전주대학교 학생들의 생각, 가치관 그리고 행동이 바뀌었다. 학생들은 어용 교수 퇴진, 대학 청사진 공개, 이사장 인척 관련자의 보직 사퇴 등을 요구하며, 연일 농성을 벌였다. 이들에게 학장실의 권위는 어제의 일이었다. 그곳을 거침없이 점거하여 꼬박 하룻밤 김원태 학장과 일부 교수를 학장실에 감금시켜놓고 자기들 앞에서 사표를 쓰라고 강요하는 상황이 벌어졌다. 학생들의 무례를 견디다 못한 김원태 학장은 '내가 교육에 발을 붙인 것이 잘못'이라며 눈시울을 적셨고, 곁에 있던 한 교수는 큰 소리로 함께 울어버렸다.[30]

대통령도 총성에 쓰러졌는데 사립대 학장의 권위쯤이야! 학장실에서 학장과 교수들의 눈물 맛을 본 학생들은 이번에는 설립자 강홍모 학원장을 향했다. 그 애먼 봄이 오기 전에는 저 멀리서 강홍모 학원장이 한복 자락 휘날리며 나타나면 마주치기 어려워 에둘러 피하던 설립자의 권위는 대학생의 손가락에 낀 궐련의 연기처럼 공중으로 흩어졌다. 학생 탓이 아니라 기성 세대 탓이다.

학생들이 이성을 잃지 않으면 그것이 오히려 이상할 지경이었다. 지극히 높고 멀기만 했던 교주 강홍모가 자기들의 손아귀에 쥐어졌다. 강홍모는 평소의 지론에 학교 분쟁으로 경찰을 부른다거나 법에 호소하는 일이 없었다. 자기 한 몸 학생들의 어떤 위력에 휘둘려도 스스로 감내하리라 다짐했다. 그런 그에게 학생들은 가혹하기 이를 데 없었다. 강홍모 학원장에게 '대학 경영 양도 각서'를 쓰라고 압박했다.

1980년 5월 13일 자 전북일보 보도를 자세히 들여다보자.[31] 전주대학 총학생회장과 전주공전 총학생회장의 주도로 5월 12일 오전 강당에 1천여 명의 학생이 집결했다. 이들은 오후 3시께 교내에 있는 강홍모 이사장의 집에 들어가 정원과 거실의 응접 세트를 훼손하며 퇴진을 요구했다. 4시 30분께 강 이사장을 강당으로 데려가 '족벌 재단의 즉각적인 퇴진'을 외쳤다.

이날 밤 300여 명의 학생이 농성을 이어갔다. 자정을 넘겨 새벽 1시 30분께 운동장에서 이사장의 화형식과 함께 스크럼을 짜고 시위를 이어갔다. 2시 30분 강 이사장은 학생들의 요구에 따라 '전주대와 전주공전을 영생재단에서 분리, 유력 인사가 나타난다면 넘겨줄 보장이 되어 있다'라는 일종의 경영권 포기 각서를 써서 학생에게 주었다.[32]

학생들은 새벽 4시께 농성을 풀었다. 강 이사장은 자택에서 하오 3시부터 시위대에 이끌려 다음 날 새벽 4시 해산할 때까지 13시간 동안 억류된 채 시위 전 과정을 목도하면서 온갖 수모를 감내하고 있었다. 그래도 경찰을 부르지 않았는데 이는 강 이사장의 소신이라지만 생각하게 하는 바가 적지 않다. 나이 예순의 강 이사장이 자기가 학교를 세워 가르치는 학생들에게 감금당한 채 이리저리 끌려다니고, 자신의 허수아비를 만들어 불태우는 것도 봐야 했다.

학생들의 잘잘못을 탓하기 이전에 그 상황에서 설립자 강홍모의 멘탈이 온전할 수 없었다. 그의 영혼은 손상을 입지 않을 수 없었다. 그때마다 강홍모는 큰딸 교자 손목을 잡고 기도하러 산에 오르던 날 세미하게 들려온

주의 음성을 되새김했다. 그 마음으로 학생들을 바라보았다.

풀잎처럼 바람이 불면 눕고, 기성세대가 시키는 대로 순종하면서 자라 대학생이 되었는데 10.26이 그들의 가치관을 여지없이 내동댕이쳤다. 이런 상황에 강홍모의 멘탈이 온전해야 한다는 주장은 어쩌면 어불성설일 수도 있다. 젊음과 함께 호흡해 온 학원 설립자가 감내할 고난은 이미 예정되어 있었다.

학생들은 족벌 경영 타도, 어용 교수 퇴출, 학원 복지 투자, 캠퍼스 이전을 주장했다. 앞의 세 가지는 학생들의 주장이 옳다. 당시 전주대학에는 교주의 가족, 친인척이 학교에 관여하고 있었다. 어용 교수도 있었다. 학원 복지 수준도 미흡했다. 그러나 캠퍼스 이전은 이미 지난해 3월 종합 계획이 수립되었고 건설부는 영생학원이 매입한 땅 23만 5천여 평을 전주대학 건설 부지로 고시했다. 그리고 시위가 일어나기 열흘 전에 건축 설계 및 토목 설계를 완료했다. 이틀 전에 농수산부 장관은 농지 전용 허가에 이어 지적 고시 결정을 했다.[33] 3개월 후 8월 5일에 효자동 캠퍼스 건설 공사 기공식이 예정되어 있었다.

농수산부 장관이 지적 고시한 날, 전주대학은 총학생회를 부활시키고 선거를 통해 학생 회장을 선출했다. 선출이 끝나고 이틀 지나 12일에 대규모 시위를 단행했다. 박정희 대통령의 서거에 이은 서울의 봄으로 세상이 바뀐 것은 분명하지만, 강홍모는 가장 혹독한 삭풍의 겨울을 맞이했다.

강홍모는 경영권 포기 각서를 써서 학생 손에 쥐여주고 "얼마 후에 있을 효자동 캠퍼스 기공식에는 참석하겠다"라고 말했다. "학교 시설의 미비점에 대해서는 입이 백 개가 있어도 할 말이 없으나 적시된 비위는 사실과 다르다"라는 말끝에 "이 같은 누명을 쓴 채 물러갈 수는 없다"라는 말도 했다.

　설립자 강홍모는 학교 시설의 미비점은 시인했다. 그러나 "적시된 비위는 사실과 다르다"라고 말했다. 27년 전 학교를 설립하고 그동안 기독교 신앙인으로서, 장로로서, 목사로서 숨 가쁘게 달려왔다. 단 하루도 편한 잠을 못 잤다. 누구에게나 공과가 있다. 강홍모도 그렇다.

　겉으로 드러난 간납대 캠퍼스 깊은 속내에 비리가 왜 없었겠는가?

　그 당시 국내의 사학 재단이 공통으로 자행하는 공공연한 비리가 있었다. 내남없이 사학법인들은 '졸업장 장사'를 했다. 돈을 받고 졸업장을 파는 일은 알 만한 이는 다 아는 비밀이었다. 자격을 못 갖춘 학생을 입학시키기도 했다. 입학 정원을 초과하여 학생을 받아들이는 일도 허다했다. 영생학원의 경우 극빈자들이 입학하다 보니 중도 탈락률이 매우 높았다. 60명으로 한 반을 구성해야 하는데 70명까지도 입실시켜 콩나물 교실을 만들기도 했다. 그래도 3학년이 되면 정원 이하로 줄어드는 현실이었지만 어쨌든 불법이었다.

　이런 부조리를 무마하면서 사립 학교를 이끌어가려면 휘하 구성원들의 입단속이 절대 필요했다. 우두머리는 강력한 카리스마를 갖지 않으면 안 되었다. 영생학원 내에서 강홍모의 위상은 거의 절대적이었다. 학교 구내식당에서 식사할 때 강홍모와 한 식탁에 앉으려는 사람이 없었다.

　"적시된 비위는 사실과 다르다."

　"영생학원에 들어온 지 4년도 안 된 너희들이 적시한 나의 비위는 너희가 말하는 비위 사실과 다르다!"

　학원 경영을 위한 자금이 달릴 때는 수단과 방법을 가리지 않았지만, 교사들 임금 체불을 막지 못한 일도 있었다. 어느 해인가 장남 희진이 변산

해수욕장에서 빙과류 장사를 했다. 땡볕 아래 피서객들에게 불티나게 팔렸다. 마침 그곳을 찾은 영생교회 부목사 정동철에게 희진은 씩 웃으면서 말했다.

"목사님, 내가 선생님들 한 달 치 월급을 벌었어요!"

온 가족이 오로지 학교 운영에 매달려 살아온 세월이었다. 자신과 가족을 헌신하여 학교를 일궈 나가는 중에 사학 재단이 저지르는 비리를 완전히 배척하지는 못했으나, 교사 채용 시 뒷돈 받는 일은 하지 않았다. 그 일은 지금까지 전주대학교의 전통으로 이어져 오고 있다.

"적시된 비위는 사실과 다르다"라는 말은 비위를 저지르지 않았다는 뜻이 아니다. 너희가 내 비리를 어찌 알겠느냐는 뜻이다. '그러나 너희가 나의 비리를 말하니 그간의 내 비리가 탕감이라도 된다면 얼마나 좋으랴마는 세상일이 어찌 그리되겠느냐, 어쨌든 오는 8월 기공식에는 내가 아니 갈 수가 없구나!'

그가 가는 길은 늘 옹색하고 좁은 길이었다.

15. 주먹으로 뺨을 맞아도 나는 웃을 겁니다

그날 학생들에게 떠밀려 나간 자리는 지난 27년 동안의 영생학원 설립, 유지, 발전에 대한 통시적 평가의 자리가 아님에도 강 이사장은 거기에서 합당치 않은 말을 했다. 서울의 봄이 남하하여 전주의 봄으로 이어진 애먼 봄이었다. 5년간 금지당했다가 구성된 학생회 지도부와 당시의 재학생이라는 매우 한정된 대상에게 학원장이 자신의 학원 설립 생애를 걸고 말하는 것은 온당치 않았다.

'대학 경영 양도 각서'라는 형식도 전혀 타당치 않다. 재단법인 분리 등은 문교부의 승인 사항이기 때문에 학생들의 요구도 위법이고 각서에 법적 효력도 있을 수 없다. 학생들은 설립자로부터 그것을 받아들고 학내 시위에서 벗어나 시국 시위 현장으로 달려나갔다.

그때 차라리 경찰에 신변 보호 요청을 하고 그 자리를 피하는 것이 학원장 자신을 위해서도, 흥분한 학생들을 위해서도 나았을지 모른다. 이후 학원장 강흥모의 행적을 서술하겠지만 이 사건으로 강흥모는 이성이 결핍되고 흐트러진 멘탈을 드러내기도 한다. 특히 사립 학교 '경영권' 개념에 대한 온당치 못한 이해와 그에 따른 모순이 향후의 사태를 주도하게 된다.

자기가 설립한 학교 학생들에게 경영권 포기 각서를 써 준 교주 강흥모의 정신을 엿볼 수 있는 자료로서 효자동 캠퍼스 기공식 치사를 보면 좋을 터인데 아쉽게 자료가 남아 있지 않다. 그러나 이로부터 3년이 지난 1983년 9월 8일 문교부로부터 전주대학을 종합 대학으로 승격시킨다는 통보를 받고 가진 자축 행사에서 강흥모 이사장이 기념사[34]를 했는데 들어보자!

> 우리 전주대학이 종합 대학교로 승격된 것을 기뻐하면서 먼저 주님께 감사드리고 문교 당국과 유관기관 그리고 지역 사회와 교육계의 인사 여러분께 경의를 표합니다.
>
> 나는 날마다 십자가 앞에 무릎 꿇고 기도합니다. 십자가를 통해서 나에게 주시는 하나님의 말씀을 받들어 언제나 새로운 힘을 가지고 일하고 있습니다. 십자가 앞에서 두 손을 모으고, 예수님께 질문해 봅니다.

예수님은, 자기의 전부를 희생하여 남을 위해서 봉사하시고 흠도 죄도 허물도 없으셨건만 당신을 좋아하는 사람은 없고 정치계나 사회계 모든 분야에 종사하는 사람은 물론 일반 서민까지도 당신을 미워하며 마침내는 당신을 잡아 십자가에 못박아 죽게 했습니다.

예수님은, "내가 오늘 죽을지라도 나 때문에 혜택받는 자가 많을 때 그것이 보람이고 기쁨이다"라고 말씀하시며 십자가의 아픔을 지셨다고 생각하니 복받쳐 오르는 눈물을 감당할 수 없었습니다. 무거운 십자가를 어깨에 메시고 가시관을 쓰시며 골고다 산상을 향하신 예수님의 사랑에 나는 또 한번 복받쳐 오르는 눈물을 참을 수 없었습니다. 그리고 나는 예수님 앞에 나의 몸을 바쳐 당신이 내려주신 사명을 펴보리라 다짐했습니다.

우리 대학이 대학다운 대학이 될 때 우리 대학을 찾는 모든 젊은이가 이 대학교에서 꿈과 희망을 키우며 각자의 인생을 설계하고 이 나라 백년대계를 이끌어 갈 수 있다면 그것이 나에게는 최고의 영광이요 보람이요, 예수님이 나에게 내려주신 은혜에 보답할 수 있는 길이라고 생각합니다.

그리고 이것이 나에게 내려주신 예수님의 사명이라면 이 학교를 위해서 나의 마지막 피 한 방울 물 한 방울마저도 아낌없이 다 쏟아 버리고, 주먹으로 뺨을 맞고 창으로 가슴을 찍히는 일을 당할지라도 나는 후회하지 않고 웃을 것입니다.

나는 이런 다짐을 할 때 기쁨인지 슬픔인지 알 수 없는 뜨거운 눈물이 나의 뺨을 흘러내립니다. 여러분은 어떻게 생각할지 몰라도 여기에 자리 잡고 이 만한 시설을 3년 만에 신축할 때, 인간 강홍모는 참으로 비참했고 하룻밤도 제대로 눈을 감고 잠을 잘 수가 없었던 나날들이었습니다.

어느 때는 너무 고달프고 너무 슬프고 너무 안타깝고 실망될 때, 나는 다시 한번 십자가 앞에 무릎을 꿇고 하나님의 말씀을 듣습니다. 그리고 내 마음을 다짐하기 위해서 다시 학교로 찾아옵니다. 내가 어디에 있는가, 나는 무엇을 하고 있는가, 나의 방을 들어올 때 학생들이 나의 얼굴을 쳐다볼까 두려워 서너 발짝 떨어져서 창밖으로 우리 학생들을 바라보며 나는 이들을 위해서 어떻게 해야 하는지 생각하며, 도도히 걸으며 교실을 드나드는 남녀학생들을 볼 때 저들을 위해서 내 피를 쏟아야지, 나 혼자 울며 굳게 다짐해 볼 때가 한두 번이 아닌 매일매일의 나의 생활이었습니다.

언젠가는 종합 대학교가 될 것으로 생각했지만, 나는 참으로 2년 동안 하루라도 빨리 종합 대학교 승인을 받아야겠다고 몸부림쳤습니다. 그것은 하루라도 빨리 나의 소원을 이루어 학생들에게 자부심을 심어주고 나의 비참했던 모습을 씻기 위해서 내 마음은 급했습니다. 작년에 될 줄 알았더니 정책적으로 묶여서 승격되지 않았을 때 나는 다시 기도했습니다. 그리고 다짐했습니다. 문교부에서 흘러나오는 말에 귀를 기울였고, 현재 종합 대학을 바라보는 대학은 많이 있으나 작년부터 우리 대학은 종합 대학으로 승격되었습니다.

여러분, 우리 대학은 30여 만 평의 대지에 전국에서 제일 자랑하는 국내 최대의 중앙 도서관이 5천 평의 석조 건물로 연내에 완공됩니다.

종합 대학교 승격, 이날이 있기 위해 그동안 수고해 주신 학장님, 교수님, 우리 직원님, 그리고 내 사랑하는 아들딸들 같은 재학생에게 감사드리고 우리 학생들에게 이 기쁨을 돌립니다. 내 나이 60이 넘었고 하나님이 날 언제 데려갈 지 모르나 살아있을 때까지 나는 계속 전주대학교의 십자가를 무겁다 하지 않고 마지막 피 한 방울, 물 한 방울 다 쏟아서 여러분의 학교에 밑거름이 되는 것을 나의 영광으로 생각하고 혼신을 다하려 합니다.

연내에 중앙도서관을 완공하고 가장 중앙 지대인 호수 옆 그곳에 대강당 신축보다 앞서 3천여 평의 학생 회관을 지을 것입니다. 그런데 학생들은 대강당보다는 학생

회관을 원할 것입니다. 그래서 대강당보다 앞서서 학생 회관을 먼저 지어 여러분의 학생 활동의 활성화에 극대화를 이룩하겠습니다.

지금 보도에 따르면 문교부는 전주대학교 5개 단과 대학으로 개편 32개 학과인데, 내가 원하던 신과대학과 의과대학, 공과대학을 빨리 신설하여 전주대학교를 명문 사학으로 발전시키겠습니다.

여러분! 기도해 주시고 꿈을 가지고 계속 전진해 주시길 부탁드립니다. 이제 여러분은 전주 한 구석에만 있는 대학생이라고 생각하지 마시고 세계 속의 대학생, 세계 속의 전주대학교가 되기 위하여 꿈을 가진 젊은이가 되도록 노력해야 합니다. 인류 역사 속에 찬란한 빛을 발하는 전주대학교의 웅비를 바라보고 지난날의 옷을 벗어 버리고 오늘부터 새 옷을 입고 힘찬 영광의 길로 전진해 주길 간곡히 부탁합니다."

16. 1984년 학교 법인 영생학원 부채 현황

강홍모 학원장은 젊음과 생애를 바친 자기 학교 제자들로부터 감내하기 힘든 치도곤을 당했지만, 영생학원은 그가 입안한 발전 방향으로 힘차게 나아갔다. 1980년 5월 18일 광주민주화운동 발발 하루 전인 5월 17일에 전국의 대학교 학생회장들이 영장 없이 체포 구금되었다. 『전주대학교 50년사』는 이 대목을 다음과 같이 서술했다.

1980년 5월 영생학원 설립자 강홍모 이사장이 학원 민주화와 학생운동으로 벼랑 끝에 몰려 있을 때, 전두환을 중심으로 한 신군부가 5월 17일 쿠데타를 일으켜 새로이 부활한 총학생회 회장 등 시위 학생 수뇌부를 연행함에 따라, 강흥모 이사장은 반사적으로 위기에서 벗어날 수 있었다.[35]

관점이 매우 애매하다.

'반사적으로 위기에서 벗어나 8월 5일 계획대로 효자동 캠퍼스 신축 공사 기공식이 천잠산 아래 23만 5천 평 드넓은 대지 위에서 열렸다'라고 역사를 서술할 수야 없지 않은가.

세상은 강흥모가 걷는 길을 알지 못한다.

어쨌든 간납대에 있는 네 개의 학교를 동시에 옮기려면 10개의 건축물이 동시에 올라가야 했다. 전북지역의 건설 회사들이 총출동했다. 1981년 2월 6일 네 개의 학교 중 전주대학만 이전할 수 있었다. 절반의 기쁨이고, 절반의 아쉬움이다. 절반의 기쁨이 절반의 아쉬움을 상쇄해 준다면 좋겠지만, 절반의 아쉬움이 절반의 기쁨을 잠식하는 일도 벌어질 수 있다.

캠퍼스 이전 계획 출발점은 간납대를 160억 원에 팔아서 효자동에 140억 원으로 새 캠퍼스를 조성하겠다는 것이었다. 법인에는 수익용 재산도 있으니 그 이후 점차 예산을 투입하면서 진행하면 되리란 것이 강흥모의 밑그림이었다. 그런데 간납대를 매각할 수도 없고, 간납대에 새로운 아이템의 사업을 시행할 수도 없다. 간납대가 교육용으로서 여전히 학생들의 학습에 공여되는 재산으로 남아 있으니 은행에 저당을 잡히고 대출을 받을 수도 없다. 자연히 효자동 캠퍼스 건축 공사대금을 변제할 수 없게 되었다.

한국의 사학법은 허술하지 않다. 학생이 학습 목적으로 출입하는 시설은 은행에 담보로 제공할 수도 없고, 다른 용도로 개발도 못 하게 되어있다. 더더구나 매각은 철저히 봉쇄되어 있다. 영생학원장 강홍모는 간납대와 천잠성을 양손에 들고 있어야 했다. 새집으로 이사했는데 헌 집을 못 팔고 있다.

전주공전과 영생고 영생여고가 버젓이 있는 한 간납대는 성역이다. 법이 학생들을 그렇게 탄탄하게 보호하고 있는 것은 매우 잘하는 것이지만, 교주 강홍모는 그로 인해 절체절명의 위기에 빠졌다.

천잠성 캠퍼스를 지으면서 간납대를 팔아서 갚으려니 하고 온갖 돈을 다 끌어다 댔다. 강홍모 일가족은 물론 학교 교직원과 영생교회 성도까지 총동원되어 급전을 변통했다. 심지어 서울에서 고리채까지 끌어왔다. 교주 강홍모는 애가 탔지만, 학교는 아랑곳하지 않고 착착 발전 단계를 밟아 나갔다.

1982년에는 전주대학교가 대학원 설치 인가를 받았다. 종합 대학교로 승격하기 위한 수순이었다. 1983년 1월에는 강홍모 이사장이 문교부와 교섭하여 30만 달러를 배정받아 학내에 컴퓨터 시스템을 설치했다.[36] 학원 전산화 시대를 열었다. 그해 6월 7일에는 대학교육협의회 대학 평가단의 평가 결과 발표가 있었다. 전주대학교의 종합 대학교 승인 요청에 따른 평가 결과다.

> 전주대학은 강의 관리가 잘 되어있으며 전공 과목 설강 시수가 높고, 재정 경영 평가에서는 건설 초기의 건전한 대학이며 교육 시설 확충은 놀라울 정도의 수준이다.[37]

이런 평가를 획득하여 1983년 9월 전주대학교는 종합 대학교 승인을 받았다. '전주대학'에서 '전주대학교'가 되었다. 전라북도에서는 3번째, 전국에서는 39번째의 종합 대학교다. 5개 단과 대학 30개 학과 신입생 정원 1,976명이다. 영생학원의 경사일 뿐 아니라 전라북도의 경사다.

종합 대학이 되면서 전주대학교에도 야간학부가 폐지 되었다. 강홍모는 남문교회의 야간 영생중학관으로 출발했다. 배움의 기회를 놓친 청소년과 가난한 이들에게 기회를 주는 사명으로 시작하여 30년이 흘렀다. 국가 경제의 비약적 발전으로 야간 학생이 없어졌다. 영생학원은 새 목표를 설정해야 한다. 영생학원 산하 네 개 학교의 방향성을 탐색하여 정립해야 할 시기가 도래했다.

하나님의 말씀을 중심해 사람 된 목적을 달성합시다.[38]

영생고등학교를 설립하고 강홍모는 이사장이자 교장으로 취임하여 교훈을 3가지 긴 문장으로 정했는데 첫 번째가 위의 문장이다. 하나님의 말씀을 중심으로 사람 된 목적을 달성토록 가르치는 것이 강홍모의 초심이고 영생학원의 존재 이유다. 야간 학생 수요는 없어졌다. 이제는 푯대를 향하여 달려가기 위한 새로운 가치 실현 방법론을 모색할 때다. 이렇게 중차대한 시점에서 설립자 강홍모는 학교 이전으로 인한 재정 문제와 정치의 격변기가 맞물려 깊은 수렁에 빠져들고 있었다.

1984년 3월 1일에 박주황 박사를 종합 대학교 초대 총장으로 영입했다. 당시만 해도 종합 대학이 아니면 총장이라는 직함을 쓸 수 없었다. 종합 대학 승격을 못 하면 아무리 학교가 커도 학장이었다. 종합 대학 승격과 함께 강홍모 이사장의 숙원인 중앙 도서관도 개관했다.

지금은 전주대학교에서 본관으로 쓰고 있는데, 건물의 가로 길이가 1백 미터가 넘고, 전주대학교 내에서 가장 높은 곳에 자리 잡고 있다. 건축 양식은 도리아식과 이오니아식을 혼합하여 축조한 파르테논 신전을 닮았다. 모두 46개의 돌기둥이 있는데 가운데가 약간 불룩한 배흘림 즉, 엔타시스 양식이다. 도서관을 오르는 계단 양 옆에는 사자상이 정교하게 빚어져 전주 시내를 내려다보면서 포효한다.

3월에 준공한 중앙도서관의 위용과 반비례하여 학원장 강홍모가 처한 위기는 위험천만한 상태였다. 간납대를 개발하여 수익을 내거나 매각하여 그 돈으로 변제할 계획으로 끌어다 쓴 건축비를 갚아야 하는 시기가 차곡차곡 도래하건만 변제할 방도가 없다. 효자동 천잠성 캠퍼스 부지가 23만 5천평으로 드넓은데, 간납대를 처분하지 못하고 있으니 누가 봐도 기형적인 현상이다.

전주공전을 이전하지 못한 것은 영생학원 책임이다. 문교부에서는 이전 허가가 내려왔으나 전주대학교 학생들의 반대와 건축물 인허가 문제가 겹쳐 이전을 못 하고 있었다.[39] 그러나 영생고, 영생여고의 이전은 영생학원의 책임이라기보다는 관할청인 교육감에게 일단의 원인이 있었다. 시내권에 있다가 외곽으로 학교를 이전하겠다는 데, 학부모가 반대한다고 이전 허가를 내 주지 않았다.

한국 사회 어느 지역에나 기관장 모임이 있다. 지역 내 지도층 인사들의 정례적 모임이다. 모임의 성격은 서로 화합하고 협조하여 지역의 발전을 이루자는 것이다. 영생학원장 강홍모도 이 모임에 초청을 받곤 했는데, 한번 나갔다 오더니 다시는 안 가겠다고 했다. 술이 있고, 술을 따르는 여자가 있고, 술주정이 있는 곳은 목사가 있을 자리가 아니라 했다.

한국 사회에서 이런 유의 모임은 윤활유 역할을 톡톡히 한다. 강흥모와 소원해진 우석대학교 법인 서정상 이사장과의 화해, 학교 이전 문제로 삐그덕 거리는 류재신 교육감과의 원활한 교제를 도모하는 자리로 활용할 수 있는 자리다. 그러나 강흥모는 그런 자리를 외면함으로써 파생하는 어려움은 하나님이 주시는 고난이라며 기쁘게 여기고자 했다.

영생고, 영생여고 이전 문제는 어차피 전주공전과 맞물려 있기 때문에 강흥모 이사장은 모든 것을 하나님의 뜻으로 돌렸다.

전주대학교가 종합 대학교로서 3월에 개학하고 연이어 국내 최고 규모의 최첨단 도서관을 준공했는데, 6월 1일에 2억 원 가량의 부도를 내고 만다. 꾸어간 돈을 갚으라고 정한 날짜에 어음이 돌아왔는데, 주거래 은행인 상업은행 전주지점이 부도 처리했다. 이 사건을 계기로 영생학원의 위기는 표면화되었다.

지역 사회에 파문이 서서히 일고 있었다. 1차 부도액이 크지는 않았지만 계속 어음과 수표가 들어올 것이다. 나중에 관선 이사회가 밝혀낸 이 당시 영생학원의 정확한 부채 규모를 보자.[40]

채권 신고 접수 금액	15,944,000천원
채권 미 신고 금액	840,090천원
상업은행 전주지점 기 대출금	23,333,500천원
합 계	40,117,590천원

은행 대출금은 상응하는 담보가 설정돼 있는 부채라서 악성이 아니다. 문제는 사채였다. 간납대 캠퍼스를 지금이라도 팔면 못 받아도 150억 원

은 너끈히 받을 수 있기에 깔끔하게 해결될 터였다.

간납대는 3만 6천 평이고 효자동은 23만 5천 평이다. 네 개 학교를 모두 이전할 계획이 아니라면 효자동에 그렇게 광활한 토지를 매입할 이유가 없다. 지난 30여 년 동안 문교부를 비롯한 전북도청과 전주시청은 영생학원 강홍모 학원장에게 우호적이었다. 단시간 내에 영생학원이 급성장할 수 있었던 것도 주무관청의 우호적 태도가 아니었다면 불가능한 일이다. 물론 행정청도 교육은 국가의 백년대계임을 익히 알고 사립 학교를 육성해야 한다는 당위성은 충분했다.

1984년 간납대 캠퍼스를 두고는 묘한 양상을 드러내고 있었다. 영생학원의 주거래 은행인 상업은행 전주지점은 그 상황을 면밀히 검토하여 문제를 파악하고 있었을 것이다. 상업은행 전주지점은 현재의 영생학원장 강홍모로서는 타개할 수 없는 난관으로 파악했다. 그리고 6월 1일 부도 처리했다. 부도처리 후 상업은행은 학원장 강홍모에게 극약 처방안을 제시했다. 강홍모에게 학원 경영권 포기 각서를 요구했다.

17. 도덕적 인간과 비도덕적 사회 [41]

주거래은행이 받아 간 경영권 포기 각서는 어떤 의미일까?
돈줄을 쥐고 있으면서 꾸어준 돈을 받아내기 위한 최후의 수단이다.
"너, 그러다가는 우리 은행이 꾸어준 돈 못 갚는다. 그딴 식으로 할 거면 경영권 내놔!"

이런 최후 통첩이다. 한국 기업들의 숨통은 대부분 주거래 은행이 틀어쥐고 있다. 기업이 가진 자산 규모 이상으로 큰돈을 빌려주고 여차하면 경영권을 박탈해서 이리저리 쪼개어 나눠주는 횡포도 서슴지 않았던 역사를 가지고 있다. 특히 재벌 그룹을 해체하는 과정에서 은행은 정권의 시녀역을 맡기도 했다.

학교 법인 영생학원에게 상업은행 전주지점이 경영권 포기 각서를 요구한 것은 이례적이다. 당시 상업은행이 영생학원에게 담보대출한 돈은 233억 원이다. 이에 비해 영생학원의 자산은 그것보다 훨씬 크다. 사채를 포함한 400억 원도 영생학원의 자산보다 작다. 그런데 상업은행은 부도처리하면서 경영권 포기 각서를 요구했다.

핵심은 강홍모의 정치적 수완 미달이었다.

"왜 간납대를 처리 못 하느냐?

끝내 못 팔 거면 경영권 내놔!"

이에 강홍모가 상업은행에 제출한 경영권 포기 각서를 보자.

한국상업은행 귀하 [42]

본인은 학교 법인 영생학원이 당면하고 있는 제반 어려움의 해소와 학원 운영의 정상화를 위해 다음 사항을 이행할 것을 각서합니다.

- 다 음 -

본인은 학교 법인 영생학원을 경영하여 온바 금번 이사장직을 사임과 동시 사립 학교법에서 정한 모든 경영권 및 설립자로서의 연고권을 포기하고 향후 일체 학원경영에 참여하지 않고 학원 경영권 내지 연고권에 대한 이의도 제기치 않겠음.

본인을 포함한 현 이사진은 전원 사퇴하고 신임 이사진에게 최대한 협조하겠음.

학교 법인 영생학원이 발행한 어음 수표 명세를 귀 행에 조속히 제출하고 동 명세에 없는 어음 수표는 학교 법인의 채무가 아님을 확인하고 본인이 개인적으로 상환책임을 부담하겠음.

미 담보 제공 물건인 구 캠퍼스 일부(전주공전 분)는 귀 행에 조속한 시일 내에 담보 제공하겠음.

'귀 행이 취득한 담보물의 담보처분권은 귀행에 위임하여 제반 필요 서류를 귀행의 요청에 따라 즉시 제출하겠음.

현 이사진 퇴임 후 새로운 이사진 구성이 지체될 때는 후임 이사진 구성에 있어 귀행이 추천하는 사람이 취임함에 필요한 모든 절차를 지체 없이 취하겠음.

1984. 7. 7[43]

전주시 남노송동 94번지 학교 법인 영생학원 이사장 강홍모
전주시 남노송동 97-1 설립자 강홍모

주거래 은행의 포기 각서 요청에 강홍모는 위축되고 말았다. 학생들이 경영을 포기하라고 을러댈 때와는 근본적으로 달랐다. 위기를 느낀 강홍모는 최대한으로 자세를 낮췄다. 그렇게라도 해서 주거래 은행의 태도가 바뀌기를 바랐다. 이런 때 해결책은 최소한 자세를 낮추면서 서둘러 기부자를 찾는 길 외에는 없다.

1984년 국내 10대 재벌 기업 자본 대비 부채 비율 평균은 520퍼센트였다.[44] 물론 기업은 학교 법인과 다르다고 하지만 강홍모로서는 억울할 수밖에 없었다. 주거래 은행은 영생학원의 자산과 신용을 조사하여 정책을 결정하지만, 이보다 더 중요한 것은 국내 정세와 정부 당국의 정책이 무엇이냐는 것이다. 상업은행은 이런 변수를 종합하여 강홍모 이사장에게 경영권 포기 각서를 요구했다. 여차하면 공중 분해시킬 수도 있다는 으름장이다.

상황을 정확히 인지한 강홍모는 그에 상응하는 내용으로 포기 각서를 제출했다. 여기서 목에 힘을 주고 조금이라도 뻣뻣하게 굴어봤자 좋을 것이 없었다. 아무리 그렇더라도 강홍모가 제출한 포기 각서는 지나친 무장해제로 보인다.

미국의 신학자이자 목회자인 라인홀드 니이버(Reinhold Niebuhr)는 그의 저서 『도덕적 인간과 비도덕적 사회』라는 책에서 인간 개개인은 모두가 도덕률을 지키고자 안간힘을 다하지만, 그들이 모여서 이룬 사회는 비도덕적이라고 설명한다.[45]

개인이건 조직이건 각자 지향하는 목적이 있는데, 조직은 개인과 달라서 목적 달성을 위해 비도덕적 수단도 불사한다는 것이다. 이를테면 기업이라는 조직은 이윤 극대화를 위해서 노동자에게 희생을 강요하고 수시로 시장 질서를 어기면서 정권과 야합하기도 한다.

강홍모는 네 개의 학교를 거느린 조직의 수장이지만 이 시점에서 그는 한낱 '도덕적 인간'에 지나지 않았다. 그를 상대하는 상업은행은 '비도덕적 사회에 속한 금융 조직'이다. 은행이란 고객에게 맑은 날 우산을 빌려주었다가, 정작 비가 오면 빌려주었던 우산을 되찾아간다는 것을 강홍모는 모를 리 없다. 강홍모는 영생고등학교 이전을 허락하지 않는 '비도덕적 사회 조직'으로 역할하는 교육 당국과 은행을 비난하는 일을 최대한 자제할 수밖에 없었다.

도덕적 인간으로 남으면 '을'이 되고 조직을 결성하여 권력을 가지면 '비도덕적 사회의 조직'으로서 '갑'이 된다. 강홍모는 학교 법인 영생학원의 주체이지만 행여 영생학원이 '비도덕적 조직'으로서 '갑'이 되는 것을 극도로 자제할 뿐 아니라, 스스로 '을'의 자리를 힘써 지켜왔다. 선주후광의 믿음이 바로 이것이었다. 그는 평생 '도덕적 인간'이고자 했다.

주거래 은행에 경영권 포기 각서를 제출하고 그가 해야 할 일은 후원자를 찾아 돈으로 막는 길뿐이다. 부도 발생 후 각서를 제출하기 직전 강홍모는 강상욱 전 국회의원에게 도움을 청하면서 6월 17일 강상욱을 제6대 이사장으로 영입했다. 강상욱 씨는 서울대 졸업 후 육사에 진학하여 9기로 졸업하고, 5.16 때 박정희를 도왔다. 6대, 9대 국회의원을 역임하고 사업가로 변신했다.

강상욱은 이사장으로 취임하면서 수차례나 강홍모에게 사채의 규모를 확인했고, 그때 강홍모는 80억이라고 대답을 했다.[46] 규모를 낮추어서 대답한 것이다. 당장 80억 원만 있어도 위기는 막을 수 있다는 생각도 있었고, 그보다 더 많다고 하면 강상욱 씨가 이사장 취임을 거부할 것을 염려했다고 토로한다.

18. 700억 받고, 향후 10년

상업은행에 각서를 제출하기 직전이었다. 당시 국제적 대규모 합동 결혼식으로 국내외에서 기세를 올리던 유사 기독교단체 ㅌ 교단이 강홍모에게 은밀한 제의를 해 왔다.[47] 교주인 강홍모에게 7백억 원을 주겠다고 했다. 7백억 원을 건네고 이후 10년 동안 강홍모는 이사장 자리에 계속 있으면서 학교 법인 영생학원 이사들의 임기가 끝날 때마다, 그 자리에 T 교단이 제시하는 인물로 하나하나 교체해달라는 조건이었다. 매우 간단하면서도 시원시원한 제안으로 보이지만 그렇지만은 않다.

먼저 7백억 원의 성격이 무엇인지 보기로 한다.

영생학원은 사채와 은행 여신을 합하여 401억 1천 759만 원의 부채를 안고 있었다. 이 상황에서 7백억 원을 받게 되면 먼저 부채를 갚아야 한다. 부채를 해결하고 나면 대략 3백억 원이 남는다. 이 돈을 강홍모에게 주겠다는 뜻이다. 강홍모는 3백억 원을 챙기고, 향후 10년을 더 영생학원 이사장으로 있으면서 그들의 요구에 따라 이사만 교체해 주면 임무가 끝난다. 10년 지나면 T 교단이 이사진을 장악하게 된다. 그러면 학교 법인 영생학원은 고스란히 그들의 수중에 떨어진다.

강홍모는 10년을 보내면서 '학교 법인 영생학원이 T 교단 수중에 들어가게 될 수밖에 없었다'라는 구실을 만들고 '이것은 하나님의 뜻'이라고 합리화할 수도 있었다.

10년이면 강산이 변하는 기간이 아닌가?

이런 호조건에 솔깃하지 않을 위인이 세상에 있을까?

강홍모는 이 제안을 받아 둔 상태에서 상업은행의 요구에 합당하는 문구로, 아니 그 이상으로 경영권 포기 각서를 작성하여 제출했다. T 교단의 제안과 상업은행 포기 각서로 번민에 휩싸인 강홍모는 서울에 사는 큰딸네를 찾아갔다. 아버지가 당하고 있는 고난을 익히 알기에 큰딸 교자는 말없이 아버지를 모셨다.

강홍모는 자녀가 설득해서 되는 아버지가 아니었다. 아내가 설득해서 되는 남편도 아니었다. 강홍모는 늘 혼자였다. 그에게는 '선주후광' 하나님이 있을 뿐이었다. 아내도 자녀도 측근도 한결같이 강홍모에게 조언이란 있을 수 없었다. '탑-다운' 방식 만이 존재했다. '다운-업'은 지금까지 영생학원에 없었다. 간혹 아버지가 교자에게 의견을 구하면 조심스럽게 자기 생각을 말씀드릴 뿐, 자기의 조언에 따르지 않았다고 해서 추후 아버지에게 "제가 지난번에 말씀드렸었잖아요"라는 반문은 허용되지 않았다.

불쑥 상경한 아버지는 별말씀이 없었다.

건넌방에 침구를 펴 드리고 딸은 자기 방에 와서 잠을 청했다. 서울에도 첫새벽이면 여지없이 닭울음이 들려왔다. 낮에 보면 닭을 키우는 집이 없지만, 새벽 두세 시면 어디선가 닭 울음이 들린다. 그 소리에 어렴풋이 잠이 얇아져 비몽사몽인데 교자의 방문을 조용히 두드리는 소리가 났다.

"아버지 왜 이렇게 일찍 깨셨어요?"

아버지는 침울하고 낮은 음성으로 설명했다.

"7백억 원이면 30년 노고를 하나님이 인정하시는 금액으로 받을 수도 있지 않을까?"

한참 동안 침묵이 흘렀다. 딸이 입을 뗐다.

"그건 아니지요, 아부지!"

초등학교 5학년이던 1953년 봄, 아버지의 산상 기도가 떠올랐다. 새벽 기도회 마치고 아버지는 큰딸의 손을 잡고 교회 인근 야산에 있는 아버지만의 기도처를 갔다. 그때 아버지는 번민하는 가운데 기도했었다. 나중에 안 일이지만 그때의 산상기도를 통하여 아버지는 공무원직을 떠나 학교 세우는 일에 자기 인생을 걸었다. 그리고 지금까지 걸어온 아버지!

대학 2학년 때 딸이 중병에 걸려 음식을 못 넘기고 있을 때, 딸을 찾아와 '전주 집으로 가자' 하시던 아버지의 얼굴도 선하다. 아버지는 장녀 교자를 어머니 이상으로 의지할 때도 많았다. 아버지와 딸은 스물한 살 차이다. 당시에는 다들 그랬다.

"그건 아니지요, 아버지"라고 한 대답이 후회되었다.

차라리 그렇게 하는 것이 좋겠다고 대답해 드릴 걸 하는 생각도 없지 않았지만, 천둥 번개가 휘몰아쳐도 의연하기만 했던 아버지를 닮은 딸도 위기 앞에서 위기를 위기로 느끼지 않는 의연함으로 대답했었다.

강홍모는 나중에 이때의 심정을 회고했다.

> 비밀리에 ㅌ교 측에서 700억 원을 주고 본교를 인수하겠다고 교섭이 왔을 때는 실로 그 유혹을 뿌리칠 길이 없을 정도였으나 기도하는 가운데 전북 지역의 교회 발전과 자신의 신앙 양심에 따라 끝내는 그 유혹을 거절했다.[48]

ㅌ교는 돈이 많아서 7백억 원의 거금을 제안했을까?

정통 기독교로부터 이단으로 불리던 그들은 어떤 근거로 7백억 원을 제시했을지 따져볼 필요가 있다. 그들이 현금을 많이 보유하고 있다는 것은 어느 정도 소문이 났었다. 그러나 그들의 돈 씀씀이는 자린고비보다 더 짜기로 알려졌다. 현금을 많이 보유하고 있지만 한 푼도 허투루 쓰지 않는 것으로 정평이 나 있었다. 그들은 강홍모에게 제안하기 전에 얼마만큼의 금액을 제시할 것인지 주도면밀하게 검토했을 것이다.

학교 법인 영생학원은 전주 도심에 근접한 남노송동 간납대 3만 6천 평과 새 캠퍼스 부지로 효자동에 23만 5천 평을 가지고 있었다. 간납대에는

7-8층의 교사 건물이 빼곡하게 들어차 있었고, 효자동에는 10개 이상의 건물이 들어서 있었다. 재학생 수는 1만 명을 넘었다. 이외에도 수익용 부동산으로 토지가 176필지, 건물이 40여 개 동이다. ㅌ 교단이 보기에 영생학원의 자산은 부동산만 따져도 700억 원 이상으로 판단했을 것이다. 1984년 현재 700억 원으로 영생학원을 손에 넣는다면, 10년 후의 부가 가치를 따져볼 때, 이만한 투자처도 없다.

1986년에 영생교회 교인들을 주축으로 청와대와 문교부에 탄원서를 제출하는데, 그 탄원서에 의하면 영생학원이 신동아로 넘어갈 당시 영생학원의 부동산은 1천억 원대라고 주장한다. 1천억 원의 부동산을 지닌 영생학원이 부채 총액은 400억 원, 그 속에서 사채 150억 원이 촉발한 위기를 버티지 못하고 신동아학원으로 넘어간다.

신동아학원이 경영하는 네 개 학교가 광대한 캠퍼스를 이루고 있는 2022년 현재 그 땅만 해도 30만 평에 달한다. 학교 부지이고 학교 시설에 해당하므로 은행에 저당 잡히지 않은 순수한 부동산이다. 이외에도 신동아학원은 수익용 재산으로 11개의 임대 사업체를 보유하고 있다. 대부분 영생학원 시절 확보한 재산이다.

현재 전주대학교 인근 토지는 평당 6-7백만 원을 호가한다. 이 가격을 30만 평에 산술적으로 적용하면 전주대학교 및 4개의 학교 부지만 해도 2조 원대에 달한다. 천문학적 재산이다.

40여 년 전 ㅌ교의 700억 원 유혹을 뿌리친 강홍모의 결단은 역사적, 신앙적으로 어떤 의미가 될까?

ㅌ 교단에서 발행하는 일간지가 있다. 전주대학 출신으로 그 일간지 주필을 지낸 모 인사가 의미심장한 한 마디를 남겼다.

"강홍모, 사기꾼인 줄 알았더니 진짜 목사더라!"

19. 주거래 은행_관선 이사회_최순영의 삼위일체

상업은행에 경영권 포기 각서를 제출한 강홍모는 다양한 통로로 타개책을 찾아 나섰다. 가장 손쉬운 방법은 간납대에 있는 전주공전과 영생고, 영생여고를 이전하고 그곳을 개발하든지 매각하는 길이다. 실제로 서울에 있는 L 주택 건설 회사와 150억 원에 가계약 까지 체결했으나 수익용 재산으로 전환되지 않아 무산되었다.

강홍모는 그동안의 후원자를 하나하나 떠올렸다.

1952년 간납대 땅을 학교 부지로 사용할 수 있도록 조처해 준 이석한 옹, 군수 물자를 아낌없이 지원하고 중장비까지 동원하여 학교 터를 닦아 준 2군 사령관 최영희 중장, 하와이 교포 손노디 여사, 1962년 미국 하나님의 성회 리드 부흥단, 1972년 박판향 여사!

그들과 같은 구원자는 더 이상 없는 것일까?

T교의 제안을 물리친 강홍모에게 최적의 대안은 150억 원을 후원받아 사채 문제를 해결하고 영생학원 이사장으로 취임하겠다는 독지가를 만나는 일이었다. 물론 150억 원은 간납대를 처분했을 때 되돌려주겠다는 조건도 가능했다. 전주공전과 영생고 영생여고도 언젠가는 효자동 캠퍼스로 합류되어야 하기 때문이다.

영생학원 이사장 자리에 만족하면서, 학교 운영에 도움을 줄 통 큰 기부자는 또한 독실한 기독교 신자여야 한다. 이런 인물을 찾는다는 것은 어쩌면 바닷가 백사장에서 바늘 찾기와도 같았다.

여기서 꼭 짚어야 할 한 단어가 있다.

'경영권'이라는 단어의 개념이다. 강홍모는 지난 1980년 5월 12일 학생 시위 지도부에 학원 경영권 양도 각서를 써 준 이래, 1984년 7월에 상업은행에 경영권 포기 각서를 제출했다. 그때까지 강홍모가 영생학원을 이끌어 온 30여 년 동안, 위기 때마다 숱한 후원자들이 있었으나 후원자가 '경영권'을 가져가겠다고 한 적은 한 차례도 없었다.

'영생학원 경영권은 강홍모의 것.'

이것은 변개 할 수 없는 철칙이었다. 어떤 상황이 닥쳐도 영생학원의 경영권은 강홍모의 것이었다. 거기에 누구도 이의를 제기하지 않았다. 강홍모가 경영권을 가지고 있으면서 모든 위기를 타개해 왔다. 그러나 1980년 이후 그것이 흔들리기 시작했다.

그동안은 강홍모에게 '당신이 귀한 뜻을 세우고 잘 해내고 있다. 거기에 나의 물심양면을 보태겠다'라는 것이 후원자들의 일관된 태도였다. 그러나 1980년 10.26 사태를 기점으로 '당신 지금 잘못하고 있다. 그렇게 하려면 내려와라, 다른 사람 얼마든지 있다'로 바뀌었다. 이 소리를 제자들에게 맨 처음 들어야 했다.

1980년 5월 12일 전주대학교, 전주공업전문대학 연합 시위대가 교주 강홍모에게 경영권을 타인에게 넘기라는 요구를 하면서부터 '강홍모의 경영권' 철칙은 금가기 시작했다. 여기에는 또 하나의 의미심장한 문제가 있다. '경영권' 개념 속에 이미 커질 대로 커진 교육용 재산과 재단의 수익용 재산이라는 '부동산의 소유권'이 포함되어 있다.

'강홍모의 경영권'이 타인 혹은 다른 법인으로 넘어가면 지난 30여 년 강홍모의 피와 땀과 눈물 어린 기도의 열매라 할 수 있는 '영생학원의 재산권'까지 따라 넘어가고, 강홍모는 길거리에 나 앉을 수도 있다. 재산권뿐만이 아니다. '재학생 1만여 명'이라는 감히 금액을 산정할 수조차 없는 어마어마한 가치마저 송두리째 넘어간다.

'경영권'이라는 세 글자는 마치 다이너마이트와도 같았다. 강홍모는 시한 폭탄과도 같은 '경영권'이라는 말을 너무 쉽게 입에 올리고 또 각서로 써 주곤 했다. 쥐 잡다가 장독 깨고, 빈대 잡다가 초가삼간을 태워 먹는 어리석음이 너무 가까이 와 있었다. 강홍모도 감지하고 있었다.

t 교단의 거액 제의를 물리친 것을 아는지 모르는지 상업은행은 채권 추심을 위한 대책으로 '경영권 포기 각서'를 받아갔다. 주거래 은행은 고객의 집 장독이 깨지거나 초가삼간이 불타는 것에는 관심이 없다. 은행은 자기네가 빌려주었던 '우산'을 되돌려 받으면 그만이었다. 강홍모가 잃게 되는 '부동산 소유권', '일만여 명의 학생'이라는 무형의 자산도 은행은 알 바가 아니었다. 세상은 이미 이 길로 들어섰다.

강홍모는 바닷가 모래밭에서 바늘 찾듯이 신실한 기독교인으로 사채 150억 원을 기부해 주고, 일정 기간 학교 법인 영생학원 이사장이라는 명예로운 직함에 만족하다가, 수년 내에 다시 이사장직을 강홍모에게 되돌려주는 인물을 찾아 나섰다. 지난 30여 년 동안 그렇게 해 왔으니 이번에도 그렇게 되리라 믿었다.

그동안은 학교 법인 영생학원의 규모가 크지 않아 지역 내에서 그런 인물이 나타나 해결해왔지만 1984년 현재 영생학원은 '지역구'가 아니라 '전국구'였다. 전국적으로도 영생학원 규모에 필적하는 사학 재단은 손가락에 꼽을 정도였다. 강홍모는 전국적으로 인물 찾기에 나섰다.

예수병원 원목 이성화 목사가 한 사람을 추천했다. 신동아그룹 회장 최순영 장로였다.

이성화 목사는 그를 추천하면서 양자 간의 가교 역할을 자처하고 나섰다.[49] 1984년 최순영 장로는 한국 기독교계의 상징성을 한 몸에 지닌 인물이었다. 신동아 그룹이 여의도에 짓고 있는 63빌딩이 '기도하는 손 모양'으로 설계되어 골격을 드러내고 마무리 공사 중이었다. 이듬해인 1985년에 63빌딩은 위용을 드러내고 그동안 서울의 랜드마크로 자처해 온 청계천의 삼일빌딩을 대체하여 서울을 상징하는 새 랜드마크가 된다.

이 무렵 강홍모는 상업은행의 채근에 못 이겨 관선 이사 파송 요청에 동의한다. 백척간두의 위기에서 아슬아슬한 줄타기가 시작되었다. 1984년 여름이 기울어가는 무렵이다.

1984년 전두환 정권의 치세가 국민의 생활과 직결되듯, 영생학원에도 지대한 영향을 미치는 것은 누구도 부인할 수 없다. 전두환 정권은 1983년에 터진 미얀마의 아웅산 테러 사태로 혼미에 빠졌었다. 대통령이 방문한 나라에서 국립묘지 참배 예정인데 대형 폭발물 사고가 터졌다. 정부 요직에 있는 장관 등 수행원 17명이 현장에서 사망했다.

전두환 대통령은 4분 늦게 도착하는 바람에 목숨을 건졌다. 이 사건은 전두환에게 매우 의미가 크다. 마틴 루터에게 친구가 바로 옆에서 벼락에 맞아 숨진 사건, 이종윤 목사에게 고등학교 재학 시절 단짝 친구의 죽음, 강홍모에게 6.25 한국전쟁때 두 번이나 목숨을 건진 사건과도 같았다. 일견 이해할 수도 있으나 당시 전두환은 대통령으로서 무소불위의 권력을 휘두르고 있는 터에 아웅산 사태에서 희생된 고위직 공무원의 자녀에게 조위금을 전달하고자 설립한 일해재단을 기형적으로 확산시켰다.

전두환은 경제인들로부터 물경 600억 원에 달하는 기금을 모금하여 일해재단에 묻어두었다. 전두환은 이외에도 재임 중 새마을 성금으로 1,469억 원, 이순자가 관여하는 새세대 육영자금으로 223억 원, 심장재단에서 199억 원, 평화의 댐 기금으로 700억 원을 긁어모으는 한편 이웃돕기 성금, 방위 성금, 원호 성금, 수재 의연금 등 천문학적 숫자의 돈을 불가사리처럼 집어삼키고 있었다.[50]

전두환의 일해재단 성금 모금 사건이 영생학원과 신동아학원 간의 묻힐 뻔한 진실을 캐내는 데 단서가 되리라고는 누구도 예상하지 못했다.

강홍모에게 1980년 이전까지는 "당신 참 귀한 일 한다. 내가 물심양면으로 지원한다"라고 했었던 주변의 태도는 1980년 10.26을 기점으로 돌변했다.

"당신 잘못하고 있잖아? 그렇게 하려면 내려와야지!"라고 바뀌었다.

이후 "당신 지금 너무 잘못하고 있어, 그렇게 하면 지역 사회 경제까지 망칠 수 있어 모든 것 몽땅 포기하고 당장 내려와!"라며 점강법으로 분위기가 나빠지고 있었다.

1984년 9월 1일 학교 법인 영생학원에 관선 이사가 진주했다. 주무 부서인 문교부에서 전주의 영생학원에 관선 이사회 파송을 결정하고 관선 이사 구성을 내부적으로 끝낸 상태에서, 전주시 교육청이 영생학원 이전과 관련하여 승인한 한 가지 문건이 눈에 띈다. 1984년 9월 1일에 관선 이사를 파송한다는 사실을 알고 있으면서, 이틀 전인 8월 30일에 간납대에 있던 영생고, 영생여고의 효자동 캠퍼스 이전을 승인한 것이다.[51]

그동안 영생고등학교 학부모가 이전을 반대한다는 이유로 승인해 주지 않다가 전격적으로 승인했다. 이 승인이 떨어지기 바쁘게 영생학원 측은 영생고, 영생여고의 효자동 이전을 전광석화처럼 단행했다. 학생과 교사도 자세한 내막을 알지 못한 상태에서 화물차 여러 대가 방학 중인 학교에 들어와 책걸상을 실어날랐다.

강홍모는 간납대를 매각하거나 개발 프로젝트를 성사시켜야 했기 때문에 허가가 떨어지자 곧바로 이전을 단행했다. '경영권 포기 각서'는 썼지만, 강홍모의 멘탈에 영생학원이 자신의 품을 떠날 수도 있다는 가능성은 있지 않았다. 하나님이 자신의 품에서 학교를 떼어놓으리라고 생각하지 않았다. 영생고 영생여고 이전이 시사하는 바다.

8월 30일 영생고 영생여고 이전을 승인한 류재신 교육감은 이틀 후 발표되는 영생학원 관선 이사회 이사로 포함되어 있다. 교육감이 그 사실을 모를 리 없다. 그런 상황에서 부랴부랴 영생고, 영생여고 이전을 승인했다.

강홍모는 관선 이사회도 자신이 추구하는 가치 '도덕적인 인간'에서 벗어나지 않으리라 기대했다. 자신이 공정하면 자기 주변에 일어나는 모든 일도 공정할 것으로 기대하는 '공정한 세상 가설'(Just-world hypothesis)은 위기에 처한 강홍모가 자주 붙잡은 끈이었다.

1984년 9월 1일에 파견된 영생학원 관선 이사는 조영빈 전북대학교 총장, 류재신 교육감, 이상칠 전라북도 기획관리실장, 최용복 전주시장, 김남영 전주태평교회 목사, 류해돈 전북대학교 사무국장, 김영효 KBS 전주방송국장, 장석주 상업은행 감사역, 김성길 변호사 등 모두 아홉 명이다.

관선 이사회가 파송되었다.

무엇을 의미하는가?

학교 법인 영생학원은 관선 이사회에 모든 것을 즉시 인계해야 한다. 영생학원의 수익용 재산은 물론 네 개 학교의 실질적 주인이 관선 이사회가 된다. 관선 이사회가 파송된 순간 강홍모는 사실상 모든 것을 박탈당했다. 단지 관선 이사회는 항구적인 이사회는 아니다. 해당 법인이 안고 있는 문제점을 관청이 나서서 해결하고 정상화한 다음에 원래의 법인에게 되돌려 주는 것이 대체적인 관선 이사회의 임무이다.

영생학원의 관선 이사회는 통상적 방향으로 흐르지 않았다.

관선 이사회는 상업은행이 강홍모에게 받아둔 경영권 포기 각서의 내용을 실현하는 것으로 해결 방향을 잡았다. 30여 년간 학교를 설립하여 키워온 강홍모의 수고와 공로에 대한 배려는 일찌감치 사라졌다.

강홍모는 관선 이사회에도 각서를 첨부한 청원서를 제출해야 했다.

청 원 서 [52]

정의사회 구현으로 번영된 선진 조국 창조를 위하여 헌신하시는 이사님 제위께 충심으로 재정사고로 지역 사회에 물의를 일으키게 되었음에 정중히 사과를 드림과 동시에 이를 수습해 주시기 위하여 국공사에 다사다난 하심에도 노심초사 하시고 계심에 대해 심심한 감사를 드리는 바입니다.

천박 비재한 불초이지만 홍익인간의 교육이념과 기독교의 박애 정신에 입각하여

1. 신주득구,
2. 멸사봉공,
3. 반공 사상이 투철한 거국적 인격자를 양성할 목적으로 학교 법인 영생학원을 설립 30여 년간 경영해 왔습니다마는 무능 무력 박덕으로 오늘의 사고와 함께

물의를 일으키게 되었음을 통탄하오며,

그 수습 방안에 일조가 되어지기를 원하여 별지 각서를 제출하옵나니 참조하여 주시기를 바라오며 특히 간곡히 청원하고저 하는 바는 새 운영자를 물색 결정하실 때는 본 학원의 설립 목적(전기한 내용)만은 승계해 주실 분으로 영입해 주시기를 간절한 소원으로 앙원하옵나이다.

외람되오나 이것으로 불초의 청원을 진서 하오며 거듭 건승을 빌어 마지않습니다.

1984년 9월 일

전주시 남노송동 87-1

학교 법인 영생학원 설립자 강홍모

각 서 [53]

1. 본인은 학교 법인 영생학원을 경영하여 온바, 이사 및 이사장 직에서 물러남을 계기로 관계 법령에서 정한 모든 경영권이나, 설립자로서의 연고권을 포기하고, 향후 일체 학원경영에 참여하지 않고 학원 경영권내지 사실상의 연고권에 대해 어떤 이의도 제기하지 않겠음.

2. 본인은 84. 9. 1자 발족한 새 이사회의 업무 수행에 적극 협조 하겠으며, 새 이사회가 행하는 영생학원 정상화를 위시한 모든 업무에 대해 추호도 이의를 제기하지 않음은 물론, 새 이사회가 업무 수행을 위하여 필요로 하는 모든 장부, 관계 서류, 기타 관계 자료를 사실대로 지체없이 제공하도록 하겠음.

3. 법적으로나 사실상으로 본인 및 법인의 채무 부담 행위에 법적으로 직접 관여한 친자와 본인 배우자의 소유인 재산은 영생학원의 부채를 상환하는데 제공하겠으며, 이에 필요한 등기 담보, 기타 처분 행위에 대해 적극 협조 하겠음.

4. 본인의 명의 채무 및 김삼순 명의의 채무자에 대해 앞으로 새 이사회가 총 채무 내역을 확인하는 바에 따라 학교 법인 영생학원의 채무가 아닌 것으로 판명된 채무에 대해서는 전적으로 본인 개인이 책임을 부담하겠음.

1984. 9. 13[54]

전임 학교 법인 영생학원 이사장 강 홍 모
학교 법인 영생학원 이사장 강 홍 모
학교 법인 영생학원 귀하[55]

청원서와 각서의 내용만을 놓고 본다면 강홍모는 대역죄를 저지른 죄인 행색이다. 이렇게까지 읍소할 만한 죄를 그가 과연 저질렀는지 의아할 지경이다. 그러고 보니 관선 이사회나 상업은행이나 사안을 바라보는 관점이 똑같다. '그딴 식으로 해 왔으니 이제는 무장해제하고 내려와야 한다'라는 식이다. 그리고 해결하는 과정에서 은행이나 관선 이사회가 설령 잘못하게 되더라도 그것은 전적으로 강홍모의 책임이라는 전제를 강하게 천명하고 있다.

나중에 언급하겠지만 이 상황에 대해 최순영은, "강홍모 씨는 모든 자산을 나라에 헌납하겠으니 제발 부도내지 말아 달라고 애걸복걸하는(사람이 었습니다), 이런 모든 증인이 있습니다"[56]라고 청문회에서 진술한다. 최순영이 본 강홍모의 모습이다.

은행과 관선 이사회와 최순영이 삼위일체가 되었다. 삼 자가 한 치도 틀림이 없는 동일체가 되었다. 9월 1일에 파견된 관선 이사회는 다음날인 1984년 9월 2일 1차 회의부터 그해 12월 3일 7차 회의를 이어간다. 과연 관선 이사회는 사학 재단의 '경영권'을 어떤 개념으로 받아들이고 영생학원의 경영권을 어떻게 처분하는지 유심히 볼 필요가 있다. 지난 30년 피땀 눈물과 기도로 쌓아 올린 학교 법인 영생학원을 어떻게 도마질해내는지 보자.

관선 이사회는 30년 역사를 가진 영생학원의 '학원 경영권', '재단의 수익용 재산 소유 및 경영권', '학교 시설로 공여되고 있는 부동산의 소유권', '학교와 학생이라는 무형의 가치'를 어떻게 인지하고 어떤 결과물을 낼 것인지 유심히 보자.

강홍모는 여기서 무엇을 잃고 무엇을 건질 수 있을까?

관선 이사회의 총아로 등장하는 최순영 회장은 누구이며 관선 이사회에서 그는 무엇을 얻게 될까?

목사 강홍모와 장로 최순영은 같은 꿈을 꿀까?

1984년 3월에 개관한 전주대학교 도서관에 최순영 회장, 강홍모 이사장, 박주황 총장이 나란히 들어서고 있다. 뒤에 김삼순 사모가 계단을 오르고 있다.

[제3부]

최순영_
현재를 통제하는 자가 과거를 통제한다?

전주대학교가 새로 지은 도서관 '스타센터'의 야경

1. 한국 기독교 '장로의 아이콘' 최순영

1984년 영생학원을 인수할 때까지만 해도 신동아그룹 회장 최순영의 삶은 매우 순탄해 보였다. 기업인 아버지의 영향으로 대학 졸업 후 사업에 투신하여 실패와 성공을 경험하면서 경영 수업을 하고, 1976년 아버지 돌아가시고 기업을 물려받아 재계에서 두각을 나타내기 시작했다. 한편 기독교 신앙에서도 주위의 시선을 끄는 믿음을 보여주었다.

그가 1985년에 완공한 여의도 63빌딩은 '기도하는 손'의 모양을 본 따 설계된 걸작품이다. 당시 여의도에는 15층을 초과하여 건물을 지을 수 없었는데 4배를 초과하여 63층으로 지은 일화는 기독교 신앙인이라면 깊이 숙고해 볼 만하다.

선친이 생전에 인수하여 키워온 대한생명을 물려받은 최순영은 10년 만에 국내 최고의 보험회사로 성장시켰다. 회사가 커지니 당연히 사옥도 커져야 했다. 최순영은 아내 이형자 권사와 함께 대한생명의 새 사옥 건립을 위해 기도했다. 기도하는 중에 아내 이형자 권사가 하나님의 응답을 받았다.

"기도하는 손 모양으로 여의도에 63층을 지어라!"

최순영은 하나님의 응답에 따라 여의도에 땅을 샀다. 그러나 당시 건축법상 여의도에는 고도 제한이 있었다. 최순영 이형자 부부는 다시 기도했다. 하나님의 응답은 변함이 없었다. 두 부부는 세상의 법보다 하나님의 법에 순종하기로 했다.

하나님의 법에 따라 63층으로 설계했다. 건축 허가는 15층으로 받을 수밖에 없었다. 일단 15층으로 허가를 받은 상태에서 63층 건물을 올리기 위한 지하 터파기 공사를 시작했다.

국내 처음 내진 설계를 했다. 7.0의 지진에도 견딜 수 있는 내진 설계를 했기에 공기가 2배 이상 걸렸다. 63층을 위한 지하공사는 2년 넘게 걸렸다. 지하 공사가 마무리되고 지상 건축 공사가 시작되는데, 건축법은 요지부동이었다. 개정될 기미를 보이지 않았다.

하나님, 뭐 하세요?
주무세요?
63층으로 지으라 하셨잖아요?

최순영의 여의도 대한생명 사옥 공사는 자칫 세상의 웃음거리가 될 수도 있었다. 내진 설계에다 철근을 비롯한 자재 대부분을 고가의 수입품을 썼는데 15층에서 머문다면 엄청난 손실로 이어져 그룹 전체에 영향을 줄 수도 있었다. 그럼에도 오직 하나님의 기도 응답을 확신하면서 공사를 계속하기로 했다.

최순영 이형자 부부의 이 믿음에 하나님은 어떻게 응답할까?

1979년 10월 26일, 중앙정보부장 김재규가 박정희 대통령을 저격했다. 궁정동 안가의 저녁 만찬 자리였다. 방아쇠를 당긴 김재규와 그의 심복 몇몇을 제외한다면 5천만 대한민국 국민 중에서 누가 감히 상상이나 했으랴, 기상천외의 사건이 터졌다.

1961년 5.16으로 권부에 오른 박정희의 18년 권세가 총성이 울린 그 짧은 순간에 허무하게 무너져 내렸다. 그 사건을 10.26이라 부른다. 10.26으로 박정희의 통치에서 벗어난 이후 잠깐을 한국인들은 '서울의 봄'이라고 불렀다. 궁정동 안가의 총성으로 시작한 서울의 봄은 자연의 봄과 달리 서울에서 남쪽으로 번져 내려오고 있었다.

그 봄이 전주에 당도했을 때 학교 법인 영생학원 강홍모는 자신이 세운 학교 학생들에게 치욕을 당한다. 누구에게는 봄이지만 누구에게는 혹독한 겨울이다.

서울의 봄은 최순영 이형자 부부에게는 어떤 계절이었을까?

최순영 이형자 부부는 하나님의 섭리와 경륜에 전율했다. 박정희의 서거는 건축 허가의 최종 권한을 가진 자의 경질을 의미했기 때문이다. 온 국민이 경악하는 중에, 최순영 이형자 부부는 실낱 같은 가능성을 내다보고 있었다.

> 사람이 마음으로 자기의 길을 계획할지라도 그의 걸음을 인도하시는 이는 여호와시니라(잠 16:9).

구약성경 잠언의 말씀을 떠올리면서 "하나님 졸고 계세요?"
이렇게 이죽거리듯 기도했던 경솔함을 회개했다.

최순영은 그때부터 63빌딩의 조감도를 양복 안 주머니에 잘 접어서 넣고 다녔다. 10.26 이후 새로운 실세로 급부상한 신군부 측근의 장로 한 사람을 만났다. 그 자리에서 최순영은 조감도를 꺼내 보이고 자초지종을 설명했다. 최순영은 자기가 내민 조감도를 바라보는 육군 장성급 장로의 눈빛에서 긍정의 감도를 읽어냈다.

이후 그 조감도는 전두환을 비롯한 신군부 핵심 다섯 사람이 둘러앉은 탁자 위에 올려졌다. 전두환 노태우 이희성 황영시 정호용이다. 그들에게

10.26 이후 극도로 혼란한 나라에 이렇게 멋드러진 걸작품 하나가 여의도에 솟아나는 일이 상서로워 보였다. 그 자리에서 O.K 사인이 떨어지고 63빌딩은 건축 허가를 갱신했다.

18년간 누구도 넘볼 수 없이 탄탄하게 쌓아 올린 한반도 최고 높이의 박정희 권부는 순식간에 무너져내리고, 여의도에서 63층의 마천루가 솟아오르게 되었다.

한쪽이 무너지면 한쪽은 치솟아 오르는 법이다.

그때까지 서울에서 최고 높은 건물은 청계천 3.1 고가도로 옆, 31층짜리 삼일빌딩이었다. 시골 사람은 삼일빌딩을 보고 와야, 서울 갔다 왔노라고 말할 수 있었다. 그러나 이제는 63빌딩을 63층 꼭대기까지 틀림없이 바라보고 와야 서울 다녀왔다고 말할 수 있는 시대가 시작되었다.

63빌딩은 한국의 기독교 부흥과도 맥을 같이 하면서, 최순영 이형자 부부는 믿음의 표상으로 떠올랐다. 1977년에 기공하여 1985년에 준공했는데, 이 시기는 한국기독교의 절정기이다. 기독교의 부흥으로 한국 교회가 높이 높이 오르고 있었다.

사람들은 그보다 더 높이 오르기를 시도한다.

롯데그룹 신격호 회장은 한국에 100층 이상 되는 마천루를 건축하는 꿈을 오래전부터 지녀왔다. 잠실 석천 호수 주변 땅에 100층 이상의 건축 허가서를 여러 번 냈다. 그러나 번번이 퇴짜를 맞았다. 이유는 성남비행장에서 전투기가 발진할 때 걸림돌이 되기 때문이다. 김대중 노무현 정부는 일관되게 건축을 불허했다.

2008년 2월에 기독교 장로인 이명박이 제17대 대한민국 대통령으로 취임했다. 이명박은 롯데빌딩의 허가를 단행했다. 성남비행장의 활주로 방향을 3도가량 틀어 전투기의 이착륙에 지장을 안 주도록 공사하는 조건으로, 롯데타워 123층 건축을 허가했다.

롯데타워는 2009년 착공, 2016년 12월 22일 완공되었다. 지상 123층, 지하 6층, 555미터 규모이다. 한국에서 100층을 넘은 첫 번째 건물이며, 세계에서는 5번째 높이의 건물로 기록되었다. 전망대, 오피스, 호텔, 레지던스, 백화점 등 근린 생활 시설이 들어선 가운데, 2017년 4월 3일 공식 개장했다.[57]

63빌딩은 1985년부터 2017년까지 30년 이상 서울을 대표하는 랜드마크로 사명을 감당했다. 63빌딩은 10.26 이후 신군부가 파격적으로 허가했다. 롯데타워는 기독교 장로 이명박 대통령이 허가하여 치솟았다.

기독교 신앙과는 무관한 신군부는 장로 최순영의 기도에 응답하는 하나님의 도구가 되었고, 장로 이명박은 세상 풍조에 따라 롯데타워가 올라가는 일에 쓰임 받았다. '크로스 오버'는 예술 장르 뿐 아니라 어디에서나 빈번하게 일어나는 현상이다.

2. 최순영 장로 vs 강홍모 목사

최순영 이형자 부부가 한국기독교에 미친 영향은 결코 작지 않다. 두 부부는 서울에 두 개의 대형 교회를 설립하는데 기여했다. 최순영은 할렐루야교회를 이종윤 목사와 함께 창립하여 성장시켰다.

할렐루야교회는 분당에 매우 특이한 모양으로 성전을 건축하여 한국의 초대형 교회 반열에 올라서 있다. 지금은 사단 법인 한국독립교회선교단체연합회(카이캄, KAICAM)⁵⁸ 본부 교회로서 역할하고 있다. 독립교회는 장로교, 침례교, 감리교, 성결교 등등의 교단에 속하지 않으면서 나름대로 성경에 충실한 교회를 표방하는 교회들의 연합체이다.

이형자 권사는 기독교선교횃불재단을 창립하여 한국 교계에 지대한 영향을 주었다. 흔히 횃불선교재단으로 불린다. 1977년 이형자 권사가 국가와 민족을 위한 기도 모임을 발족한 것이 시초가 되었고, 이듬해 이화여자대학교 횃불 모임이 기도에 동참하면서 본격적으로 확장되었다. 1979년 문화공보부에 비영리 종교 법인인 '사단 법인 한국기독교선교원'으로 등록했다.

횃불선교재단은 1984년에 한국창조과학회 설립을 지원했다. 1985년에는 이형자 권사의 제부이자 최순영의 손아래 동서인 하용조 목사를 초청하여 온누리교회를 창립했다. 온누리교회는 1년 만에 등록교인 510명으로 급성장한다. 온누리교회가 나중에 신동아학원에 속한 전주대학교에 관여하게 된다.

두 부부는 톱스타의 필모그래피보다 더 화려한 이력을 쌓아 나갔다. 최순영 장로는 기업 경영에서도 두각을 나타내어 재계 서열 24위의 재벌 그룹으로 사업을 성장 시켰다. 이 무렵 전라북도 전주에 있는 학교 법인 영생학원 이사장 강홍모 목사는 재정난으로 어려움을 겪고 있었다.

강홍모 목사는 영생학원의 재정난을 해결해 줄 후원자를 애타게 찾아 헤맸다. 상당한 재력을 갖춘 이로써 독실한 크리스천이어야 한다. 재산의 사회 환원이라는 측면에서 순수하게 기부하고 학교 운영에는 관여하지 않는 인물이어야 한다. 과연 이런 인물이 있을까마는 강홍모는 모래 바탕에서 바늘 찾는 심정으로 찾아 나섰다. 그 인물이 사심을 가졌느냐 아니냐는 변수만 제외한다면 최순영 장로가 바로 그 사람이다.

강홍모 목사에게 최순영 장로를 소개한 예수병원의 원목 이성화 목사는 최순영과 같이 북한 출신이다. 투자자를 찾아 헤매는 강홍모 목사에게 이성화 목사는 최순영 장로를 추천했다.[59] 이 당시 학교 법인 영생학원 이사 중에 권화옥이 있었는데, 권화옥이 최순영의 아내 이형자 권사와도 알고 지내는 사이였다.

이성화 목사와 권화옥 이사가 나서서 강홍모와 최순영 사이를 중재했다. 그때 최순영은 천안에 있는 호서대학교 이사장이었다. 대화가 잘 될 것같은 느낌이었다. 1984년 9월 7일 강홍모 목사는 아내와 장녀 교자 그리고 권화옥 이사와 함께 상경했다. 그 자리에 최순영과 아내 이형자 권사가 나왔다.[60]

영생학원에 관선 이사회가 파견되어 있던 때였다. 강홍모는 다급했다. 지푸라기라도 잡아야 했다. 그런 심정으로 6인의 회동이 있었는데, 애석하게도 이 만남과 이 자리에서 오고 간 대화에 대한 기억과 진술이 서로 상반된다.

강홍모 목사 진영은 그 자리에서 영생학원이 재정적으로 어려워 최순영에게 후원을 요청했다고 기억하는 반면, 최순영은 "그런 사실 전혀 없다"라고 부인한다.[61] 강홍모의 입장을 살펴보자면 9월 1일에 관선 이사회가 파송되었고, 영생학원은 관선 이사회에 모든 것을 인계하는 절차를 밟고 있었다. 강홍모는 한가롭게 서울 나들이나 하고 있을 시기가 아니었다.

당장 발등에 불이 떨어졌는데 아내와 딸을 거느리고 서울의 최순영을 찾아가 한담이나 할 계제가 아니었다. 더욱이 최순영은 강홍모가 영생학원의 현안을 타개할 가장 적합한 인물로 꼽은 사람이었다.

최순영의 입장으로 보자면 거느리고 있는 계열사 추스르기도 바쁘고, 더욱이 여의도 63빌딩 준공이 1년여 앞으로 다가와 몸이 열둘이라도 부족한 때였다. 이 시기에 초면이라고 할 수 있는 두 가족이 서울에서 회동했다.

9월 7일 서울에서 만났는데, 얼마 후 최순영으로부터 전갈이 왔다. 자신이 영생학원에 관여하는 것을 청와대가 반대하니 자신은 손을 떼겠다는 것이었다. 전주대학교 법인에 호남 출신 인사가 참여해야 하는데 최순영은 부적합하다고 전두환 대통령이 반대한다는 것이다.

어쨌든 이는 최순영이 청와대의 의중을 받들어 강홍모와의 약속을 백지화한다는 의사 표시일 수 있었다. 그러나 강홍모 측에서는 최순영을 영입해야 한다는 급박한 상황에서 청와대에 탄원을 내기로 했다. 강홍모는 '망국적인 지역 감정에 얽매이지 말고 영생학원을 독실한 기독교인 기업가가 도울 수 있도록 해주십사'하는 탄원서를 내기로 한다.

이 일을 전주대학교 교목 김현웅 목사가 맡았다. 김현웅 목사는 군목으로 35사단 교회 목사로 재임 중, 강홍모의 부름을 받고 예편 후 전주대학교 교목으로 있었다. 김현웅 목사는 전주 시내 교회 목사들의 서명을 첨부한 탄원서를 가지고 청와대에 갔다.

서류를 검토한 청와대 담당자가 마침 기독교인이었든지 "이 정도의 탄원으로는 부족합니다. 한국 기독교계에서 간절히 원한다는 뜻으로 국내 기독교 주요 교단 교단장의 서명을 받으면 더 좋겠습니다"라고 조언했다.

김현웅 목사는 그길로 내려와 강홍모 목사에게 보고하고, 다시 서울로 올라가 기독교 주요 교단의 교단장 12명의 서명을 받았다. 그 서명을 첨부하여 다시 청와대에 제출했다. 신동아그룹 최순영 회장이 영생학원을 도울 수 있도록 하려는 일념이었다.

청와대에 낸 탄원서의 효력이었던지, 최순영으로부터 반응이 왔다. 최순영은 강홍모에게 "앞으로 모든 일을 자신이 나서서 잘 처리할 터이니 조용히 기다리면 된다"라고 했다. 강홍모 측의 주장이다. 이후부터 최순영은 영생학원을 인수하는 일은 강홍모 목사와의 약조에 의한 것이 아니라 청와대의 하명에 따른 것이라는 입장을 내세운다. 양자 간에 말이 달라지기 시작했다.

관선 이사회가 9월 1일에 영생학원을 접수한 초기에는 전주 지역에서 영생학원을 누가 맡게 될 것인지에 대한 소문이 분분했다. 인수 가능한 전라북도 출신 기업가들이 총 망라되었다. 그러나 안타깝게도 전북 출신 기업가 중에는 독실한 기독교인이 없었을 뿐 아니라, 또 영생학원을 인수하겠다는 의사를 표명한 기업도 없었다.

무성했던 소문은 점점 최순영으로 수렴했다.

그런 중에 강홍모와 최순영의 주장도 점점 더 어긋나고 있었다. 관선 이사회의 요청으로 회의에 참석한 강홍모는 최순영을 자신이 영입했다 하고, 최순영은 '강홍모는 잘 알지도 못하는 인물'이라 했다. 최순영의 주관적 입장으로 보면 그렇게 말할 수도 있을 것이다.

이후 최순영은 관선 이사회와 직접 협의를 시작한다. 관선 이사회는 강홍모보다는 최순영 측의 주장에 힘을 실어주면서 영생학원을 최순영이 인수 하는 방향으로 흘렀다.

3. 전두환 각하

친구와 폭풍우를 헤치며 걷다가 바로 옆의 친구에게 벼락이 떨어진 사건이 종교개혁가 마틴 루터의 생애를 좌우했다. 고등학교 시절 절친의 죽음이 이종윤의 인생행로를 바꿨다. 전주의 명문 북중학교 입시에서 낙방하고 서울의 경신학교로 방향을 튼 것이 강홍모의 인생을 결정지었다. 그리고 6.25 때 두 번의 죽을 고비를 넘긴 일이 강홍모의 인생길 나침반이 되었다.

최순영은 황해도 사리원에서 태어나 일곱 살 때 공산당 치하에서 살 수 없다며 남하하는 아버지를 따라 서울에 정착했다. 그리고 기독 실업인의 길을 걷는다. 한국에서 대기업을 이끈다는 것은 정치와 떼려야 뗄 수 없는 관계가 됨을 의미한다.

10.26은 한국과 한국 국민의 가치관을 송두리째 흔들었다. 그 사건에 영향받지 않은 한국인은 없다. 특히, 이 사건으로 가장 큰 충격을 받은 사람 중 하나로 전두환을 꼽을 수 있다. 박정희 대통령 서거 전 전두환은 청와대를 무시로 드나들면서 박정희의 총애를 받고 있었다. 5.16 쿠데타 당시 전두환은 육사 생도를 이끌고 가두 행진을 함으로써 박정희의 쿠데타를 지지했다. 이런저런 연고로 전두환은 박정희의 양아들이라는 소문이 무성했다.

10.26 후 전두환이 정권을 장악하고 대통령이 되었다. 국정을 이끄는 중에 전두환에게 더 큰 충격을 주는 사태가 벌어졌다. 1983년 10월 9일 미얀마 아웅산 묘소 테러다. 대통령으로서 국빈 방문하여 미얀마의 국립 묘지를 참배하게 되었는데 전두환 대통령이 도착하기 직전에 폭탄이 터져 수행하던 각료와 경제인 등 17명이 현장에서 사망했다. 테러의 목표는 전두

환 대통령이었지만 전 대통령은 천우신조로 위기를 피했다. 살아남은 전두환에게 그 사건은 어쩌면 10.26사건 이상의 의미다.

기겁을 한 것은 현장에 있던 수행원과 대통령뿐 아니라 전 국민이었다. 전 세계였다. 살아난 이들이 귀국하는 비행기 안에서 전두환이 희생자 유가족을 도와야 할 터이니 경제계에서 도와달라고 당부했다. 귀국 후에 23억 원이 모아졌다. 이 돈을 유가족에게 전달하려고 보니 증여세율이 75퍼센트였다.

대통령이고 장관이고 국내 굴지의 대기업 회장이지만, 이 돈에서 증여세를 내고 유가족에게 전달하는 것은 이치에 안 닿는다고 입을 모았다. 모금된 23억 원을 온전히 유가족에게 전달하는 방법으로 재단을 설립하기로 했다. 그 재단이 '일해재단'이다. '일해'는 전두환의 호이다. 재단을 설립하여 당초 취지대로 23억 원을 유가족에게 전달했으니 재단을 해체할 수도 있었지만, 전두환은 희생자의 정신을 이어가는 방향으로 일해재단을 유지시킨다는 안을 냈다.

전두환은 일해재단 성금을 1년에 100억 원씩 3년간 모아 300억 원을 만들기로 했다. 이 과정에서 국내 10대 재벌 그룹에 해당하는 국제 그룹이 해체된다. 그리고 당초 목표의 2배인 600억 원의 기금을 모았다. 기금 모금에 신동아그룹 최순영이 무관할 수 없었다. 국내 재벌급 기업들이 대부분 성금을 자의 반 타의 반으로 냈다.

전두환이 1984년에 일해재단을 통하여 600억 원을 모은 일은 4년이 지나 국회 청문회 안건으로 상정되었다. 이른바 5공 비리 청문회로서 한국 헌정사상 최초의 청문회다. 전두환은 재임 중 일해재단 기금뿐 아니라 새마을 성금, 새세대 자금, 심장재단, 평화의 댐 성금, 불우이웃돕기 성금, 원

호 성금, 수재 의연금 등등의 명목으로 4천여 억 원 이상을 긁어들였다.

일부는 제대로 쓰이기도 했겠지만 대부분 검은돈이다. 헌정 사상 초유의 국회 청문회가 열릴만한 희대의 뇌물 사건이다.

용광로가 무쇠 집어삼키듯 돈을 긁어모으는 대통령을 보면서 경제인들은 어떤 생각을 했을까?

'대통령은 저렇게 검은돈을 받아 챙기더라도 나는 그러지 말아야지' 했을 리 없다. 오히려 '대통령도 해 먹는데 나라고 못 해 먹을 것 없다. 이런 시국에 못 먹는 게 바보다' 했을 것은 너무 뻔하다. 청와대 주인이 왕도둑인데 기업인들에게 청빈을 요구하는 것은 우물가에서 숭늉 찾는 격이다. 기업인들도 수단 방법을 가리지 않고 돈벌이에 나섰다. 더구나 대통령에게 뭉칫돈을 갖다 바쳤으니 그것을 벌충하려면 밤잠 안 자고 두리번거려야 했다.

전두환의 임기 말 호헌 철폐 저항으로 6.29선언을 이끌어 낸 국민은, 노태우 대통령을 맞이했다. 새 대통령 치하에서 전 대통령 전두환의 뒷돈 거래가 백일하에 드러나기 시작했다. 전두환이 삼킨 검은 돈의 규모에 온 국민이 경악했다. 그 많은 돈을 대통령이 삼켰는데, 한국 경제가 휘청거리지 않았다는 사실이 오히려 놀라웠다.

5공 비리 청문회는 일해재단이 모금한 600억 원을 샅샅이 파헤쳤다. 뭉칫돈을 대통령에게 건네고 기업은 어떤 특혜를 받았는지 대가성을 밝히고자 했다. 대부분 기업이 시인하지 않았지만, 불법적 특혜를 누렸음이 드러났다.

4. 청문회 증인석에 앉은 최순영

일해재단에 흘러 들어간 600억 원 중에는 건넨 사람이 누군지 알 수 없는 익명의 기부금 35억 원이 있었다. 청문위원회는 그 돈을 집중적으로 추적하여 돈을 낸 기업을 기어이 찾아냈다. 그중의 10억 원이 신동아건설이 발행한 수표였다. 신동아그룹 최순영 회장이 전두환에게 전달한 돈이다.

최순영은 5공 비리 청문회 증인석에 앉게 되었다. 청문위원들은 최순영이 10억 원을 전두환에게 전달한 과정을 물으면서 최순영이 10억 원을 건네고 어떤 특혜를 받았는지에 대해 추궁했다. 이 자리에서 최순영 회장의 영생학원 인수 경위가 드러난다. 청문회에서 밝혀진 사실을 시간의 흐름에 따라 퍼즐을 맞춰보자.

(1) 1984. 9. 1.

문교부는 영생학원에 관선 이사를 파송했다. 9월 2일부터 관선 이사회 회의가 열리는데 첫 회의에서 영생학원 이사장 강홍모를 참석시켜서 진술을 듣기로 의결하고 9월 3일 회의부터 강홍모를 참고인으로 불러 진술을 듣는다.

강홍모는 30여 년 키워 온 영생학원이 잘못될까 봐 조바심 속에서 관선 이사회에 참석하여 이사들의 추궁에, 때로 말이 꼬이고 앞뒤가 안 맞는 듯한 진술을 하기도 한다.

"그걸 말이라고 하냐?"

이런 호통에 강홍모 스스로 "저로서는 지금 이성을 잃고 있는지도 모릅니다. 잘 지도해 주십시오"[62]라고 읍소한다. 이런 와중에 최순영과 만남이 성사되었다.

(2) 1984. 9. 7.

강홍모와 아내 김삼순, 장녀 교자 그리고 당시 영생학원 이사 권화옥이 상경했다. 남대문에 있는 최순영의 사무실[63]에서 회동했는데[64] 이 자리에 최순영의 아내 이형자 권사가 동석했다. 이 자리에서 강홍모는 문제가 되는 부채가 150억 원인데, 이중 절반인 75억 원을 최순영 회장이 후원하고 영생학원 이사장을 맡아달라고 했다. 나머지 75억은 자신이 어떻게든지 해결해보겠다고 했다.

강홍모 이사장의 장녀 강교자 교수는, 최순영 회장은 자신이 이사장이 되어 전주 예수병원을 부속병원으로 의과대학을 설립하는 일에 집중할 것이니, 학교 일은 지금까지 해 왔던 대로 강홍모 목사님이 해주면 될 것이라고 말한 것으로 기억한다. 최순영은 만난 일은 인정하면서 그런 대화를 나눈 일이 없다고 부인한다.[65]

양가의 만남이 있었던 9월 7일 이후 전주 지역에는 영생학원 문제가 어떻게 해결되는지가 초미의 관심사로 떠올랐다. 지역 신문들이 연일 이 사건을 보도하는 중에 달을 넘겨 10월에 최순영은 전두환을 만난다.

(3) 1984. 10. 20.

최순영은 10억 원을 가지고 청와대를 방문했다.[66] 최순영은 청와대 대통령 집무실에서 10억 원을 전두환에게 전달하고 "두세 시간 정도 대화를 나눴다"라고 진술한다.[67] 전두환은 이 돈을 받아 일해재단 기금으로 처리하면서 기부자를 익명으로 했다.

청문회 위원으로 나선 국회의원 조승형은 다른 기업들이 전두환에게 뭉칫돈을 건네고 특혜를 받았듯이, 최순영도 전두환에게 10억 원을 건네고,

전주에 있는 학교 법인 영생학원을 설립자 강홍모에게 한 푼도 안 주고 인수했을 것으로 추론했다. 당연히 최순영은 영생학원 인수는 전두환에게 10억 원을 준 대가가 아니라고 부인했다.

(4) 1984. 12. 4.

위 일자 전북일보는 다음과 같이 보도했다.[68]

'그동안 학교 법인 영생학원에 대한 인수작업을 극비리에 벌여왔던 신동아그룹(회장 최순영 45세)이 12월 3일부터 정식 인수 작업을 벌이고 있는 것과 때를 같이하여 새로운 이사 취임 승인을 문교부에 요청했다.'[69]

(5) 1984. 12. 7.

관선 이사회는 학교 법인 신동아학원(이사장 최순영)에 영생학원의 모든 권리를 이양했다. 이와 관련한 청문 회의록 한 대목을 보자.[70]

> 조승형 위원 : 자! 내가 물어요. 전주대학의 자산이 1,000억 원 평가를 한다고 그러는데 그렇습니까? 인수할 때 그렇게 평가해 가지고 인수했습니까?
> 증인 최순영 : 인수 할 당시 제가 보기는 한 200-300억 정도의 평가가 갈 것이라는 이런 얘기들이 있었습니다.
> 조승형 위원 : 결국에 증인은 종전 설립자에게 돈 한 푼도 안 주고 이 전주대학을 인수한 것 아닙니까?
> 증인 최순영 : 제가 안 준 게 아니죠. 저는 강홍모 씨하고 인수한 것이 아니기 때문에 강홍모 씨는 모든 자산을 나라에 헌납하겠으니 제발 부도내지 말아달라고 애걸복걸하는, 이런 모든 증인이 있습니다.

> 조승형 위원 : 그것을 아무런 조건 없이 강홍모 씨는 전주대학에서 손을 떼고…
> 증인 최순영 : 물론이죠.

부도덕한 대통령 아래 선량한 기업인을 기대할 수 있을까?

윗물이 썩었는데 아랫물이 맑기를 바라는 것은 무망하다. 전북일보는 영생학원이 신동아학원으로 넘어가는 과정에서 있었던 비화 한 토막을 기사에 삽입했다. 강홍모 영생학원 이사장이 학원을 인수하는 최순영회장에게 세 가지 요청이 있었다는 것이다.

첫째, 새로 구성되는 신동아학원 이사진에 자신이 추천하는 인사 두 명을 포함 시켜달라.

둘째, 지난 3월에 취임한 박주황 총장의 임기를 1년만 보장해 달라.

셋째, 간납대 캠퍼스 안에 있으며, 교육용 재산으로 등재되어 있는 영생교회와 강홍모 이사장의 사택을 인수물건 대상에서 제외시켜 달라.

이 세 가지 요구사항에 대해 전북일보는 '일단 배제된 것으로 알려졌다'라고 보도했다.[71]

학교 법인 영생학원은 영욕의 30년사를 뒤로 하고 사라지면서, 전주대학교, 전주공전, 영생고등학교 그리고 영생여자고등학교라는 네 개의 금자탑을 이 땅에 남겼다. 이제는 신동아학원이 관선 이사회와 '극비리에 교섭'했다는데 그 결과물이 무엇인지 보아야 할 차례다.

5. 410억의 부채를 떠안고(?)

1984년 12월 7일 자로 관선 이사회는 학교 법인 영생학원을 학교 법인 신동아학원으로 넘겨주었다. 도하 각 신문은 이 기사의 헤드라인을 '부채 410억 원을 안는 조건으로 인수'라고 뽑았다. 무심코 보면 영생학원이 진 빚 410억 원을 신동아학원이 갚아주는 조건으로 인수했다고 오해될 소지가 다분하다. 영생학원은 적폐이고 신동아학원은 구세주로 읽혀 질 수 있다.

9월 1일 자로 영생학원에 관선 이사회가 들어와 첫 번째 한 일은 영생학원 인수 작업이었다. 사실 이때 영생학원은 해산된 것이나 마찬가지였다. 영생학원의 모든 권리는 관선 이사회로 넘어갔다. 법적으로 그렇게 되었다. 관선 이사회는 인수 과정에서 영생학원의 부채를 면밀하게 파악했다. 그간 영생학원이 수익용 재산을 담보로 상업은행으로부터 대출받은 금액은 쉽게 파악이 되었다. 그 금액은 233억 3,350만 원이었다. 문제는 사채다. 관선 이사회는 사채 장부를 넘겨받아 검토하는 한편 영생학원에 돈을 꾸어준 사람들은 모두 신고하라는 공고를 냈다.

1984년 9월 5일부터 8일까지 나흘간 신고를 받았다. 이 기간중 접수된 신고 건수는 867건, 금액은 159억 4,400만 원이었다.[72] 이 기간중 신고하지 않은 채권자가 93명으로 채권금액은 8억 4천 9만 원이다. 둘을 합하면 사채는 모두 168억 3,409만 원이다.

관선 이사회는 98일간 존속하면서 다급한 사채 해결을 위해 여러 차례에 걸쳐서 모두 100억 원을 기채 했다.[73] '100억 원을 기채했다'라는 말은 상업은행으로부터 100억 원을 대출받아 부채를 갚고 학교 운영비에도 썼다는 뜻이다. 그동안 상업은행은 강홍모에게 단 한 푼도 더 꾸어줄 수 없다면서 경영권 포기 각서를 받아갔지만, 관선 이사회가 들어와서 꾸어달라 하니 술술 돈을 내주었다. 물론 관선 이사회는 정부 기구이고, 강홍모 이사장은 일개 국민일 뿐이다.

영생학원의 은행 빚은 관선 이사회 기채 100억 원이 보태진 330억 원이 되었고 사채는 68억 원으로 줄었다. 관선 이사회가 12월에 신동아학원으로 양도하지 않고 수개월을 더 관리했더라면 나머지 사채 금액도 은행에서 대출받아서 해결했을 것이다. 관선 이사회는 영생학원의 사채를 전부 은행 여신으로 돌려놓는 일을 했다.

상업은행은 강홍모에게 여신을 중단하고 경영권 포기 각서를 받았지만, 관선 이사회 앞에서는 내놓으라는 대로 고분고분 돈을 내놨다. 당시의 국내 모든 은행은 국책 은행이었으니 정부의 수족이나 다름없었다.

어떤 자는 정부를 움직여서 은행 돈을 제 호주머니 돈처럼 쓰지만, 어떤 이에게 은행 문턱은 백두산보다도 높다. 상업은행 전주지점이 관선 이사회에 꾸어준 돈은 어차피 인수 받은 신동아학원이 갚아야 하는 것은 맞다. 그러니 새 주인 신동아학원 이사장 최순영은 이 부채를 책임져야 하는 것도 맞다. 그래서 언론은 최순영의 신동아학원이 '410억 원의 부채를 안고' 영생학원을 인수함으로써 모든 문제가 일단락되었다고 보도했다.

모든 국민이 그런가보다 했다. 전주대학교 관계자들 역시 여기서 크게 다르지 않았다. 오히려 뜨는 별 신동아그룹이 학교를 맡았으니, 전주에서나 알아주는 강홍모가 계속 맡는 것보다 백번 낫다고 여겼다.

전주대학교 법인 산하 교직원은 두 편으로 나뉘었다. 신동아 최순영을 환호하는 편과 강홍모의 피땀 눈물 기도를 아쉬워하면서 강홍모를 지지하는 편이다. 한편은 승승장구하고 한편은 피땀 눈물 기도를 다시 이어가야 했다.

부안군수를 지낸 김종규는 당시 강홍모의 비서로 일했다. 신동아학원은 그에게 사표를 내도록 은근히 압력을 넣다가 나중에는 구실을 붙여서 해고했다. 김종규는 반발하여 법정으로 갔다. 그가 모시던 강홍모는 세상 법정을 기피했지만, 그는 달랐다. 대법원까지 가서 승소하고 소송 기간의 임금과 정신적 손해를 배상받고 나서 미련 없이 사표를 던지고, 정치의 길에 들어섰다. 강홍모 김삼순의 족벌로 분류된 이들도 모두 학교를 떠나야 했다.

최순영은 '극비리에' 관선 이사회와 교섭을 벌였다.

무엇을 어떻게 했다는 의미일까?

그 내막은 신동아학원이 떠맡은 410억 원의 부채에서 고스란히 드러난다. 우선은 영생학원의 사채를 모두 은행 빚으로 돌려놓는 수완을 발휘했다. 마침 『전주대학교 50년사』에 신동아학원이 인수 할 당시 '회계별 부채 부담 현황'이라는 표가 있다.

<표 2-3> 회계별 부채 부담 현황[74] (단위 백만 원)

회계 구분	인수 전 여신	인수 후 여신	소계	실제 부담액
학교 회계	8,914	8,386	17,300	16,451
법인 회계	22,063	1,637	23,700	23,700
합 계	30,997	10,023	41,000	40,151

먼저 학교 회계와 법인 회계가 무엇인지 구분해 보자. 학교 회계는 한마디로 학생들의 등록금을 받아서 쓰는 돈이고, 법인 회계는 신동아학원이 수익용 재산을 운용하여 발생하는 수입과 지출을 기록하는 회계다. 양자는 법으로 엄격하게 분리되어 있다.

'인수 전 여신'은 신동아학원이 영생학원을 인수 하기 전의 은행 빚이다. 인수 후 여신은 신동아학원이 인수한 후에 은행에서 추가로 꾸어 쓸 돈이다. 도표에 나온 대로 1백 억 2천 3백만 원이다. 관선 이사회가 이 돈을 모두 상업은행이 대출해 주도록 해 놓았다. 이것만 해도 사실은 대단한 특혜다. 강홍모는 이 특혜를 누리지 못해서 학원을 내놓아야 했다. 특혜는 여기서 끝나지 않는다.

410억 원의 부채를 학교 회계와 법인 회계로 나누어 놓았는데 이것이 무슨 의미인지를 알아야 한다. 표에서 소계 란을 보면 학교 회계로 갚아야 할 부채가 173억 원이고, 법인 회계에서 갚아야 할 빚이 237억 원이다. 학교 회계에서 173억 원을 갚으라는 뜻은, 학생들이 납부한 등록금으로 갚으라는 뜻이다. 그것도 당장 갚으라는 것이 아니다. 관선 이사회는 친절하게도 1985년부터 학생들이 납부하는 기성회비에서 10퍼센트씩 떼어 향후 15년 이내 갚도록 해놨다.

최순영이 신경 쓸 일이 그야말로 1도 없다. 최순영이 신경 써야 할 금액은 법인 회계에서 갚아야 하는 237억 원이다.

최순영이 이 돈을 모두 갚아야 할까?

그렇지 않다. 관선 이사회는 이 부분에서 최대한의 배려를 아끼지 않았다. 구 캠퍼스 간납대를 아무리 못 받아도 150억 원은 받는다. 그곳에 있는 전주공전을 효자 캠퍼스로 속히 옮기고 간납대를 팔아서 2년 이내에 갚으라 했다. 강홍모에게는 "못 옮긴다"라고 했던 교육감이 이사로 포함된 관선 이사회가 그렇게 조치해줬다.

순수하게 최순영 앞으로 떨어진 돈은 83억 7천만 원이다.

최순영은 이 돈을 당장 갚아야 할까?

그렇지 않다. 인수 받은 후 1985년부터 매년 10억 원을 내놓되, 부담이 되니 1년에 2차례로 나눠서 5억씩 내도록 했다.

그러면 최순영은 자기 쌈짓돈으로 연 10억 원을 내야할까?

이것도 그렇지 않다. 영생학원은 수익용 재산이 쏠쏠했다. 이제 신동아 것이 되었다.

신동아학원은 수익용 재산을 잘만 운영하면 연 10억 원쯤 힘들이지 않고 낼 수도 있다. 더욱이 한국의 부동산은 가만 놔둬도 가격이 상승한다. 학교 부지를 비롯한 수익용 재산은 시간이 흐르면 흐를수록 값이 오르는데 그것이 모두 신동아학원 소유가 되었다.

극비리에 교섭하여 얻어낸 결과가 경천동지할 만하다. 최순영은 과연 경영의 귀재라 아니할 수 없다. 만일 법인 소유 부동산 값이 폭등한다면 인상 분이 신동아학원 것이 된다. 이 정도 조건이라면 강홍모는 물론이고 누가 학교를 맡아도 너끈히 운영해 나갈 수 있을 것이다. 관선 이사회가 최순영에게 베푼 놀라운 배려는 '특혜' 그 이상이다.

이를 두고 세상 언론은 '신동아학원이 영생학원의 부채 410억 원을 떠안고 인수 했다'라고 보도했다. 한국 언론이 진실을 드러내는 공공재인지 의구심이 든다.

진실을 모른다고 죄가 되지 않는다. 세상의 모든 진실을 다 알고 살아갈 수는 없다. 그러나 진실이 호도되어 진실 아닌 것을 진실로 알고, 그것을 바탕으로 생각하고 행동하면서 삶을 영위했다면 그것은 죄다.

학교 법인 영생학원이나 신동아학원과 직간접으로 관련 있는 자리에 있는 사람이 구 법인, 신 법인 간에 일어난 진실을 잘못 알고 살았다면 죄가 아닐까?

6. 최순영의 대화술_과장법[75]

국회 5공 청문회는 최순영이 10억 원을 전두환에게 건네고 반대 급부로 학교 법인 영생학원을 거저 받았을 것이란 추론으로 신문했다. 이 과정에서 신문에 나선 조승형 위원은 어떤 사전 정보를 가지고 있었고, 그에 답변하는 최순영은 어떻게 진실을 드러내는지가 관건이다.

증인석에 앉은 최순영을 신문하는 국회의원 조승형은 다음과 같은 사전 정보를 가지고 있었던 것으로 보인다.

첫째, 영생학원의 자산가치는 1천억 원에 달한다.
둘째, 최순영은 그것을 설립자에게 한 푼 안 주고 인수했다.
셋째, 최순영이 청와대에서 전두환에게 기채 승인을 받아냈다.
넷째, 최순영이 인수 직후 상업은행에서 170억 원을 현찰로 뽑았다.
다섯째, 그 돈으로 1주일만에 전주에서 채권을 변제했다.
여섯째, 대출받은 170억 원이 당시 상업은행과 거래하던 통일교의 자금이라고 한다.

조승형 위원이 최순영을 신문하기 위하여 사전에 입수한 위의 정보는 논란의 여지가 있다.

첫째, 빼앗긴 쪽에서는 부풀려 말할 테고, 취한 쪽에서 줄여서 말할 것이다.

둘째, 설립자에게 한푼도 안 주고 인수 했음은 이미 객관적으로 입증이 된 진실이다.

셋째, 청와대로부터 기채 승인을 받았다는 말은 객관적으로 밝혀내기 어렵다. 영생학원에 파견된 관선 이사회는 문제 해결을 위하여 100억 원을 기채했다. 관선 이사회가 은행 빚을 내서 사채를 변제했다는 뜻이다. 기채 승인은 1차적으로 은행의 소관이지만, 관선 이사회가 파견되어 기채를 하려면 문교부와 재무부 등의 재가를 얻어야 한다. 청와대가 이 과정에 개입했을 수도 있고, 개입하지 않았을 수도 있다.

넷째, 상업은행에서 한꺼번에 170억 원을 현금으로 대출받아서 채무를 변제했다는 정보는 좀 어수룩하다. 이에 대해 최순영이 뒤에서 해명한다.

다섯째, 170억 원이 통일교 자금이라는 정보는 틀리다. 설령 통일교가 상업은행에 그 돈을 예치했더라도 그 돈에 이름표가 달린 것은 아니다. 통일교 돈으로 명시하고 대출되는 일은 없다. 아마도 통일교가 영생학원을 인수하고자 했었다는 강홍모의 진술이 소문으로 비화되어 파생된 정보인 듯 하다.

이런 정보를 가지고 신문하는 조승형의 질문에 최순영은 어디서부터 설명해야 할지 난감했던 것으로 보인다. 조승형이 기업과 학교 법인의 내막을 속속들이 알지 못하고 하는 질문이라서 그렇다.

신문에 답변하는 증인석의 최순영 어법이 흥미롭다. 최순영은 전주대학교 문제를 처음 설명할 때 위기의식을 강조한다. 관선 이사회가 파악한 영생학원의 빚은 420억 원인데, 누가봐도 그런 학교를 운영하기는 불가능했다고 말한다. 전주대학을 인수하려는 사람이 아무도 없었다고 하면서 설

립자 강홍모를 신랄하게 비난한다.[76]

최순영은 부채 420억 원에 대해 다시 강조할 기회를 얻었다.

"그 부도가 나면 420억이라는 엄청난 부도가 나면 전주 시내는 물론이고 호남권 일대에 엄청난 경제 파탄이 올 것으로 이렇게 예상이 됐습니다."[77]

420억 원이 마치 일시에 부도가 나는 것처럼 말하고 있다. 최순영은 이렇게 과대포장했으나 스스로 포장을 뜯고 알맹이를 내 보인다. 신문이 진행되는 과정에서 얼마 지나지 않아 다음과 같이 말한다.

"지금 420억이라는 부채가 전부 다 일시에 갚는 부채가 아닙니다. 그중에는 몇 년 거치 상환도 있고 그 중에는 또 몇 년 안에 갚아야 될 것도 있고…."[78]

방금 전에는 420억 원이 일시에 부도가 나서 전주는 물론 호남에 경제 파탄이 올 것이라고 말했었다. 최순영은 이어서 진술한다.

"대개 부실 기업이든 어떤 학교든 간에 인수할 때에는 인수하는 사람이 자금을 내는 것이 아니고, 주거래 은행에서 인수하겠다는 자를 보증할 수 있다고만 판단이 되면 은행의 자금으로 전부 결제가 되는 것입니다."[79]

이에 조승형이 잘못들었다면서 되묻자 최순영은 다음과 같이 대답한다.

"그 부채 중에서 제가 1년에 10억씩 갚기로 되어 있습니다. 그리고 학교 교비로 한 10억 내지 13-14억 정도를 갚기로 되어있습니다. 그 외에는 모든 자금이 은행에 본래 있던 그대로 제가 보증을 서고 제 부채를 안고 인수한 것입니다."[80]

청문회 증인석에 앉은 최순영 스스로 진실을 밝히고 있다. 1주일 사이에 170억 원을 풀어 채무를 변제 했다는 것에 대해서는 관선 이사회 존속 기간에 관선 이사회가 일부 결제를 했고, 자신은 84년 12월부터 85년 9월 사이 10개월에 걸쳐 85억 원을 결제했다고 부연 설명했다.[81]

레토릭에 과장법은 왜 있을까?

있는 사실을 상대방에게 효과적으로 전달하기 위한 수단 중 하나가 과장법이다. 과장법을 구사할 때 중요한 것은 팩트에 손을 대면 안 된다는 사실이다. 진실은 그대로 둔 채 상대가 잘 이해하도록 과장법을 구사해야 한다. 이 원칙을 어기면 과장법에 대한 모독이며, 거짓이 전달된다. 진실이 묻힌다. 진실이 묻히면 많은 이들이 죄를 범하게 된다. 거짓을 참으로 오해하고 행동하기 때문이다.

7. 스모킹건_93인의 미신고 채권자들

영생학원을 인수 한 신동아학원에 꽃길이 열린 듯 했다.

모든 부채를 은행 여신으로 돌려놓았다. 부채에 대해 은행 이자를 내야 하지만 사채에 비하면 솔직히 아무것도 아니다. 관선 이사회는 이자에 대해서도 상당 부분 탕감하도록 조치했다.[82]

여기에 시간이 흐를수록 간납대 3만 6천여 평과 효자동 캠퍼스부지 30여만 평의 땅값은 뛸 것이고, 만일 전주 도심이 서쪽으로 방향을 잡아 도심권이 연결만 된다면, 신동아학원의 부동산 가치는 천문학적 숫자가 될 것이다. 신동아학원의 앞길은 탄탄대로로 보였다.

하나님은 어떻게 섭리하실까?

관선 이사회가 영생학원의 사채 규모를 파악하면서 영생학원에 돈을 꿔준 사람들은 모두 신고하라고 공고를 했다. 그때 신고한 사람이 867명 합계 금액이 159억 4천만 원이었다.[83] 심사를 거쳐 기일이 도래한 것은 변제하고 기일이 남은 사채는 은행 여신으로 전환했다. 그런데 신고 기간에 신고하지 않은 '미신고 채권자'가 있었다.

미신고 채권자 93명, 채권 금액 8억 4천만 원.

관선 이사회는 신동아학원 측에 이 금액도 변제하라고 권고했다. 신동아학원은 그 권고를 받아들여 변제하겠다고 대답했다.[84] 변제할 돈은 교비 회계 속에 포함시켰기 때문에 신동아학원은 상업은행에서 대출받아 갚고 학생 등록금에서 충당하면 된다. 신동아학원의 인수조건 부채 속에 당연히 포함된 금액이다. 그런데 신동아 학원은 태도를 바꿔서 미신고 금액을 변제하지 않기로 결정했다.[85]

신동아학원은 채권 원인이 불분명하고 이 채권을 변제하면 또 다른 채권주장이 돌출될 우려가 있다는 이유를 댔다. 이는 신동아학원의 주장일 뿐이다. 관선 이사회는 이 채권을 면밀히 심사하여 이 채권도 변제해야 할 채권으로 판단했기 때문에 신동아에게 변제하라고 했었다. 신동아학원이 이를 변제하지 않겠다는 번복이 어떤 사태를 불러올지 당시는 아무도 몰랐다.

당장 다급한 사람은 미신고 채권자 93명이었다. 이들은 대부분 영생교회 성도이다. 그중에는 채권을 신고했다가 다시 강홍모 목사가 학교를 맡으면 교주로부터 미움을 사서 면직당할까 두려워 신고하지 않은 경우도 있었지만, 대부분 영생교회 성도로서 담임 목사인 학원장이 어려움을 당했는데 채권을 신고하면 강홍모 목사에게 누가 될 것으로 생각한 사람들이었다. 또한 강홍모 목사는 설교 시간에 채권 신고할 필요 없다고 말하기도 했다. 채권 신고가 채권의 효력에 영향을 미치는 것은 아니다. 그러나 결과는 냉혹했다.

꾸어준 돈은 누구에게나 그렇듯이 피와 같은 돈이다. 적당히 포기할 수 없는 돈이다. 그 돈을 받아야 한다. 우선 93명이 대책위원회를 구성했다. 그리고 신동아학원을 찾아갔다. 못 갚겠다고 한다. 안 갚겠다고 한다. 대학 총장을 찾아갔으나 똑같은 대답이었다. 미신고 채권단 93명은 가족을 동원하고 영생교회 성도를 동원하여 단체 행동에 나섰다. 피킷을 만들고 구호를 만들고 행동 강령을 만들어서 시위에 돌입했다.

시위 장소는 주로 신동아학원 법인 사무실 앞이나 전주대학교 교내였다. 한편으로 대표를 뽑아 여의도 63빌딩에 있는 최순영 회장을 방문했다. 서울에 올라간 대표들은 최순영 회장의 얼굴도 못 보고 문전박대 당했다. 미신고 채권단의 행동은 점점 거칠어졌다. 전주대학교 교정에 들어가 메가폰을 들고 시위했다.

신성한 학교 교정에 들어와 데모하는 영생교회 교인들이 전주대학교 학생들에게 혐오 대상이 되어갔다. 원인이 어디에 있든지 간에 얼마나 무지하면 대학교 교정에 들어와서 학생들이 수업을 받고 있는 줄 번연히 알면서 저렇게 데모를 할 수 있느냐는 것이었다. 학생들이 가만히 있지 않았다. 데모대 앞에 가서 항의하고 따졌다. 나중에는 학생들이 채권단 물러가라고 맞불 데모를 했다. 사태가 이렇게 악화되는데도 누구하나 미신고 채권 문제를 해결하겠다고 나서는 이가 없었다. 미신고 채권단에게 학생들이 항의했다.

"도대체 왜 이렇게 데모하시는 겁니까?"

"학생들 우리 사정 들어봐, 신동아학원이 이 학교를 어떻게 접수했는지 알기나 해?"

"어떻게 접수했는데요?"

그 자리에서 신동아학원이 영생학원을 인수한 모든 조건이 낱낱이 전해졌다.[86] 그때만 해도 정보 공개법이 제정되기 한참 전이다. 관선 이사회가 어떤 과정을 거쳐 신동아학원에 영생학원을 인수토록 했는지 공개할 의무도 없었다. 학생은 물론 교직원조차 세세한 내역을 몰랐다. 풍문으로 나도는 이야기를 들었지만 그거야 소문이니 신뢰할 만한 것이 못 되었다.

신동아가 영생학원을 삼킬 때 최순영이 손도 안 대고 코를 풀었다느니, 최순영이 전두환에게 수십억 원을 건네고 학원을 인수했다느니 하는 소문은 무성했지만 그것을 진실이라고 믿는 이는 드물었다. 그런데 미신고 채권단으로부터 세세한 내막이 학생들에게 전해지기 시작했다. 다른 것은 차치하고 학생들은 자기들이 내는 등록금 중 173억 원을 학교 법인 신동아학원이 빚 갚는데 쓴다는 사실을 알고 분노하기 시작했다.

그렇지 않아도 학생 시위가 여러 명목으로 진행되고 있었는데, 매우 중요한 목표가 생겼다. 다른 무엇보다 자기들의 등록금으로 법인 빚을 갚는 것은 막아야 한다는 학내 여론이 급속히 확산되어 시위의 주요 원인이 되었다.[87] 학생과 교직원 사이에도 신동아학원이 어떤 조건으로 학원을 인수했는지, 진실이 알려지기 시작했다.

여기서 학생들이 분노한 것은 크게 세 가지 이유였다.

첫째, 신동아그룹 최순영 회장이 학원을 인수하면서 낸 자기 출연금이 전혀 없다는 것이었다. 실제 그랬다. 최순영은 영생학원을 인수하면서 전주시장에게 체육성금으로 1억 원을 냈을 뿐, 아직 전주대학교에는 한 푼도 안 냈다. 점차 내겠지 하는 기대를 했지만 그 당장에는 그랬다.

둘째, 학생들이 분노한 것은 교비 회계에서 173억 원을 상환한다는 내용이다. '410억 원의 부채를 떠 안고 학교를 인수했다'라는 언론의 보도를 보고 감사했는데, 알고보니 그게 아니다. 학생들이 내는 등록금에서 매년 10퍼센트를 떼어내 법인의 빚을 갚는다니 도저히 납득할 수 없었다. 물론 사립 학교법에는 그렇게 할 수 있는 근거가 있었고, 학교 건물을 짓는 데 쓴 빚이니 학생이 낸 기성 회비에서 10퍼센트쯤 쓰는 것도 타당성이 있다. 그렇다 쳐도 굴지의 대그룹 회장이 학교를 맡으면서 교비로 빚을 갚겠다니 너무 치사해 보였다.

셋째, 구 법인 영생학원을 매몰차게 내쳤다는 것이었다. 설립자에게 단 한 푼도 주지 않고 어떻게 학원을 인수할 수 있는지 납득할 수 없었다. 이런 연유로 미신고 채권단보다 전주대학교 재학생의 데모가 점점더 심해졌다.

전주대학교 학생들의 시위는 활활 타올랐다. 의과대학과 공과대학을 설립하겠다는 약속이 불발이 된 것도 시위에 기름을 끼얹은 결과를 가져왔다. 문교부에서 대학 정원 동결 정책을 발표하면서 전두환이 최순영에게 약속했다는 의대와 공대 설립 및 대학정원 증원도 물건너 갔다.

최순영 회장은 영생학원을 인수하자마자 이런 일련의 시위로 몸살을 앓았다. 학교 일이 아니더라도 시간을 쪼개고 쪼개며 일정을 소화하는 최순영 회장에게 신동아학원은 졸지에 골칫거리로 전락했다. 최순영의 입장에서 그렇다고 양보할 수 있는 사안도 아니었다. 자신이 영생학원을 인수한 일에 불법 요소는 없었다. 인수 조건을 창안해 낸 일도 법을 위반하면서 그렇게 한 것이 아니다. 그런데도 전주대학교로부터 올라오는 소식으로 맘 편할 날이 없었다.

최순영은 감지하지 못했겠지만, 사태가 이렇게 번진 '스모킹건'은 미신고 채권 8억 4천만 원을 안 갚은 데 있었다. 관선 이사회의 권고에 따라 변제했더라면 신동아학원은 최순영에게 황금알 낳는 거위가 되었을 수도 있었다.

미신고 채권자 93명의 문제는 어떻게 해결되었을까?

강홍모 목사가 보다못해 서울 세곡동에 있는 문중 땅을 내놓았다. 아직도 강홍모에게는 기도가 나침반이다. 그걸 내주면 진짜 알거지가 될 수도 있지만 결단해야 했다. 기도하고 행동에 옮기는 강홍모를 근거리에서 이해하기는 쉽지 않다. 그의 행동을 해석하기에 세속적 관점으로는 불가하다. 아내 김삼순조차 수긍하지 못할 때가 많았다. 그러나 남편의 행동은 오직 하나님이 아시고 하나님이 인정하리라 믿고 따랐다.

문중 땅 공동소유자가 강홍모의 딱한 사정을 알고 그것으로 빚 잔치 하라며 양보해주었다. 85년도 서울 세곡동은 개발의 손길이 미치기 전이어서 땅값이 그렇게 높지 않았지만, 8억 4천만 원 빚 잔치는 할 수 있었.

'돈을 꾸어줄 때는 앉아서 주고, 받을 때는 서서 받는다'라는 속담은 그렇다 쳐도, 미신고 채권단이 감내해야 하는 고초는 너무 컸다. 이로 인해 인생이 뒤틀리고, 이들 중에는 예수 믿고 담임 목사를 의지하다가 낙심천만하여 신앙을 버린 이도 있다. 그리고 너무 낙심이 되어 외국으로 이민을 떠난 이도 있다.

8. 격동의 80년대_전주대학교 학생 운동

미신고 채권단이 집단 행동을 하기 전부터 전주대학교 학생들의 시위는 강도 높게 이어지고 있었다. 전두환 정부는 1980년 5월 광주민중항쟁이후 학원을 옥죄었다가 1983년 12월에 대학에 상주하던 사복 경찰을 완전 철수시킴으로써 학원에 자율권을 되돌려주었다. 정권이 '눈가리고 아웅'하며 풀어준 유화 제스처에 대학생들은 다시 목소리를 내기 시작했다.

종합 대학 승인을 받아 새학기가 되면 명실상부한 '전주대학교'가 될 터인데 학생 운동도 격에 맞아야 한다. 그러나 전주대학교가 조국의 번영과 민주화를 외치기에는 내부 문제가 있어 발목을 잡았다. 영생학원의 부채 문제가 심각해지고 있었다. 1984년에는 학생의 날이 부활되고 전국의 대학들은 전두환 정부의 반민주에 포커스를 맞추고 있었지만, 전주대학생들은 조국의 민주화보다 학내의 문제에 더 신경을 써야했다.

1984년 신학기에 학교의 장이 '학장'에서 '총장'으로 바뀌었다. 천잠캠퍼스에서 가장 높은 곳에 자리한 중앙도서관도 위용을 드러내면서 개관했다. 그러나 영생학원이 6월에 부도를 내고 7월에는 교직원 월급을 지급하지 못하는 지경에 처했다. 수신제가 후 치국평천하라고 자신과 집안이 평안해야 천하를 평정하는데, 영생학원이 불안정했고 9월에 관선 이사회가 들이닥쳤다. 전주대학교 학생들이 민주화를 외치기에는 아직 일렀다.

전주대학교 학생들의 요구 사항 중에는 8월 30일에 이전한 영생고, 영생여고생들이 대학캠퍼스를 활보하고 있다고, 그것을 금지시키라는 주장도 포함되었다. 이 당시 학생들의 요구 조건은 관선 이사회가 처리해야 하는 상황이었는데, 무능교수 사퇴, 교수 파벌로 인한 학생 피해 대책을 내놓으라고 수업을 거부하기도 했다. 그렇게 한 해를 보내고 1985년을 맞이했다.

신동아학원으로 법인이 바뀌고 총장도 새로 왔다. 새 총장 취임사 잉크도 덜 말랐는데, 학생들의 시위 팻말에 '총장 사퇴'가 등장했다. 전주대학교 학생 운동의 방향은 밖으로는 문을 닫아걸고 이 문제 해결에 전력투구하게 된다. 재학생들은 선배에게 도움을 요청한다.

'우리 동문 선배님들은 벙어리인가?'

이런 제목으로 성명서를 작성하여 총동창회 정기 총회에 가서 배포했다. 핵심 안건은 173억 원 교비 회계 부채 상환이다. 총동창회도 이 문제에는 수수방관할 수 없었다. 총동창회는 재학생과 보조를 같이하기로 결정했다.

한편 93명의 채권단은 1986년 2월 25일자로 전주시민 18,948명의 서명을 받아서 청와대와 문교부에 탄원서를 제출했다. 탄원 내용은 영생학원에서 관선 이사회를 거쳐 신동아학원으로 넘어간 내력을 꼬장꼬장 기록했다.

장로 최순영이 목사 강홍모와의 약속을 뒤집고, 자산이 1천억 원에 달하는 영생학원을 탈취하면서 설립자에게 단 한 푼도 주지 않았다고 성토하고, 최순영 이사장은 학내 사태 해결을 위해 총장이 교직원과 학생 대표를 인솔하고 방문한 자리에서 "학교는 총장이 삶아 먹든지 구워 먹든지 마음대로 하시오"라는 망언까지 했다고 탄원서에 적었다.

문교부는 3월 20일자로 답신을 보내왔다. 문교부는 탄원서의 내용 진위에 대해서는 일체 언급없이 '신동아학원이 인수 당시 제시한 투자 계획을 충실히 이행토록 촉구했다'라는 무성의한 내용이었다. 정부 당국의 수수방관은 신동아학원 편을 드는 결과를 가져왔다.

이 상황에서 최순영은 법상 신동아학원 소유로 넘어온 재산권 행사로서 구 법인을 압박하는 전략을 선택한다. 수익용 재산이나 학교 재산에 속한 영생교회와 우아동 영생교회는 물론 강홍모 학원장의 사택에 대해서 명도소송이라는 칼을 빼든다. 최순영은 자신이 영생학원을 인수하고 나서 받는 고통이 구 재단의 책동에 기인한다고 생각했다. 특히, 강홍모 목사의 사주때문이라고 확신했다.[88]

이런 상황 속에서 전주대학교 학생 운동은 이어지고 있었으며 총동창회의 동참을 이끌어 냈다. 전주대학교 총동창회는 1986년 5월에 '모교 정상화 추진위원회'를 결성했다. 재학생과 총동창회가 연합하여 학원 민주화 및 교비 기채 반대 투쟁에 나섰다. 시일이 지날수록 제적생이 늘고 부상 학생도 발생했다. 상황이 이 지경에 이르자 최순영 이사장은 매년 출연하기로 약정한 연 10억 원 마저 제 때에 내놓지 않고 있었다.[89]

1987년 4월 13일에 전두환 대통령은 대통령을 체육관에서 뽑는 헌법에 대한 논란을 일체 차단하겠다는 의미의 '호헌선언'을 했다. 후임 대통령도 간접 선거로 뽑겠다는 것이다. 전두환은 그렇게 함으로써 자신이 재임 중에 저지른 일에 대해 뒷 탈이 없을 것으로 믿었다.

전두환의 야무진 꿈은 퇴임 이후까지 지켜질까?

국민은 전두환의 꿍꿍이 속에 동의하지 않았다. 호헌선언은 대학뿐만 아니라 전 국민의 항쟁을 불러일으켰다. 전주대학교는 국민적 항쟁 흐름을 선도하랴, 학내 문제를 외치랴, 양수겸장의 상황아래 희생을 감내하면서 기치를 내리지 않았다. 그런 중에도 187억 원의 교비 기채 상환에는 한 치도 물러설 수 없다는 결기를 드러냈다.

서울대학교 학생 박종철의 죽음이 알려지고, 전국 상황은 6.10민주항쟁으로 정점을 찍었다. 전두환은 여기서도 꼼수를 부렸다. 차기 대통령으로 육사 동기인 노태우를 당선시키기 위해 국민 항쟁에 백기를 드는 '숭고한 역할'은 노태우가 대행토록 했다. 노태우가 6.29선언을 했다. 국민이 정권을 일단 굴복시켰다. 온 국민이 환호했다.

　전주의 천잠산 기슭 전주대학교와 신동아학원은 민중 승리의 기쁨을 누리지도 못하고, 치킨 게임처럼 마주 보고 달렸다. 9월 15일에 학생들은 '총장 타도', '부실 재단 축출'을 주장하면서 단식 농성, 삭발, 혈서, 화형식, 장례식, 차량 시위까지 했다. 시위가 계속되는 동안 학생 지도부는 총장, 이사장과의 대화를 이어갔지만, 가시적 성과는 없었다.

　보직 교수들은 학생 시위에 책임을 통감하고 보직 사표를 제출했고, 평교수협의회에서는 총장 해임안을 결의했다. 9월 30일에 학생 대표와 이사장, 총장, 학생 처장이 신동아그룹 이사장실에서 면담했으나, 최순영 이사장은 요지부동이었다. 학생, 총장, 이사장 3자 모두 한 치도 물러서지 않았다. 협의에 의한 타결 가능성은 애초부터 있지 않았다. 시위는 도무지 그칠 기미가 없고 수업은 중단되었다. 결국 1987년 11월 12일에 이종윤 총장이 사퇴하겠다면서 '선언문'을 발표했다.[90]

선 언 문

　사람의 마음을 감찰하시는 하나님 앞에서 오늘의 학원 사태에 대해 대학 교육의 책임자 중 한 사람으로서 그 책임을 통감하면서 대한민국의 고등 교육 발전과 민족 장래를 가름하는 대학 교육의 정상화를 위하여 소견의 일단을 피력하는 바이다.

 1. 대학은 진리의 바탕 위에서 책임 있는 자유인들이 민족과 인류 앞에 학문적 공헌을 통해 헌신하는 장이다. 따라서 대학의 이상을 구현하는 일을 방해하는 어떤 종류의 비진리적 외부 간섭 또는 개입은 철저히 배제되어야 한다.

 2. 정치와 사회의 불신과 불안의 그늘이 벗겨지기 전에는 대학 사회의 안정은 기할 수가 없다. 오늘날 한국 대학 캠퍼스에 정치와 이데올로기로 오염된 부분과 독버섯 처럼 자라고 있는 비대학적 요소들은 국가와 민족의 장래를 위하여 하루속히 척결되어져야 한다.

 3. 한국 대학 교육의 큰 비중을 차지하고 있는 사학에 대한 적절한 지원책과 제도적 규제가 명실공히 시행되어야 한다. 그리하여 흔들리는 사학의 미래를 든든케 하고 썩은 비리는 발본색원하여 깨끗하고 공헌하는 대학을 만들어야 한다.

 4. 교권의 확립과 신분 보장은 대학 사회에 주어진 특권이기 때문에 반드시 지켜져야 한다. 그러나 그것을 빙자해서 학생 소요에 동조 또는 자유 방임하는 무분별한 태도로 교육자로서의 위치를 망각한 일부 교수의 행위를 개탄하는 바이며 이는 시정 되어져야 한다.

 5. 목적 달성을 위해 수단과 방법을 개의치 않는 일부 학생의 움직임은 대학 사회를 파멸로 이끌고 간다. 정당한 목적은 정당한 방법으로서만 수용될 수 있으며 특히 집단적 폭력 행사는 지식 사회인 대학의 캠퍼스에서는 어떤 이유로라도 정당화될 수 없다.

 민족 교육의 미래를 위하여 책임 있는 이들의 반성과 회개를 촉구하며 오늘의 현실에서 학문의 지고성과 영적 성숙성을 지향하는 본인의 대학교육 이상을 더이상 펴나갈 수 없다고 판단하고 본인은 자신의 부덕함과 무력함을 자책하면서 전주대학교 총장 직을 더 이상 수행할 없음을 밝힌다.

1987. 11.

전주대학교 총장 이종윤

이종윤의 선언문 특징은 이렇다.

서두에서 '자신의 허물을 통감하면서'라고 언급하고 마무리에서 '본인은 자신의 부덕함과 무력함을 자책하면서' 사퇴한다고 했다. 그러나 본론인 1-5는 온통 남의 탓으로 일관한다. '배제되어야 하고', '척결되어야 하고', '시정되어야 하고', '발본색원해야 하고', '개탄한다'라고 목청을 돋운다. 그가 학생들의 주장에 공감하고 총장으로서 시정되도록 이사장에게 건의하겠다든지, 문교 당국에 요청했다는 모습은 보여주지 않았다. 온통 네 탓이다.

9. 최순영의 경영권 포기 각서

총장이 선언문과 함께 사표를 냈고 이듬해인 1월 17일에 수리 되었다. 이종윤 총장이 선언문을 발표한 당일 최순영 이사장도 '공고문'이라는 제목으로 학원 양도 의사를 표명했다.

공고문

작금 전주대학교에서 발생하고 있는 학원 사태에 대해 본인은 매우 유감스럽게 생각하며 아직도 오해와 불신으로 소요 원인이 되어온 170억 기채 상환 문제를 포함한 제반 문제 해결을 위하여 본인 심경의 일단을 밝히고자 한다.

본인은 1984년 말 부도 위기에 직면한 전주대학교를 회생시켜 민족 교육의 일익을 담당해 보고자 하는 순수한 신앙적 동기와 기업 이윤의 사회 환원이라는 경영 철학을 실현시키고자 대학을 인수했으나, 인수 당시부터 안고 있었던 기채 상환에 대한 문제와 본 대학만이 안고 있는 특수한 문제들로 인해 대학은 본래의 기능과 사명 수행에 많은 어려움을 겪어야만 했다.

지난 3년간 인내와 이해로 대학에 애정을 표현하고 싶은 마음이 간절했으나 시간이 흐르면서 그 환경과 여건은 개선되기보다는 점점 더 악화되어 오늘에 이르게 되었다. 이는 일부 학생의 순수한 열망도 있었으나 계획적으로 대학을 송두리째 파괴하고자 파고들어온 외세의 작용이 끊이지 않고 있으며 이들이 진실에 대한 왜곡을 가중시켜 대학을 오늘의 위기로 떨어뜨리게까지 했다.

따라서 본인은 170억 원 교비 상환 기채를 포함한 학원이 안고 있는 총 부채를 책임지고, 본 대학교 설립 정신을 계승할 수 있는 분이 나타 날 경우 대학의 발전을 위하여 유감없이 본 학원을 인계할 것을 천명하는 바이다.

1987. 11. 12

학교 법인 신동아학원 이사장 최순영

이종윤 총장의 선언문과 최순영 이사장의 공고문에서 드러난 공통적 문맥은 일련의 학생 시위에 외부 세력 개입이 있다는 것이었다. 최순영은 '계획적으로 대학을 송두리째 파괴하고자 파고들어 온 외세의 작용'이 있다고 주장했다.

신동아학원이 관선 이사회로부터 전주대학을 포함한 네 개의 학교를 인수 하는 과정에서 불법이나 탈법적인 대목은 없다. 법의 테두리 안에서 정치적 역량과 다수의 기업을 거느린 경영인으로서 수완을 발휘하여 최대한 유리한 조건을 만들어 인수했다. 그 과정이 극비리에 진행되었다고 해서 부도덕한 것도 아니다. 단지 미신고 채권자의 채권을 변제하지 않은 것은 법리적으로도 다툼의 소지가 있다.

관선 이사회에 채권 신고를 하지 않은 것이 채권을 포기한 것은 아니기 때문이다. 관선 이사회는 미신고 채권도 변제하도록 조치를 하고 최순영에게 변제하라고 권유했었고 그때는 변제하겠다고 대답했었다.[91]

최순영이 표명한 경영권 포기서는 실현이 될까?

영생학원장 강홍모가 제출한 경영권 포기서는 즉각 효력을 발생하여 관선 이사회를 불러들였다.

최순영의 경영권포기서도 관선 이사회를 불러들일까?

그렇지 않았다. 문교부는 오약 눈 하나 깜박 안 했다. 학생시위야 1987년 민주항쟁과 맞물려 어느 대학이나 다 같이 시위를 했으니 전주대학교의 시위도 거기에 묻혀갔다. 미신고 채권을 변제하지 않기로 한 최순영 이사장의 결정에 대해서 관선 이사회는 해체되었으니 의견을 낼 수 없었지만 관선 이사회에 이사로 참여했던 류재신 교육감은 관할청의 장으로서 의견을 낼 수도 있었지만 그렇게 했다는 기록은 없다.

10. "우리는 신동아학원을 긍정도 부정도 않는다"

이종윤 총장의 퇴진과 이사장의 경영권 포기 각서로 전주대학교는 새 국면을 맞이했다. 시위를 이어온 학생과 교직원들, 그들 앞에 혜성처럼 새로운 인수자가 나타나 주었으면 얼마나 좋으랴마는 현실은 그렇지 않았다. 독실한 기독교인으로서 학원을 능히 이끌어갈 만한 재력을 갖춘 인물, 강홍모가 바닷가 모래 바탕에서 바늘 찾기처럼 물색했던 수퍼스타는 없었다.

더욱 안타까운 것은 전주대학교 학생들의 일련의 시위 과정에서 요구사항으로 간간이 등장한 '채플의 자유화'였다. 그때까지 전주대학교 입학생은 의무적으로 채플에 참여해야 했으며 기독교 관련 교양 과목 이수도 필수였다. 그런데 시위에서 자유화를 주장했다. 자칫 학교 설립자의 설립 정신이 훼손될 수도 있는 위기다. 학교 밖에서 사정을 전해 듣는 설립자는 조바심이 났다.

피땀 눈물의 기도 30년이 자칫 한순간에 무너질 수도 있었다. 무기력하게 학원을 넘겼지만, 최순영 장로의 믿음 하나에 설립 정신이 이어지기를 기대했다. 그런데 최순영 장로가 경영권 포기 의사를 밝혔다.

1983년 12월에 시작된 전주대학교 학생시위는 1987년 11월까지 4년여 만에 총장 퇴진과 이사장의 경영권 포기 의사를 받아냈다. 이로써 일차적인 목표는 이루어졌다고 볼 수 있다. 이제는 최순영 이사장의 경영권 포기가 어떻게 실현되어야 하는지가 남았다. 구 법인 영생학원은 종합 대학 승격과 캠퍼스 이전을 위해 진 빚 160억 원이 빌미가 되어 관선 이사회가 즉각 파견되고, 모든 일을 속전속결로 처리했었다.

이와 비교해 본다면 지난 4년 동안 전주대학교 학생들이 흘린 피땀 눈물은 크고 막중했다. 그러나 정부와 문교 당국은 무사안일했다. 더욱이 이 시점에 당도했음에도 그들은 강 건너 불 구경꾼처럼 뒷짐 지고 있었다.

1987년 11월에 전열을 재정비했다. 그리고 찾아낸 대안이 군산 출신 평화민주당 임춘원 전국구 국회의원을 새 주인으로 추대하는 안이었다. 임춘원은 고 장준하와의 인연으로 정치에 입문하여 12대 국회의원으로 정계에 첫발을 내디딘 후 서대문을을 지역구로 13대에는 평민당, 14대에는 민주당 후보로 당선되었다. 중견 제약 업체인 반도제약과 의료 법인 등 여러

개의 사업체를 소유한 상당한 재력가였다.[92]

1988년 2월 임춘원은 전주에서 기자 회견을 갖고 신동아학원을 인수할 의향이 있음을 밝혔다. 그런데 이 과정에서 전주대학교 내부의 불협화음이 돌출되었다. 최순영의 경영권 포기 의사 표시 후 결성된 학원 정상화 공동대책위원회의 활동에 전주대학교 총학생회가 반발 의사를 표했다. 공동대책위원회가 임춘원의원을 인수자로 추대한 것에 대해 '사심을 앞세운 대내외 불순 세력과의 결탁'이라고 공세를 펴고, 공동대책위원회를 '학교 발전을 저해시킨 불법 단체'로 몰아부쳤다.

신동아학원 측에서는 학원을 인수하려면 상업은행과 기채 문제를 협의하고 최순영 이사장과 면담해야 한다고 주장했다. 총학생회의 태도는 결과적으로 신동아학원 최순영 회장과 행보를 같이하는 듯한 모습으로 비추어지고, 임춘원 의원의 인수계획이 수포로 돌아 가는 원인을 제공했다.

임춘원 의원은 1988년 5공 청문회 청문위원으로 참여했다. 이 자리에 최순영은 일해재단에 10억 원을 낸 것이 문제되어 증인으로 불려나갔다. 청문회 석상에서 두 사람이 조우했다. 한사람은 청문위원, 한 사람은 증인이다.

임춘원은 9개월 전 자신이 전주대학교를 인수하겠다고 기자회견까지 했던 마당에 증인석에 앉은 최순영을 보고는 모르쇠로 입을 닫는다. 대신 조승형 위원이 나서서 최순영이 전주대학교를 인수한 것에 대해 집중 추궁한다. 임춘원 의원은 속내를 훤히 알고 있었을 터인데, 그가 침묵한 것은 아쉽다. 진실은 침묵 아래로 잠수하고, 역사는 진실을 찾기 위해서 행간을 샅샅이 뒤져야 한다.

다시 9개월 전으로 돌아가 보자, 임춘원 카드가 불발되자 전주대학교 문제는 다시 미궁으로 빠져들었다. 이때 등장한 것이 '문교부 책임론'이다. 지난 4년간의 시위에 대한 '키맨'은 그 누구도 아닌 문교부라는 것이다. 문교부가 주도한 관선 이사회가 교비 기채도 결정했으니 틀리지 않다. 더구나 영생학원을 신동아로 넘기면서 정부가 한 약속이 하나같이 공수표가 되고 만 것도 문교부 책임이었다.

전주대학교를 최순영에게 주면서 의대, 공대 설립, 정원 1천 명 증원 약속을 해 놓고 이듬해인 1985년 문교부는 대학의 증원, 증과 동결 정책을 발표하고 3년 동안 증원, 증과를 안 했으니 모두가 문교부 탓이라는 것이다. 문교부 탓이니 이제는 학교 법인과 대학 당국을 상대로 투쟁하는 것은 명분이 떨어졌다. 정상적으로 수업을 받으면서 투쟁하는 방향으로 선회했다.

1988년 5월에 문교부 감사반이 전주대학교에 파견되었다. 언제나 그렇듯이 관료주의는 형식에 치우치고 문제의 본질은 용하게 비켜 간다. 감사반이 학생과 관계자들의 청원을 열심히 듣는 시늉은 했으나 결과 발표는 '역시나'였다. 173억 원 교비 기채에 대해서는 입도 벙긋 안했다. 단지 학교 행정에 문제가 있는 것처럼 감사 결과를 발표했다. 총학생회는 격해졌다. 6월 3일 시위에서 학교 버스 한 대를 전소시켰다.

11월 5공 비리 청문회가 끝나고 평화민주당 진상 규명 조사단이 전주대학교를 내방 했다. 그러나 주무청인 문교부가 꿈쩍도 하지 않으니 교비 기채 상환 건도 경영권 교체도 무엇하나 개선되지 않았다. 1989년이 밝았다. 총학생회는 무장을 해제한다.

우리는 재단을 반대하지도 찬성하지도 않는다.[93]

지난 4년, 교비 기채 상환을 반대하는 치열한 투쟁의 결말이다. 대학생들의 세상을 향한 외침, 기성세대를 향한 외침, 학생 운동의 방향성을 돌아보게 한다. 그동안 쏟아부은 정력과 희생이 지나치게 크다. 하지만 지난 4년여의 투쟁이 '이도 저도 아니니 이제 그만두겠다'는 것이다. 기다렸다는 듯이 신동아학원은 10억 원을 투자하겠다고 발표했다. 최순영이 양도 의사를 표명한지 18개월 만에 다시 거둬들인 셈이다.

『전주대학교 50년사』는 다음 문장으로 마무리했다.

> 학내시위의 주요 원인이었던 기채 교비 상환중단 요구가 법인 전입금의 지속적인 투자로 상쇄되면서 학원 안정화를 위한 일련의 대책들이 마련되었다."[94]

상쇄되었다는 말은 적절치 않다. 이후 173억 원은 계획대로 교비 회계에서 상환되었다. 정확하게는 미신고 채권자의 채권 금액 8억 4천 9만 원을 빼고 164억 5천 1백만 원은 연차적으로 교비 회계에서 갚았다.[95]

전주시 남노송동 영생학원 간납대 캠퍼스

[제4부]

강홍모 행전 (B) After 1984

전주대학교 구 정문

1. 1984년 12월 8일 토요일 이후

강홍모와 김삼순은 밤새 한숨도 못 잤다.

어제 날짜로 지나간 63년 인생이 송두리째 뽑혀 나갔다.

학교가 고스란히 남의 수중으로 떨어질 수도 있음을 감지한 것은 불과 며칠 전 관선 이사회 막바지였다.

40주야 줄창 쏟아진 비로 온 지구가 물덩어리로 떠내려가고 있었다. 강홍모 목사는 노아가 방주를 만들어 식솔을 거느린 것을 생각하면서 영생교회와 자신이 살고 있는 사택까지 홍수에 떠내려 갈까봐 조바심이 났다.

강홍모의 사택은 전라선 철둑 너머 영생학교 정문을 들어서면 왼편에 자리 잡고 있었다. 30년 전 남문교회에 있던 야간 영생중학관을 간납대로 옮길 수 있도록 배려를 아끼지 않은 이석한 씨의 딸이 살고 있던 집이었다. 허름하지만 그곳에 거처를 정하고 비가 오나 눈이 오나 바람이 부나 30년 세월 간납대를 가꾸었다.

사택에서 나와 25도 경사길을 30미터쯤 올라가면 영생교회당이 있다. 교회에 연하여 공전 캠퍼스가 있고 그동안 고등학교 대학교 교사로 쓰였던 건물들이 저마다 터를 잡고 운동장을 내려다보고 있었다. 강홍모는 최소한 영생교회와 사택 만이라도 보존하고 싶었다. 한두 가지 욕심도 더 있었다. 새로 구성하는 신동아학원 이사진에 두 명의 사위가 들어갔으면 싶었다.[96] 박주황 총장도 눈에 밟혔다. 종합 대학교로 승격하고 처음 임명한 총장인데 이제 겨우 9개월 지났다.

두 명의 이사 추천과 박주황 총장 자리 보전은 거절되었다. 관선 이사회가 와 있는 동안에 신동아 측에서는 강홍모에게 아파트를 사 줄 터이니 이사 가라 했고, 영생교회는 5억 원을 5년간 무이자로 빌려줄 터이니 그 돈 가지고 학교 밖에 교회를 지어서 2년 안에 나가라 했다.[97]

큰 시혜라도 베푸는 것처럼 굴었지만 강홍모는 그 상황을 객관적으로 인지하지 못했다. 교회와 사택에서 그렇게 축출될 수도 있으리라는 개념 자체가 그에게는 없었다. 사람은 행동하기 전에 개념을 잡는다. 자기가 취할 행동이 머릿속에서 그림으로 그려져야 행동에 옮길 수 있다. 강홍모는 간납대의 영생교회와 사택을 등지고 학원 밖으로 나가는그림을 도무지 그릴 수 없었다.

그날 새벽에도 언제나처럼 사택을 나서 교회로 올라갔다. 신도들 역시 자리를 빼곡히 채우고 앉아서 조용히 기도하면서 강홍모 목사를 기다리고 있었다. 침울한 신도들과 달리 강홍모 목사는 카랑카랑한 목소리로 기도회를 인도했다.

'겉이 타야 님이 알지 속만 타면 누가 아나?'

강홍모는 타는 속을 좀체 겉으로 드러내지 않았다. 오직 기도를 통한 하나님과의 교제를 최우선으로 하고 이 길이 하나님의 뜻이라는 판단이 서면 좌고우면하지 않고 저돌적으로 밀어부쳤다. 이날 새벽, 기도회를 인도할 때도 그 모습은 하나도 변함없었다. 겉으로 드러내지 않고 사택과 교회를 오가면서 아무 일 없었다는 듯이 목회에 전념했다. 그러나 그것이 오래 갈 수 없었다. 무엇보다 등기부상의 소유주가 영생학원에서 신동아학원으로 변경되었으니 법적 소유주는 신동아학원이었고 더욱이 그곳은 교육용 재산이었다.

강홍모 스스로 그렇게 만들어냈다. 지난 30년 간납대에 학교를 늘려갈 때마다 교육위원회에서는 학교 신설에 따른 수익용 재산 목록을 요구했다.

강홍모는 설교에서 그런 사실을 간혹 토로하기도 했다.

"지금, 땅 천 평 이천 평이 부족하여 학교를 설립할 수 없습니다!"

담임 목사의 설교를 듣고 영생교회 교인들은 자기 땅을 내놓았다.

"내 땅이 어디 어디 산골에 있는데 그것이라도 괜찮다면 내놓겠습니다. 목사님!"

그런 성도의 문서를 받아들면서 강홍모는 '나의 길은 하나님이 인도하시고, 나의 행동은 하나님만이 주관하신다'라고 고백했다.

이제 간납대에는 영생교회와 강홍모 학원장 사택 그리고 전주공전이 남게 되었다. 사택을 나서 교회에 가다보면 전주공전 학생들과 마주쳤다. 설립자의 비통함을 알 리 없는 학생들은 젊음을 발산하고 있었다. 눈에 넣어도 안 아픈 자식같은 제자들이다. 그러나 설립자와 학생 사이에 검은 구름이 다가오고 있었다.

효자동 새 캠퍼스로 옮겨 간 전주대학교에서는 93명의 미신고 채권단의 시위로 인해 신동아학원과 구 재단 강홍모 목사와의 사이가 급속히 냉각되었다. 전주대학교에서 강홍모 목사와 영생교회는 극한 혐오의 대상이 되어 가고 있었다. 그 여진은 간납대에도 번져 왔다.

1985년 5월 22일에 신동아학원은 영생교회와 설립자의 사택을 비우라고 통보했다. 내용 증명으로 보내왔지만 응하지 않자, 86년 1월 18일에 신동아학원은 법원에 명도 소송을 제기했다.

관선 이사회 때, 신동아 측은 "아파트를 사줄테니 이사가라"했던 것도, "5억 원을 5년 무이자로 대여할 터이니 교회를 지어 나가라"[98]했던 것도 팽개치고 법적 해결책을 택했다. 영생교회 측에서는 "장로인 최순영이 교회를 쫓아내려 한다"라고 비난하면서 7천여 성도는 '교회 사수'를 외쳤다.

강홍모 목사는 사택을 비우려해도 당장 나갈 집이 없었다. 강홍모 목사는 거의 모든 재산을 영생학원 수익용 재산이나 교육용 재산으로 등기했다. 그런 다음 수익용 재산은 담보로 넣고 은행 대출을 받아 학교 운영에 보탰다. 영생교회 건물과 토지, 사택 건물과 토지 모두 영생학교 시설의 일부였다. 영생교회는 창립 이래 여러 개의 교회를 개척하고 기도원을 건립했는데 영생학원 수익용 재산으로 등기하는 경우가 많았다. 그 모든 것들이 고스란히 신동아학원으로 이전 등기 되었다.

1952년 남문교회 안에 영생중학관을 설립하고 30여 년, 강홍모는 따로 재산을 만드는 일에 별로 신경을 쓰지 않았다. 학교가 집이고 집이 학교였다. 그나마 비상시에 대비하여 따로 가지고 있던 사재마저 관선 이사회에 모두 내 놔야 했다.[99] 더욱이 미신고 채권자 93명에게 서울 세곡동 토지마저 내주고 나니 진짜 빈털터리가 되어 있었다.

이 상황에서 강홍모 목사는 영생교회당과 사택을 비울 대책을 세우기보다는 전주대학교 학생 시위 사태에 주목하고 있었다. 신동아학원이 학교를 인수한 직후부터 전주대학교 사태는 매우 심각하게 돌아갔다. 전주대학교 학생들은 연일 시위를 이어가고 있었다. 학교를 인수한 신동아학원에는 바람 잘 날 없었다.

1987년 11월에는 전주대학교 이종윤 총장과 이사장 최순영이 동반퇴진 의사를 발표했는데, '재야'의 강홍모 이사장은 이때 무슨 생각을 했을까?

자신이 설립한 학교다.

한 언론에서는 신 캠퍼스 공사를 시작하면서 공사 대금의 10퍼센트도 확보하지 않은 상태에서 공사를 시작했다가 도산했다고 보도했다.[100] 그러나 이는 진실이 아니다. 사실은 위에서도 누차 거론했지만 구 캠퍼스를 팔아 신 캠퍼스로 이사하려는 것이었다. 그런데 살던 집 주인이 전세금을 빼주지 않아 주저앉은 격이니, 강홍모가 억울하기로 치면 이렇게 억울할 데가 세상에 어디 또 있겠는가?

전주대학교의 시위로 인해 이종윤 총장이 물러가고, 최순영 이사장은 경영권 포기 의사를 문교부에 전달하고 일간지에도 광고했다. 이후 임춘원 의원이 인수 기자 회견을 했다가 수포로 돌아 갔다. 해가 바뀌어 1988년 2월, 13대 노태우 대통령이 취임했다.

정권이 바뀐 것은 아니지만, 여소야대로 여당이 수세에 몰렸다. 국회에서 5공 비리 청문회가 열렸다. 1988년은 서울올림픽보다 청문회로 더 인상 깊은 한 해가 되었다. 강홍모는 전주대학교를 바라보면서 깊어진 시름에서 어떻게든 벗어나야 했다. 이런 모습을 보려고 자기의 일생을 바친 것은 아니었다. 선주후광의 하나님은 전주대학교를 결코 외면하실 분이 아니다.

강홍모는 최후의 결단을 한다.

1989년 4월에 강홍모 목사는 문교부 장관에게 장문의 청원서를 제출했다. 이 청원서는 강홍모에게 있어서 최후의 승부수다. 이 청원서가 무산되면, 그의 생전에 학교를 되찾을 수 있는 더 이상의 수단도 시간도 없다. 청원서를 내지 않고 진득하게 권토중래를 도모하느냐, 아니면 지금이 적기라고 판단하고 청원서를 내느냐의 기로에서 강홍모는 청원서를 보낸다.

2. 노태우 각하

강흥모 목사는 청원서 서두에서 최순영 장로와의 만남에서 제시한 처음 약속을 세 가지로 밝힌다.

첫째, 부담금 예치,
둘째, 학원 운영 불개입,
셋째, 이사장직만 유지.

이를테면 기독교 장로 기업인이 재산의 사회 환원 차원에서 후원하는 약조였다고 천명했다. 그런데 최순영 장로가 마음을 바꿔 '5공 정권 비호' 아래 약속을 파기하고 '고위층 운운'하며 학원을 가져갔다고 청원서에 적시했다.

강흥모는 이 청원서에 최순영의 불법 운영 사례 한 가지를 비교적 자세히 밝힌다. 간납대에 관한 것이다. 간납대는 영생학원 네 개 학교가 있던 곳이다. 강흥모는 그곳을 매각하여 효자동 캠퍼스로 가고자 했다. 그런데 교육청의 불허로 처분하지 못함으로써 사태가 촉발된, 이를테면 강흥모에게는 통한이 서린 곳이다.

강흥모가 간납대의 학교 시설을 교육용 재산에서 수익용 재산으로 해제해 주기를 그토록 원했으나, 철옹성처럼 승인을 해주지 않던 전라북도 교육청은 관선 이사회가 들어서기 직전 수익용 재산으로 전환했다. 간납대는 학교 시설에서 해방되어 매각도 가능하고 은행 여신을 위한 담보도 가능한 평범한 부동산으로서 학교 법인의 수익용 재산이 되었다.

관선 이사회는 신동아학원이 간납대를 담보로 설정하여 상업은행 전주 지점에서 대출 받아 부채 상환에 쓸 수 있도록 조치하여 신동아에 넘겼다. 신동아학원이 인수할 당시 전주대, 영생여고, 영생고 등 3개의 학교는 효자동으로 가 있었고, 간납대에는 전주공전이 잔류하고 있었다. 신동아학원은 인수하자마자 신속히 공전도 효자동으로 이전해야 했다. 간납대가 교육용 재산이 아니라 담보를 설정한 수익용 재산으로 바뀌었기 때문이다.

최순영은 그런데도 공전을 이전하지 않았다. 문교부는 이전하라는 계고장을 신동아학원에 보냈다. 1985년 5월 15일에 제1차 계고장(대재 25423-391)을 보냈다. 아무런 반응이 없자, 일주일 뒤인 5월 22일에 제2차 계고장(대재25423-424)을 보냈다. 그런데도 최순영은 이행하지 않았다. 얼마 후 최순영은 간납대를 다시 교육용 재산으로 재전환하고 전주공전을 그냥 두었다. 사학 재단에서 교육용 재산을 수익용 재산으로 전환하기는 매우 까다롭지만 수익용 재산을 교육용 재산으로 전환하기는 쉽다. 사학 재단이 수익용재산을 교육용으로 전환하겠다는 데 당국이 불허할 이유가 없기 때문이다.

야인이 된 강홍모가 이런 사태를 목도 하면서 어떤 심정이었을지 짐작이 간다. 영생학원이 신동아학원으로 넘어간 직후 간납대의 전주공전 학생들은 영생교회와 사택을 향해 '구 재단 타도'를 외치고, 효자동에 있는 전주대학교의 학생시위대는 '신 재단 타도'를 외쳤다. 이를 바라보는 설립자의 비통함은 이루 말할 수 없었다.

전주대학교 학생들의 메아리 없는 부르짖음 속에 전두환 정권도 끝이 나고, 이종윤 총장도 퇴임했고, 최순영은 경영권 포기 의사를 발표했다. 설립자 강홍모는 아직 눈이 흐리지 아니했고 기력이 쇠하지도 않았다. 다시 학원을 맡아서 운영할 수 있다는 자신감이 있었다. 필을 들어 청원서를 써 내려갔다.

청원서를 쓰기 이전부터 강홍모는 암암리에 투자자를 물색하여 맞춤한 사람을 찾아냈었다. 최소한 250억 원 이상 당장 출연 가능한 후원자였다. 후원자는 문교부가 신동아학원을 다른 운영자에게 이양하는 실제적 절차에 들어가면 부동산을 포함한 재산을 흔쾌히 출연하겠다고 강홍모와 합의가 되어 법원에 공탁했다. 이런 내용을 청원서에 낱낱이 적었다.

청원서에 이 후원자를 밝히지는 않았지만 강홍모는 이 투자자와 3년 전인 1986년부터 접촉하고 있었다. 1986년 3월 20일에 전주 시민 18,948명의 서명을 첨부하여 청와대와 문교부에 탄원했던 것도 만일 탄원을 받아들이면 그때 새로이 법인을 인수할 수 있도록 협의가 되어 있었다. 그러나 문교부는 탄원을 의례적인 민원으로 처리하고 무성의하게 회신했다. 사실상 거부 의사 표시였다.

문교부가 움직이지 않는다면 굳이 후원자를 드러낼 필요가 없었다. 후원자의 신분을 밝히지 않는 이유는 또 있었다. 전주대학교를 인수할 투자자가 있다는 첩보를 입수한 치안본부에서 그 사실 여부를 확인하는 조사를 했다고 강홍모는 청원서에 기록했다.

뜻밖의 조사를 받게 된 투자자는 심리적으로 위축이 될 수밖에 없었다. 여차하면 자기가 운영하는 기업이 세무조사까지도 당할 수 있었다. 강홍모와 약조한 투자자는 그 상황에서도 관선 이사회가 들어오고 신동아학원의 양도가 가시화되면 약정한 재산을 즉시 투입하겠다고 했다.

강홍모는 청원서에 250억 원을 공탁했다고 두 번이나 강조한다. 사실 지난 4년간 전주대학교가 안정을 찾지 못하고 시위가 일상화되고, 충돌과정에서 희생자가 돌발하고 제적생이 늘고 있는 비상 사태는 1984년 6월 시작된 영생학원의 재정 위기에 비하면 심히 위중한 사태였지만 당국은 수수방관했다.

이 청원서에 강홍모는 영생학원의 자산 목록을 첨부했다. 간납대를 비롯하여 17건의 부동산 목록이다. 이 목록에서 17건의 부동산 시가를 303억 6천 만 원으로 기입했다. 이 목록에 효자동 새 캠퍼스는 포함하지 않았다. 학원 양도 시점인 1984년 12월에 효자동은 25만 평 부지에 열 개 동의 신축 교사가 준공되어 전주대학교, 영생고등학교, 영생여자고등학교가 이전해 있었다. 그곳의 자산 가치는 17건의 자산 가치를 훨씬 상회 했다.

강홍모가 등산객을 가장한 잠행 끝에 입지를 선정하고, 선한 효자동 주민들의 적극적 협조로 사들인 25만 평의 땅에 10동 이상의 신축 교사를 동시에 준공했다. 강홍모의 인생을 송두리째 바쳐 결실한 열매였다. 그러나 이 청원서에도 문교부는 지극히 의례적이었다. 1987년 청원에 대한 답변과 달라진 것이 없었다.

이제 강홍모가 해야 할 일은 체념 말고는 없어 보였다. 35년 전 세속적 성공과 출세가 보장된 평안한 길에서 '좁은 길'을 가도록 이끈 강홍모의 하나님은 그에게 더 좁은 길을 가라 했다.

3. 불타오르네_네 개로 흩어지는 영생교회

영생교회는 뿌리인 전주서문교회와 남문교회의 분립 개척 정신을 이어받았다. 영생교회는 지교회를 세우고 기도원을 건립하여 성도에게 영의 양식을 풍성하게 나누는 교회였다.

1966년에 우아동에 우아영생교회를 세웠다. 1971년에는 완주군 봉동읍 구암리에 구암영생교회를 개척했다. 1972년에는 35사단 군인교회 예배당을 건축하여 헌당했다. 1973년에는 완주군 운주면 용계리에 금당영생교회를 설립했다. 1977년에는 완주군 상관면 신리 산93번지에 영생기도원을 건립했다. 이 중 우아영생교회 부지와 영생기도원을 영생학원 수익용 재산으로 등기했다.

학원을 신동아에 넘긴 이후에도 영생교회의 지교회 설립은 멈추지 않았다. 1986년에는 임실군 삼계면에 새심영생교회를, 1987년에는 고창군 무장면 강남리에 강남영생교회를 창립했다. 영생교회가 세운 지교회들은 지금도 존속하지만 교단은 각기 다르다.

강홍모 목사가 교단에 소속하여 목회하는 것보다는 자유롭게, 마치 요즘의 독립 교단처럼 목회하는 것을 선호했기 때문에 영생교회 지교회들도 초기에는 그렇게 방향을 설정했으나 한국 교회 현실에서 교단 문제로 인한 갈등을 피해갈 수 없었다.

목회자가 바뀔 때마다 교단이 바뀌기도 했다. 한국의 기독교계 교단 문제의 난맥상을 영생교회는 고스란히 겪는다. 일각에서는 강홍모 목사가 규모가 있고 안정된 교단에 소속했더라면 영생학원을 그렇게 어이없게 넘기지는 않았을 것이란 말도 한다.

완주군 상관면에 세운 영생기도원은 폐허가 되었지만, 영생기도원에서 기도하면서 하나님의 명령에 순종했던 이들은 그 기도원을 잊을 수 없었다. 지금은 매주 목요일과 주일 밤 10시면 30여 명의 목사 장로들이 모여서 기도한다. 전주 중화산동 베드로교회 배건식 목사가 기도 모임을 인도

한다. 기도원 시설은 신동아학원이 폐쇄했으나, 옛 주차장에 차를 세우고 각자 흩어져 기도하고 마칠 때는 한데 모여서 합심 기도 후 흩어지는 모임이 지금도 이어지고 있다.

신동아학원은 인수받은 법적 재산을 낱낱이 챙겼다.

신동아학원이 영생교회, 강홍모 사택, 우아영생교회를 상대로 어떻게 재산권을 확보하는지 알아볼 차례다. 1984년 12월 7일 직후부터 구 법인과 신 법인 간에 냉전 기류가 급속히 확산했다. 신동아측은 학생 소요와 미신고 채권단이 벌이는 일련의 행동 뒤에 영생교회 성도와 강홍모 목사가 있다고 생각했다.

영생교회 성도는 영생학원 이사장이었던 담임 목사가 학교를 부당하게 빼앗기고 사택과 교회마저 빼앗길 위기라고 판단했다. 영생교회는 일치단결하여 교회를 사수하자고 결의를 다졌다.

이런 분위기 속에서 미신고 채권단이 주도하여 1986년 2월에 청와대와 문교부에 탄원서를 냈지만 허망한 답신을 받았을 뿐이었다. 1989년 4월에는 강홍모 목사가 직접 문교부에 청원서를 냈다. 신동아학원이 이를 모를 리 없다.

신동아 측은 영생교회와 강홍모가 살고있는 사택은 신동아의 정당한 재산이자 학교 시설임을 강조하면서 여론전을 폈다. 간납대에 함께 기거하고 있는 전주공전 학생들은 영생교회와 강홍모의 사택이 자기네 학교 안에 있는 것을 매우 못마땅하게 여기게 되었다.

1989년 4월 강홍모의 문교부 탄원은, 양측이 더이상 양보할 것이 없다는 극한 대립 분위기의 정점에서 나온 것이었다. 영생교회는 세상 법이 아닌 하나님의 법을 내세웠고, 신동아학원은 세상의 실정법으로 맞섰다. 이 당시 전주공전 학생들은 영생교회와 설립자인 강홍모 목사에게 물러가라는 시위를 빈번하게 벌였다. 학생들이 중장비를 동원하여 당장 허물어버릴 듯이 위협하는 일도 있었다. 일촉즉발의 위기였다. 그런 중에 해가 바뀌어 1990년이 밝았다.

1월 7일 첫 주일 새벽 영생교회 성도들은 새벽 기도회에 참석하기 위하여 교회로 모여들었는데, 이게 왠 날벼락이란 말인가?

교회당에 불이 붙어 활활 타오르고 있었다. 어떤 성도는 불을 끄겠다고 양동이에 물을 퍼 나르고 어떤 성도는 주저앉아 흐느꼈다. 그때 강홍모 목사가 불타는 예배당을 향해 두 손을 높이 쳐들며 "할렐루야!"라고 외쳤다. 이를 본 신자들은 "담임 목사님이 정신이 혼미해진 것 아니냐"라며 걱정의 눈물을 쏟아냈다.

영생교회는 당장 예배 처소를 마련해야 했다. 지상 건축물은 완전히 불에 타버렸지만, 교회 건물 뒤쪽으로 지하실이 있었다. 아쉬운대로 거기에서 예배했다. 그동안 영생교회는 주일 예배 후 소그룹 모임 등을 전주공전 강의실을 이용해 왔었기에 주일이면 강의실에서 예배를 하기도 했다. 이 과정에서 공전 학생들과 충돌이 일어났다.[101]

영생교회 화재는 실화냐 방화냐를 두고 논란을 일으켰다. 구구한 억측 속에 한전 측에서 '누전에 의한 화재'라고 발표했다. 한전의 발표에 수긍하지 못하는 성도가 많았으나 강홍모 목사는 성도의 동요를 잠재웠다.

화재 이후 영생교회가 수년 전부터 부보해 온 화재 보험금 문제도 불거졌다. 보험금은 신동아와 무관하게 교회가 꼬박꼬박 납부했는데, 화재로 인한 보험금은 법상 건물주인 신동아학원으로 지급이 되었다. 영생교회 장로들은 담임 목사의 만류에도 불구하고 보험료 반환청구 소송을 냈고

고등 법원까지 갔으나 패소했다.

영생교회 일부 성도는 화재 난 자리에 교회를 다시 지으려 했다. 이에 신동아 측은 1990년 4월 9일 전주지방법원에 공사금지 가처분 신청서를 제출했고 법원은 신청을 받아들였다. 어쨌든 건축하는 것은 불법이었다. 눈엣가시였던 영생교회는 이로써 신동아학원 밖으로 확실히 축출되었다.

전주공전 학장을 15년이나 역임한 박기남 학장의 회고를 보자.

> 1984년도 말 학원 이사장의 교체 후, 신구 재단 간의 분쟁은 수년간 지속되고 있었다. 그런데 우리 대학 구내에 구 재단 세력의 거점이라 할 수 있는 영생교회가 강당을 점령하고 있었고, 더구나 전 이사장이 교내에 있는 사택을 점거하고 있었기 때문에 구 재단과의 마찰은 결국에는 우리 대학이 떠맡을 수밖에 없었다. 학생들이 전 이사장 사택에 난입해서 기물을 부수는 등 크고 작은 마찰이 있어 오다가 1990년 초 그 교회당에 원인모를 화재가 발생했다. 그 화재로 인해 예배 장소를 잃은 교인들은 우리 대학의 교무실로 무단 침입을 시도하고 이를 저지하려는 학교와 격돌이 일어났다. 이를 계기로 마침내 영생교회와 전 이사장이 모두 교내에서 완전히 나가게 되어 오랜 기간 끌어오던 신구 재단 간의 분쟁은 일단락 되었다. 만약 그 교회당에 화재가 발생하지 않았다면 어떻게 되었을까?
> 남노송동 캠퍼스에서 교인수가 엄청 많았던 그 교회를 나가게 하기가 그렇게 수월한 일이 아니었고, 분쟁 기간이 수년이 더 소요되었을 것이며 캠퍼스 이전의 호기를 결국 놓치고 말았을 것이다. 지금 생각해보면 분명히 그 화재는 우리 대학에게는 엄청난 행운을 가져다 주었다고 감히 말할 수 있다.[102]

영생교회 화재를 두고 이렇게도 관점이 상반될 수 있는가?

참으로 통탄할 노릇이다. 화재 보험금도 신동아가 받아 가고, 공전의 강의실도 쓸 수 없게 된 영생교회는 시내 예식장을 예배 처소로 임대하기도 하고, 신흥중고교 강당을 빌리기도 하다가 전주시 삼천동에 교회를 건축하기로 결정했다.

영생교회가 화재를 당하고 이곳저곳을 전전하면서 예배하다가 삼천동에 교회를 신축하게 되는 과정에서 영생교회 성도들은 네 갈래로 나뉘었다. 담임 강홍모 목사를 끝까지 추종한 성도는 삼천동의 영생교회로 갔지만, 일부는 전주시 인후동에 한마음교회라는 간판을 걸고 나뉘어 갔다. 한마음교회는 나중에 번성하는교회로 이름이 바뀌어 현재에도 있다.

또 한 그룹은 여수룬교회라는 이름으로 중화산동에 둥지를 틀었다. 또 한 그룹은 노송동에 기린봉교회가 되었다. 기린봉교회는 처음에는 영생교회라는 이름을 썼었다. 네 교회 모두 지금까지 건실한 교회로 존속하는데, 교단은 각기 다르다. 삼천동으로 간 강홍모 목사의 영생교회도 대한예수교장로회 개혁 교단에 속해 있다가 2017년에 예장합동소속 교회가 되었다.

1990년 화재 현장에서 "할렐루야"를 외쳤던 강홍모 목사에게 성도들이 나중에 물었다.

"목사님, 그때 왜 '할렐루야'를 외쳤어요?"

"영생교회는 내가 지었지만, 오래되었고, 특히 2층 시설이 많이 노후 되어 성도들이 한꺼번에 오르내릴 때마다 불안했지, 헐고 다시 지어야 할 시점이 훨씬 지났지만, 신동아와의 관계상 그러지도 못했는데, 불이 나서 훨훨 타오르고 있었으니, 그것이 하나님의 뜻이 아니면 뭐겠는가?"

강홍모의 기도는 멈추지 않았다.

4. 길거리에 나앉아 삼순이를 보내다

　간납대에 학교를 지을 수 있었던 것은 이철상의 부친 이석한의 통 큰 배려가 있었기에 가능했다. 이석한의 딸이 살고 있던 그 집을 매입하여 강홍모는 사택으로 삼았다. 세월이 흐르면서 중, 개축할 때 지붕의 경사를 가파르게 하여 멋을 내고 고풍스럽게 꾸몄다. 큰딸 교자가 열두 살 되던 해에 그곳으로 이사 가서 5남매를 모두 키우고 출가시킨 집이다.

　교실 건축을 하는 중에 밤에 비가 오면, 일곱 식구가 모두 일어나 비닐을 들고 올라가서 덮기도 하고, 이리저리 마구 흙을 파먹으며 흘러내리는 물꼬를 돌리느라 밤을 샌 날도 헤아릴 수 없었다. 그리고 날이 밝아 학생들이 등교하면 학생을 동원하여 나머지 뒤치닥거리를 했다. 대부분 학생들이 열심을 냈지만 이런 때 마다 눈에 띄는 한 학생이 있었다.

　영생고등학생 정동철이다. 학교에서 50릿길인 고산에서 영생고등학교에 입학하여 인근 낙수정 산자락 외딴집에서 자취하면서 등교하는데, 비가 오는 날이면 동철이는 수업 시간에도 혼자 나와서 흙탕물이 튄 교실벽을 닦아내곤 했다.

　강홍모 목사는 정동철을 유심히 보면서 귀애했다. 정동철은 영생고등학교를 졸업하고 전북대학교 철학과에 진학했다. 대학 졸업 후에 목회자가 되겠다면서 한신대학교 신학대학원에 진학했다. 신학대학원을 졸업한 정동철을 강홍모 이사장이 불러 성경 과목 교사로 임용했다.

　영생교회가 화재로 전소되고 재건축도 불허되어 교회가 네 개로 나뉘었지만, 삼천동 영생교회로 끝까지 강홍모 목사를 따라온 성도가 절대 다수였다. 삼천동에 영생교회가 들어서자 성도가 늘기 시작했다. 그런 중에 간납대의 사택을 비우라는 신동아와 전주공전 학생들의 압박은 점점 강도를 더했다.

1990년 5월 1일에 공전 학생대표가 학생들을 데리고 와서 강홍모 목사에게 집을 비우라 했다. 열흘 후 법원의 집달관이 와서 강제 집행하기로 예고되어 있었다. 강홍모는 학생들에게 7월 31일까지 집을 비우겠다고 말했다. 그 말을 듣고 학생들이 되돌아갔다. 그럼에도 21일에 법원의 강제 집행을 위한 집달관이 왔다. 그 자리에서 강홍모 목사와 영생교회 장로 대표가 연명하여 7월 31일까지 비우겠다고 각서를 제출했다. 집달관은 규정에 따라 8월 30일을 2차 강제 집행 기일로 못 박고 갔다.

8월 30일이 되었다. 강홍모는 다시 한번 선처를 구했다. 9월 30일까지 연기를 요청했고, 집달관은 9월 30일이 지나면 예고 없이 강제 철거하겠다면서 되돌아갔다. 그러나 강홍모는 당장 들어가 살 집을 마련하지 못했다. 핑계라면 핑계일 수도 있었다. 9월 30일이 지나 11월이 되었는데도 나갈 수가 없었다. 이런 일들을 겪으면서 속이 검댕처럼 타들어가는 이는 김삼순이었다.

정신여학교 시절, 한 살 연하 홍모를 만나 주님의 뜻에 따라 부부가 되었고, '고아와 과부와 나그네를 대접하는 아브라함의 가정'을 이뤄왔는데 정작 자기들이 나그네가 되었다.

강홍모 김삼순, 두 나그네는 누가 대접해 준단 말인가?

강홍모를 하늘 같은 남편으로 받들어 내조하고, 자녀들이 아버지의 권위에 절대 범접하지 못하도록 키우면서 오늘에 이르렀다.

"엄마 아빠는 학교 일이 바빠 너희들을 돌보지 못한다. 그러나 하나님이 너희를 지켜주실 것이다. 그러니 어떤 일이 있어도 낙심하지 말고 하나님을 믿고 의지하면서 게으르지 말고 선 자리에서 최선을 다하는 사람이 되어라!"

이렇게 가르쳐 각자가 자기 구실을 하고 있었지만 정작 부모 되어 자식들에게 짐이 되고 있는 현실이 아프고, 남편이 원망스럽기도 했다. 강홍모는 오직 기도를 통한 하나님의 메시지에만 충실한 사람이었다. 아내의 조언이나 주변의 충고는 한 쪽 귀로 듣고 한 쪽 귀로 흘렸다. 함께 살면서 그로 인해 수도 없이 무너져 내린 아녀자의 가슴이었다. 강홍모는 학생들이 떼 지어 사택을 침범해도, 학생들이 넥타이를 잡아 끌어도, 성난 무리가 자신의 따귀를 때려도, 아내는 물론 자녀들까지도 일절 나서지 못하게 했다.

11월 13일에 집달관이 또 왔다. 그때마다 영생교회 교인들이 나와 몸으로 막아내고 있었다. 공전총학생회도 집달관과 합세하여 나가라고 외쳤다. 성탄절 보내고 연말까지 나가겠노라 말하고 되돌려 보냈다. 이 약속도 지키지 못했다. 다시 찾은 총학생회를 상대로 1991년 2월 15일까지 명도 하겠다고 약속해 주었다.

이 약속은 지켜질까?

강홍모는 입버릇처럼 목사가 장로를 안 믿으면 누구를 믿느냐는 말을 했다. 신동아학원이 사택 명도를 위해 이렇게까지 하는 것은 어쩌면 최순영 장로에게 보고되지 않았을지도 모른다는 생각을 했다. 최순영 회장이 알면 이러지는 않을 거라는 믿음을 가지고 기다렸다. 그 기다림은 허사였다.

1991년 2월 15일 자로 강제 집행 일자가 다시 통고 되었다. 강홍모 목사는 비로소 사택을 떠나야겠다고 작정했다. 그동안 전주공전 학생들의 시위와 몇 차례의 집달관 출동으로 담장도 허물어지고, 마당 이곳저곳도 움푹움푹 파여서 사람사는 집 같지 않았다. 둘째 아들 희만네 집에 중요한 것을 옮기고, 거기에 한 두 밤을 묵기도 하면서 간납대와의 작별 연습을 했다.

세 개의 학교가 먼저 가 있는 효자동 쪽 하늘에 석양이 고운 날이면 오목대에 올라 간납대와 사택을 바라보면서 '이제는 떠날 때'라고 되뇌면서 하나님께 뜻을 묻기도 했다. 하루 날을 잡아 산상기도를 했던 동산에도 올랐다.

'겟세마네 기도' 이후 40여 성상이 흘렀다. 그날 관목 위로 살포시 내려앉던 새벽 햇살은 울창하게 숲을 이룬 나무들 틈새로 희부옇게 부유하면서 감싸 안아준다. 어디를 가든 하나님의 은총은 여일하리라는 믿음을 등에 지고 하산했다.

집달관이 오기 전날 강홍모는 아내를 데리고 전주를 떠났다. 다음날 날이 밝자 주인이 없는 사택이지만 영생교회 교인들이 모여들었다. 이번에도 강제 집행을 막아내겠다는 것이었다. 이에 맞서 전주공전 학생들과 공전 교직원이 총출동했다. 집달관이 도착했다. 영생교회 성도가 막아섰지만 전주공전학생과 교직원은 집달관의 강제 집행을 도왔다. 영생교회 성도는 담임 목사와 사모가 집을 비운 것을 알았기 때문에 끝까지 저항하지는 않았다.

아직 꽃샘추위도 남아 있어 쌀쌀했고 비까지 내렸다. 집달관들이 세간살이를 마당에 끌어내기 시작했다. 다시 사람이 들어가 살 수 없을만치 벽을 허물었다. 집달관들이 마당에 쌓아두었던 세간살이를 인근 스쿨버스 주차장으로 옮기고 비닐로 덮고 철수했다.

서울로 올라간 강홍모 김삼순 부부의 정황이 자녀들에게 알려진 것은 2-3일이 지난 후였다. 두 딸이 서울에 기거했지만 시부모를 모시고 있으니 그 행색으로 찾아갈 수도 없었다. 며칠 지난 후부터 큰 딸네에서 며칠, 작은 딸네서 며칠씩 묵었다. 전주의 영생교회는 예배당이 불에 타 없어진 후 이곳저곳 장소를 옮겨가면서 예배하고 있었기에 강홍모 목사 혼자서 서울에서 전주로 바지런히 오르내렸다.

도망치듯 전주를 빠져나온 지 석 달을 넘기고 있었다. 김삼순 사모의 건강이 날로 악화하고 있었다. 전주 이야기를 꺼내는 것조차 힘들어할 만큼 위중했다. 그럼에도 아내를 전주로 옮겨야겠기에 강홍모 목사는 1991년 6월 27일 아내와 함께 전주에 내려왔다. 둘째 아들 희만의 집에 여장을 풀었다. 석달 전 남편 손에 이끌려 전주를 떠났다가 내려와 아들 집에 머물게 됐지만 김삼순은 안정을 얻지 못했다.

1991년 7월 1일 아침, 서울에 볼 일이 있다면서 아내를 전주에 두고 남편이 올라간 사이 김삼순은 숨을 거둔다. 상경길에 부고를 듣고 되짚어 내려온 강홍모는 아내의 임종을 보지 못한 통한의 설움을 안고 장례식장 걱정부터 했다. 영생교회 예배당이 있다면 그곳에서 장례를 치러야 했지만, 그 당시 영생교회는 시내 예식장을 빌어쓰고 있는 형편이었다. 사랑하는 제자 정동철 목사가 시무하는 우아영생교회에서 장례식을 치르기로 했다.

고아와 과부와 나그네 영접을 평생의 사명으로 알고 살다가 정작 나그네가 되었다. 나그네 김삼순은 하나님이 영접했다. 그래서 소천(召天)이다.

5. 다윗과 골리앗 싸움_신동아와 우아영생교회

김삼순이 떠나고 1년 남짓, 1992년 12월 7일, 우아영생교회에 한 통의 계고장이 날아들었다. 2개월 이내에 건물을 철거하라는 내용이다. 영생기도원, 영생교회, 강홍모 목사의 사택을 온전히 가져갔으니 다음 차례는 우아영생교회였다.

우아영생교회 부지는 1965년 영생교회가 전주시 우아동에 2천 평을 매입하여 학교 법인 영생학원의 수익용 재산으로 등재 한 땅이다. 그 땅에 우아영생교회를 지었다.

지상 75평, 지하 25평 그리고 목회자 사택 20평으로 건물을 지었다. 이 건물의 보존 등기는 영생학원 수익용 재산이 아닌 강홍모 목사의 사모 김삼순 명의로 했다. 수익용 재산으로 구입한 땅을 놀려두느니 그곳에 교회를 짓자는 김삼순의 제의에 영생교회가 응답하여 지교회로 설립하고 우아영생교회로 명명했다.

1984년 이후 우아영생교회의 터는 신동아학원 소유, 건물은 김삼순 소유의 '이상한' 교회가 되었다. 신동아학원은 간납대를 온전히 재산권 행사가 가능하도록 만들어놓았으니 이제는 우아영생교회 땅을 자기 재산으로 분명히 해두고자 했다.

우아영생교회는 정동철 목사가 담임이다. 지난해 김삼순의 장례를 치른 직후 정동철은 학교 법인 신동아학원이 자기네 교회 건물에도 명도 소송을 낼 것을 예상하고 대비했다. 정동철은 우아영생교회를 한국기독교장로회 소속으로 편입시켰다. 정동철목사는 한신대 출신이다.

한국기독교장로회는 기장으로 불리는데 국내에서 가장 진보적인 신학을 추구하고 사회 참여에 비중을 크게 두는 교단이다. 지난 70년대 도시산업선교회를 이끌었다. 예측한 대로 신동아학원은 우아영생교회를 상대로 명도 소송을 진행했다. 건물을 철거하여 땅을 비우라는 것이었다.

첫 번째 강제 집행일은 1993년 1월 30일로 잡혔다. 정동철은 기장 전북노회에 보고하고 전주, 완주, 임실, 순창, 남원, 정읍 등지의 기장 교회 목회자와 성도를 우아영생교회로 집결토록 했다. 집달관이 도착하는 시간에 맞춰 합동 예배를 진행했다.

2차 강제 집행일에도 같은 방식으로 대응했다. 이렇게 대응하면서 우아영생교회는 비상대책위원회를 구성했다. 비상대책위원회가 숙고 끝에 내놓은 방안은 교회 밖에서 적당한 토지를 매입하여 신동아 측과 교환하자는 것이었다. 마침 교회 내 한 성도가 완주군 고산면 소재 야산 7천여 평을 가지고 있었다. 그것을 교회를 위해 내놓겠다고 했다. 대책위원회는 이런 뜻을 신동아 측에 전달했으나 거절당했다.

우아영생교회 청년회는 신세대답게 교회 땅이 신동아 것이니 '쿨'하게 물려주고 예배당을 새로 지어 나가자는 안을 내놨다. 그러자 땅을 마련하여 신동아와 맞교환하자는 대책위원회의 대안에 찬성하는 성도와 청년회가 제시한 건축하자는 대안에 찬성하는 성도로 나뉘었다. 그런 중에 어떤 장로는 신동아학원과 내통하면서 신동아의 주장을 대변하기도 했다.

교회는 극도로 어수선했다. 이 와중에 하나님도 한 분이시고 교회도 하나이며 신앙도 하나이니 선교적 차원에서 신동아학원과 하나가 되어야 한다는 의견이 힘을 얻었다. 이런 분위를 파악한 신동아 측에서 제안을 보내왔다.

첫째, 교회는 존속하되, 신동아학원 측에서 약간명의 장로와 집사를 우아영생교회에 파송한다.

둘째, 교회 이름을 전주할렐루야교회로 개명한다.

셋째, 현 당회장 정동철 목사는 경질한다는 조건이었다.

이 제의가 들어오자 장로 중에서 한 사람이 정동철 목사에게 교회를 떠나라고 압박하기도 했다. 정동철 목사의 결단이 남았다.

정동철 목사는 신동아 측에 회신을 보냈다.

첫째, 신동아학원은 교인과 목회자를 파송하는 기관이 아니므로 수용할 수 없다.

둘째, 한국기독교장로회(기장)에서 이 사태를 해결하고자 우아영생교회에 담임 목회자를 파송한다면 일주일 이내에 정동철 목사는 떠나겠다.

이 내용을 신동아학원에 전하는 한편 교회내 전 교인에게도 알렸다. 교회가 과연 무엇인지를 분명히 하는 대응이었다. 전 교인이 수긍했다.

이 무렵 김선권 권사가, 우아동 1가 885-1, 3대지 840평을 자신이 2억 4천만 원에 구매하기로 계약했는데 그곳에 교회를 세우자고 했다. 이에 정동철 목사는 대책위원 10인을 선임하여, 그 제의를 수용키로 결의하고 공동 회의에서 추인받고 건축 헌금을 시작했다. 대책위원은 일인 당 2천만 원을 헌금하기로 했다.

급한 것은 당장 은행 대출을 받아 토지 매매 계약을 하고 잔금을 치르는 것이었다. 정동철 목사는 코아그룹 회장이며 금암신협 이사장 이창승 장로를 찾아가 대출을 받았다. 정동철 목사는 신동아학원 측에 교회 부지를 매입했으니, 예배당을 신축하고 현 위치를 명도할 때까지 명도 기한을 연장해 줄것을 요청했다. 한편 새 부지에 건축하기 전, 맞교환도 가능하다고 단서를 달았다.

신동아학원 측에서 감정 평가를 한 후에 맞교환에 응하겠다고 연락이 왔다. 감정 평가 결과 새 부지가 개발 지역에 속해있기 때문에 우아영생교회 부지에 비해 감정가가 약간 상회 했다. 우아영생교회와 신동아학원은 맞교환 하기로 결정했다. 신동아학원은 교육부의 허가를 받아 새 부지의 소유권을 갖고, 우아영생교회는 교회 땅을 우아영생교회 명의로 이전했다.

지리한 싸움 끝에 교회가 쫓겨날 일은 없어졌다. 그렇지만 우아영생교회에는 금암신협으로부터 대출받은 2억 4천만 원이 고스란히 빚으로 남았다. 조태성 장로와 진상운 장로가 2천만 원씩 빚을 내어 헌금했으나 아직도 2억이 남아 있고 이자는 계속 불어났다.

이 무렵 조태성 장로의 집이 우아동 택지개발사업으로 철거되고 인근의 토지 134평을 대토로 받았다. 대토로 받은 토지는 당장 집을 지을 수 있는 땅이 아니라 개발이 끝날 때까지 기다려야 했다. 정동철 목사는 조태성 장로에게 우선 그 땅을 팔아서 교회 빚을 갚자고 제의했다. 조태성 장로와 가족은 '선주후광'에 동의하여 대토로 받은 땅을 1억 원에 팔아서 고스란히 교회에 헌금했다. 우아영생교회는 나머지 빚도 부지런히 빚을 갚아 나갔다.

2년쯤 지났을 무렵 1억 원에 땅을 사간 사람이 교회를 찾아 왔다. 그 땅을 다시 팔겠다면서 마땅한 매입자가 있으면 소개해 달라고 했다. 정동철 목사는 당회 결의를 통해 그 땅을 교회에서 사기로 했다. 대금을 네 번에 나눠 갚았다. 그리고 그 땅을 조태성 장로에게 되돌려 주었다. 교회가 서는 일에 이렇게 아름다운 성도, 아름다운 이야기가 있다. 우아영생교회는 기장소속교회로서 그 자리에 예배당을 소담하게 짓고 건강한 교회로 사명을 감당하고 있다.

6. 마이더스의 손_간납대

야무지게 재산권을 챙긴 신동아학원이 수익용 재산에서 나온 이윤으로 학교를 지원하겠다는데 토를 달 수는 없다. 재단이 든든해야 학교도 바로 설 수 있다. 영생교회 화재에 이은 강홍모 목사 사택을 법에 의존하여 집달관 집행으로 명도를 실현한 신동아학원 최순영 회장이 이후 간납대를 어떻게 활용했는지 눈여겨볼 필요가 있다.

관선 이사회는 간납대를 교육용 재산에서 수익용 재산으로 전환하면서 1984년 당시 가치를 150억 원으로 산정했다. 이 금액으로 신동아가 영생학원을 인수 하면서 '떠 안은 부채'를 상환할 수 있도록 완벽에 가깝게 조치했다. 신동아는 전주공전을 효자동으로 이전하고 간납대를 매각할 수도 있었고, 아니면 은행에 담보로 제공하고 대출받아서 쓸 수도 있었다. 조건은 공전을 즉시 이전해야 한다는 것이다. 왜냐하면, 간납대는 이제 교육용 부동산이 아니라 수익용 재산이 되었기 때문이다.

최순영은 공전을 간납대에 그대로 두었다. 문교부는 그래서 2차례나 계고장을 보냈다. 문교부의 채근에 신동아학원은 간납대를 교육용 재산으로 재전환했다. 그리고 전주공전을 간납대에 그대로 두었다. 이 결정은 영생교회와 강홍모 사택을 축출하는 과정에 전주공전 학생들이 나서게 되는 원인이 되었다.

효자동으로 그때 이전했더라면 전주공전 학생들이 간납대에 있는 영생교회와 구 재단 강홍모 학원장 사택에 관심 가질 하등 이유가 없었다. 그런데 자기들이 다니는 간납대 캠퍼스 구내에 구 법인 학원장 사택과 영생교회가 있으니 신경에 거슬렸다. 학교 법인은 두 건물을 비우라고 명도소송을 진행하면서 학생들에게는 '너희 캠퍼스를 불법으로 점거하고 있다'라고 알렸다.

신동아학원은 효자동에 전주대학교 영생고등학교 영생여고 등 3개 학교를 두고, 전주공전을 남노송동 간납대에 둔 채로 1996년까지 있었다. 학원을 인수한 지 12년이 지났다. 그제야 신동아학원은 전주공전 이전을 추진했다. 효자동 캠퍼스 옆에 땅을 추가로 매입하고 그곳에 전주공전 캠퍼스 조성 공사를 했다.

신동아그룹 산하 신동아건설이 공사를 수주했다. 신동아건설은 2년간에 걸쳐서 전주공전 캠퍼스 공사를 했다. 1998년, 전주공전은 간납대를 떠나 효자동 캠퍼스로 옮겼다. 신동아건설은 공사 대금으로 남노송동 간납대를 150억 원으로 계상하여 받았다.[103]

이 대목을 유심히 따져볼 필요가 있다. 간납대는 1984년에 150억 원이었다. 강홍모 학원장은 간납대를 150억 원에 매각하고 그 돈으로 효자동으로 이사 가겠다는 계획을 세웠었다. 그해에 관선 이사회도 간납대를 150억 원으로 간주하고 그것으로 법인의 부채를 변제 하도록 했었다. 그런데 14년이 지난 1998년에 신동아건설에 지불해야 할 공사대금 150억 원을 간납대를 넘겨줌으로써 갚았다. 아무래도 셈법이 미심쩍다.

14년 전 전주공전 학생들은 영생교회와 사택의 명도를 위해서 교회와 설립자에게 폭력을 서슴지 않았다.[104] 사학 재단 교주의 이익을 위해서였든, 학교의 발전을 위해서였든 학생들은 본연의 학업이 아닌 엉뚱한 일에 휘둘린 것이었다.

학생 운동이 사립 학교 법인의 재산권을 지키는 일에도 유효하다면, 1998년 신동아학원이 14년 전 150억 원 가치의 간납대를 그 가격으로 그룹 내 거래를 하는데는, 왜 잠자코 있었는지 묻지 않을 수 없다.

대한민국의 토지 가격은 내린 적이 없다. 늘 오른다. 전주 지역의 땅값이 아무리 더디게 오르더라도 14년 전 그 값이면 2배 이상은 뛰었을 것이다. 그런데 14년 전 가격을 그대로 적용하여 공사 대금으로 지불했다.

신동아건설은 남노송동 간납대 부지를 소유하고 있다가 2003년에 가톨릭전주교구청에 매각한다. 개신교 목사 강홍모가 기독교 사학 캠퍼스를 조성했던 간납대에 구교 가톨릭 교구청이 들어섰다.

간납대가 천주교전주교구청으로 매각되기 한 해 전 2002년 6월에 강홍모 목사는 하나님의 부르심을 받고 앞서간 김삼순을 따라갔다.

하늘나라에서 강홍모 김삼순 부부가 간납대를 바라보는 소회는 무엇일까?

7. 영생교회 (2)

강홍모 목사는 영생학원과 함께 영생교회를 세웠다. 영생교회는 한국기독교장로회 즉, 기장교단 소속교회로 창립했다. 영생교회의 어머니 교회인 전주남문교회는 지금도 기장에 속한 교회다. 남문교회의 어머니 교회는 전주서문교회이다. 서문교회는 지금은 합동교단 소속교회가 되었다.

기장 교단의 성향도 그렇지만, 강홍모는 영민한 머리와 깊은 성찰 그리고 뼈를 깎는 기도로 이지적 신앙의 성향을 드러냈다. 앞뒤가 딱 맞아떨어지는 설교와 예배를 사모했다. 예배 중에 손뼉 치고 큰 소리로 찬송하는 것을 좋게 여기지 않았다. 성경으로 세상을 설명할 수 있고 성경으로 세상에서 승리할 수 있다고 바르고 적절하게 믿었다. 그러니 굳이 방언까지 구하고 방언을 해야 하는지 회의를 가졌다.

그런데 1962년 영생교회 리-드 부흥회를 통해서 영생교회에 신앙의 새 물결이 찾아왔다. 장녀 교자가 위장병이 낫는 신유 은사를 체험하고, 초청 강사 리드 목사 부자는 영생교회 부흥 성회를 통하여 자신들의 신앙 본산인 미국 '하나님의 성회'의 특성인 은사주의의 씨앗을 뿌렸다. 영생교회의 신앙에 변화가 왔다. 성도들 사이에 신유의 은사가 나타나고 큰 소리로 찬양하기를 좋아하며 방언을 함께 했다.

강홍모는 속으로 놀랐다.

이들을 어떻게 이끌어야 한단 말인가?

영생교회가 은사주의 성향을 드러내자 전주 시내 다른 교회들로부터 이단이라는 공격까지 받았다. 더욱이 강홍모 목사가 담임이 되면서 영생교회는 세례를 하지 않고 '하나님의 성회'가 하는 침례를 시행했다. 일 년이면 수백 명씩을 데리고 섬진강 줄기인 임실 관촌의 방수리에 가서 침례를 베풀었다. 영생교회의 침례 관행은 꽤 오랫동안 지속되었다.

영생교회 성도의 눈높이에 맞춰야 하는데, 방언하지 못하는 강홍모 목사는 담임으로서 부끄러웠다. 그는 성도에게 내려주신 방언을 자기에도 주시기를 기도했다. 어느 날 밤 잠을 자다가 방언이 터졌다. 방언 체험을 하면서 영생교회는 '하나님의 성회' 소속 교회를 닮아갔다.

방언에 대한 여러 갈래 논란이 있지만, 방언이 무엇인지 잠시 짚고 가자!

이 책의 집필을 맡은 저자는 수개월 간 자료 조사를 했다. 고구마 덩쿨처럼 계속 끌려 나오는 진실을 끝까지 추적하면서 파내고, 캐내고, 찾아내야 했다. 어느 정도 조사가 마무리되었다 싶을 때 이렇게 쓰면 되겠구나 하고 구도를 잡았다. 이 무렵이면 생각나는 것이 인공지능 AI(Artificial Intelligence)이다. 만일 책을 집필하는 AI가 있어 이 책을 쓰도록 할 수 있다면, 저자는 그동안 조사한 자료를 무수한 변수로 전환하여 입력한다. 그러면 AI는 순식간에 주르륵 집필을 끝낼 것이다. 언젠가 책이 그렇게 집필되는 때가 올지도 모를 일이다.

그런 묵상을 하면서 하나님 앞에 무릎 꿇고 앉으면, 아직은 저자의 머릿속에 있는 이 책의 처음부터 마지막까지의 얼개가 파노라마처럼 스쳐 간다. 저자는 아직은 활자화하지 않은 책의 내용을 통째로 하나님께 내놓고 기도한다. 순식간에 처음부터 끝까지를 되뇐다. 그렇게 하나님과 능히 교신할 수 있다.

그러나 AI가 없으니 천리 길도 한 걸음부터 떼어놓아야 하듯 한 글자 한 글자, 한 단어 한 단어, 한 문장 한 문장, 한 문단 한 문단 써 내려가야 한다. 저자가 책을 쓰듯 한 문장 한 문장으로 기도한다면 이 기도는 일반적인 보통의 기도이다. 그러나 머릿속에 들어선 전체 구상을 한꺼번에 통으로 하나님께 아뢰면서 순간에 기도할 수가 있다. 그때의 기도는 우리가 쓰는 언어로는 불가능하다.

보통의 기도로는 이 책 전체를 일독하는 시간이 소모될 것이지만, 저자는 짧은 순간에 이 책을 하나님 앞에 통째 내어 놓고 기도할 수 있다.

그때 나오는 기도의 언어는 일상의 언어가 아니다.

비단 책을 쓰는 전문 작가가 아니더라도 누구나 살아온 생애의 풍파를 돌아보면서 '책으로 써도 몇 권은 쓸 수 있다'라고 말한다. 그렇게 상처 받은 심령을 하나님 앞에 내놓는데 언제나 책 읽듯이 한 줄 한 줄 읽을 수만은 없다. 그래서 방언이 있어야 한다. 방언 기도는 언어의 한계를 뛰어 넘어 하나님께 드리는 기도이다. 방언으로 올리는 기도에도 하나님은 응답하신다. 성경은 방언은 물론 방언 통역의 은사를 언설한다.

교회는 물을 가둔 저수지가 아니라 물이 흘러 들고 흘러 나가는 곳이다. 시대와 상황에 따라 하나님은 시시때때로 좋은 은혜를 주신다. 영생교회는 신앙의 전통을 쌓아오면서 다시 장로교 전통으로 회귀하는 성향을 보인다.

강홍모 목사는 자신이 안수받은 교단이 미약하여 좀 더 큰 교단에 속했으면 하는 소망을 가졌다. 한때는 기장의 아류인 작은 교단 창설을 시도하기도 했다. 1984년의 파동을 겪을 때는 예장 개혁이라는 군소 교단에 소속해 있었다.

실현되지 않은 꿈이었지만, 전주대학교가 전주예수병원을 부속병원으로 하는 의과대학을 설립하자는 움직임이 표면화된 적이 있었다. 아이러니컬하게도 그때 그 일에 반대한 인사가 예수병원 원목으로 강홍모 목사와 최순영 장로를 연결 시켜 주었던 이성화 목사다. 자신이 영생학원의 회생을 위해서 최순영 장로를 소개시켜 주었지만, 예장 통합교단에 속한 예수병원이 초교파를 지향하는 전주대학교의 부속병원이 되는 것에는 찬성할 수 없다고 했다.

이성화 목사가 그런 논리를 펴자 예장 통합 교단이 가세했다. 그렇게 할 수 없다는 것이었다. 가정이지만 그때 만일 영생교회가 예장통합 교단에 속해있었더라면 상황은 달라졌을지도 모른다. 각 교회가 교단에 소속되어 며느리처럼 시어머니 잔소리를 듣는 것이 싫기도 하지만, 한국기독교에서 교단은 때로 엄청난 힘을 발휘하기도 한다.

강홍모 목사도 늙어가고 세월은 흐른다.

영생교회의 후임 목사 문제가 점점 다가왔다. 아버지 강홍모 목사가 먼저 생각해냈는지 아들 희만이 먼저 기도하고 응답을 받았는지, 지금에 와서는 불분명하지만 넷째이자 차남인 희만이 영생교회를 물려받는 것이 점점 교회 내의 분위기로 굳어갔다. 예장 개혁 교단에 속해있으면서 일이 그렇게 진행되었다.

차남 희만은 오 남매 중에서 평생 아버지 측근을 떠나지 않고 아버지를 섬긴 유일한 아들이다. 1984년 영생학원에 관선 이사회가 들어와 영생학원이 남의 손에 넘어갈 위기에서 관선 이사회에서 희만에게 아버지의 근황을 물었다. 이때 희만의 대답은 "아버지는 중근신을 하고 계시며 일체 말씀이 없으시다"라고 대답했었다.[105]

이 책을 집필하느라 자료를 수집할 때 간혹 듣는 얘기가 강홍모 목사의 자제분들은 뭐했느냐는 질문이었다. 다들 서울대학교, 연세대학교를 나왔는데, 재단을 뺏기는 것을 보면서 자녀들은 뭐했냐고 묻는다. 강홍모 목사는 영생학원과 교회를 이끌어오는 중에 아내는 물론 자녀의 간섭을 일체 배격했다. 오로지 하나님과 자신만이 아는 중에 달리고 또 달렸다. 관선 이사회가 와서 학교를 넘기는데도 아버지 강홍모는 고독과 외로움을 누구와도 나누지 않았다. 나눌 생각조차 안 했다. 오로지 홀로 감당했다.

영생학원장 강홍모, 영생교회 담임 목사 강홍모의 인생은 그렇게 저물어갔다. 자신이 영생교회의 2대 담임으로 위임받을 때와 같이 차남 희만에게 교회를 물려줄 때도 분위기는 흡사했다. 전 교인이 자연스럽게 받아들였다.

1991년에 강희만 목사가 영생교회 3대 담임으로 취임하고 아버지는 원로 목사가 되었다. 아들에게 교회를 물려주고 11년이 지났다. 강홍모 목사가 태어난 지 여든두 성상이 쌓였다. 2002년 6월 4일, 그 날은 지방 선거 날이었다. 강홍모 이사장의 비서이자 애제자인 김종규가 민선 부안군수로 당선되었다. 김종규는 기쁜 소식을 스승에게 먼저 알렸고, 그 소식에 축하의 뜻을 전하고 열하루 지난 6월 15일 강홍모 목사도 나그네 여정을 마치고, 하나님의 부름을 받는다.

강희만은 영생교회 담임 목사로서 아버지의 장례를 집례하고, 전주영생교회를 키워나갔다. 2017년 강희만은 은퇴한다. 후임으로 총신대학교 신학대학원을 졸업한 김동연 목사를 청빙하고 원로 목사가 되었다. 김동연 목사는 영생교회의 소속 교단을 예장 개혁 교단에서 예장 합동으로 변경했다. 60년 이상 사용한 영생교회 로고도 예장합동측 로고로 변경했다.

김동연은 '강홍모 키즈'가 아니다. 이를테면 영생고등학교를 졸업했다든지, 전주대학교 출신이라든지, 영생교회 출신이라면 강홍모 키즈로 불릴 수 있을 것이다. 김동연은 셋 중 어느 하나에도 해당하지 않는다. 조금 이르다 싶게 영생교회는 설립자 강홍모 목사로부터 이격하고 있다. 영생학원이 먼저 떠나고, 교회가 강홍모를 품었으나 세월은 무상하다.

교회는 세상을 품는다. 하나님은 교회의 주인이시니 하나님의 섭리와 경륜에 순종할 따름이다. 영생교회와 함께 이 책에 등장하는 인물들을 유심히 볼 필요가 있다. 사람이 자기의 길을 계획할지라도 인도하시는 이는 하나님이다. 세상은 소리(素里) 강홍모를 이해하지 못한다.

그의 생애를 세상 기준으로 볼 때는 성공도 출세도 아니다. 강홍모는 세상이 자기를 알아주기보다는 평생 자신을 이끈 하나님이 알아주기를 원했다. 그는 눈을 감기까지 세상에서의 평안과 성경에서 밝히는 하나님이 주시는 평안 사이에서 고뇌하고 번민할 때도 없지 않았다. 때로는 세상에서의 평가에 눈길을 돌리기도 했다. 그러나 세속적인 성공과 출세는 그에게 가까이 오지 않았다. 하나님은 그러나 천국 영생으로 강홍모를 가까이 불렀다.

8. 영생 (1)

> 영생은 곧 유일하신 참 하나님과 그가 보내신 자 예수 그리스도를 아는 것이니이다
> (요 17:3).

몸이 안 늙고, 숨이 안 멎고, 흙에 안 묻히면 영생이다. 그러나, 성경은 누구나 늙고, 누구나 숨이 멎고, 누구나 흙에 묻힌다고 말한다.

육신은 흙에 묻히고 영혼은 천국과 지옥으로 나뉘어간다.
천국에서든 지옥에서든 영혼은 영원히 존재한다.
단지 천국에는 복락이, 지옥에는 고통이 있다.

천국과 지옥에서는 누구도 안 늙고, 숨이 안 멎고, 안 묻힌다.

저세상에서 사람의 영혼은 소멸 되지 않는다. 영원히 존재한다.
성경은 천국에 들어감을 영생, 지옥에 들어감을 죽음이라 말한다.
영생하려면 유일하신 참 하나님과 그가 보내신 자 예수 그리스도를 알면 된다.
이것을 알리려고 강홍모는 '영생학원', '영생교회'를 설립했다.

알리다가 고통을 당했다.
알리면서 행복도 누렸다.
영생학원을 통해서 학생에게 알리다가 큰 고통을 당했다.
영생교회를 통해서 성도에게 알리면서 큰 고난도 겪었다.

영생학원도 영생교회도 강홍모의 품을 떠나고
하나님이 강홍모를 품에 안았다
그러면 되었다.

하나님께 순종하면 영생, 불순종하면 죽음
예수께 붙어 있으면 영생, 떨어지면 죽음
천국에 들어감이 영생, 지옥에 들어감이 죽음
마음껏 외쳤으면 되었다.

강홍모만큼 누가 평생 그렇게 외치며 살았을까?
강홍모의 호가 소리(素里)이다.
처음에는 간납대에, 이후에는 천잠성에

깨끗하고 소박한 캠퍼스 마을을 이루려는 그의 소망이 담겼다.

한편 '소리'는 '외치는 소리'이다.

예수님의 길을 앞서 외치는 요한의 소리처럼

강홍모는 소리 내어 외쳤다.

소리(素里)는 광야에서 외치는 자의

소리이다.

전주대학교 입구

[제5부]

사립 전주대학교

전주대학교 도서관

1. 1999년을 어찌하랴?

1999년 이야기 이전에 1988년으로 돌아가 보자. 이 해에 대한민국 국회는 여당 국회의원보다 야당 국회의원 수가 더 많은 여소야대 정국이 되었다. 수적으로 우위를 점한 야당은 기세를 몰아 매년 10월에 열리던 국회의 국정 감사권을 부활시키고, 5공 비리 청문회를 성사시켰다.

이 청문회에 힘을 보탠 것은 부산대학교 학생 운동이었다. 국회에서 청문회가 열리던 10월 부산 지역 대학생들은 '5공화국 청산 투쟁'을 외치면서 시위의 포문을 열었다. 부산대학교 학생회가 주도하는 시위는 부산 중구 남포동을 중심으로 전개되었다. 집회와 시위를 통하여 온 국민에게 5공화국의 비리를 알리고 동참을 끌어내고자 했다.

학생들은 집회 이후에 부산역을 지나 서면까지 가두 투쟁을 벌였다. 11월에는 재야 단체가 가세했고, 11월 5일 '전두환·이순자 구속을 위한 범국민 총궐기대회'에는 3만여 명의 부산 시민이 합세했다. 이렇게 시작된 불길은 전국으로 번졌다.[106]

국민 저항에 기세가 꺾인 청문회 참석 증인들은 최소한 진실을 토로하면서 반성하는 모습을 보였다. 이 청문회를 통하여 노무현 의원이 정치적 스타로 떠올랐다. 15년이 지난 2003년 그는 16대 대통령에 당선되었다. 4년제 정규 대학을 나오지 않은 고졸 대통령이라고 안팎으로 적잖은 설움을 받는 중에도 소신 있는 행보를 보여줬다. 퇴임후 '논두렁시계 파동'을 견디지 못하고 유명을 달리했다.

1988년 11월 2일부터 12월 31일까지 진행된 청문회에서 다루어진 여러 가지 이슈 중에 전두환 전 대통령 재임 중 그의 아호를 따 설립된 일해재단이 경제인들로부터 600억 원을 불법으로 모금한 사건도 있었다. 이 사건의 증인으로 현대그룹 정주영 회장과 신동아그룹 최순영 회장을 비롯한 재벌 기업 회장들이 줄줄이 출석하는데, 그중에는 국제그룹 양정모 회장이 있었다.[107]

국제그룹은 해방 직후 부산에서 창업한 이래 23개의 계열사와 4만 5천 명의 종업원을 거느린 10대 재벌 그룹으로 성장했다. 연 매출이 2조 원에 달했으며 수출 10억 불 상도 여러 차례 받았다. 그런데 1984년 12월 27일, 주거래 은행인 제일은행이 국제그룹 어음 600억 원을 부도 처리했다. 1984년 12월 27일은 전주대학에 파견 나온 관선 이사회가 영생학원을 신동아학원에 넘긴 후 정확히 20일이 지난 시점이다.

영생학원의 해산과 국제그룹의 해체를 맞비교할 수는 없지만, 시점이 묘하게 겹친다. 영생학원은 6월 1일에 2억 원가량의 부도를 냈는데 국제그룹은 600억 원의 부도를 냈다. 부도가 기업의 파산으로 꼭 이어지는 것은 아니지만, 영생학원과 국제그룹의 파산에는 어딘지 모르게 데자뷰가 감지된다.

주거래 은행이 국제그룹 어음 600억 원을 부도 처리하자, 갑자기 국제그룹 어음이 은행에 몰려들었다. 그룹 자체가 부도나면 추심을 못할 수도 있다는 불안감에 채권자들이 수표와 어음을 돌린 것이다. 당시 국제그룹의 일일 평균 어음과 수표 결제 규모가 600억 원가량이었다. 그룹의 규모가 10대 그룹에 속했으니 그 정도의 금액을 매일매일 결제하면서 그룹이 돌아가고 있었다. 그런데 제일은행이 부도처리 했다.

양정모 회장은 이 사태를 막아낼 수 있을까?

국제그룹은 걷잡을 수 없는 소용돌이에 말려들고 있었다. 85년 1월 제일은행은 양정모 회장에게 '그룹 정상화 계획서'를 작성하여 제출하라고 요구했다. 그것을 받아든 은행과 금융감독원은 '매우 잘 된 계획서'라고 평가했다. 83년 9월 전주대학이 종합 대학 승인을 요청하자 평가를 위해 나온 문교부가 '매우 양호하다'라고 결과서를 낸 일이 떠오른다.

그룹 정상화 계획서를 1월 25일에 제출하고 호평을 받았는데, 2월 14일에 은행 관리가 시작되었다. 사립 학교로 치면 관선 이사회다. 은행 관리가 들어오기 전날 양정모 회장은 '그룹 정상화 계획서대로 이행하지 않을 경우, 개인 주식과 개인 재산을 모두 내놓겠다'라는 '무장해제' 각서를 제출했다. 영생학원장 강홍모와 영락 없는 복사판이다.

영생학원은 그래도 관선 이사회가 넉 달 이상 상주하면서 닦달이라도 했는데, 국제그룹은 2월 13일에 각서 제출, 다음날인 2월 14일 은행 관리, 엿새 후인 21일 그룹이 해체되고 만다. 양정모 회장이 1월 21일 오전 9시 제일은행장의 전화를 받고 들어갔는데 "그룹을 해체합니다"라고 통고했다. 그리고 2시간 지난 11시에 은행장이 기자 회견을 열었다. 국제그룹내 4개 주요 기업 인수자를 전격으로 발표했다.

나머지 회사들도 산산이 흩어지고, 양정모 회장은 살던 집마저 빼앗긴다. 국제그룹이 해체될 당시 양정모 회장은 일해재단 이사였고, 일해재단 설립 시 10억 원을 출연했다. 이 당시 재무부 장관이 김만제. 주무부 장관이니 국제그룹 양정모 회장의 위태로운 행보를 지켜보고 있었을 것이다. 김만제는 전주대학교 초대 총장 박주황의 조카다. 장관이면서도 고모부 박주황 총장이 물러나는 모습을 말없이 지켜봐야 했다.

청문회에서 여당 국회의원들은 전두환을 두둔하며 국제그룹이 해체될 만한 부실그룹이었다는 주장을 편다. 야당은 국제그룹 해체는 절대 권력자 전두환의 전횡임을 부각한다. 양정모 회장 당사자가 주장하는 해체이유를 들어본다.

양정모 회장은 일해재단이 매년 100억 원씩 내리 3년간 300억 원을 경제인들로부터 갹출한다는 목표를 비판했다고 한다. "그것은 무리일 뿐 아니라 장래 전두환 대통령에게 누가 될 것"이라는 입바른 말을 했다. 그 일로 밉게 보여 절대 권력자 전두환이 국제그룹을 해체했다고 주장한다.[108]

국제그룹이 해체되자 국내의 경제인들이 화들짝 놀랐다. 일해재단 기금 목표가 1년에 100억 원씩 3년간 300억 원이었는데, 단박에 600억 원이 모였다. 그러나 그것은 양정모 회장이 예견한 대로 전두환에게 독이 되었다. 결국, 전두환은 전 재산 헌납을 발표하고 백담사로 잠행했다.

5공 비리 청문회 석상에서 양정모 회장이 4년 전의 억울함을 전 국민에게 호소하고 있을 때, 신동아그룹 최순영 회장은 증인 대기실에 있었다. 양정모 회장 다음에는 대림 이준용 부회장이 증인석에 나왔고, 그다음 순번이 최순영 회장이다. 그 자리에서 최순영은 학교 법인 영생학원을 인수하게 된 배경을 추궁당한다.

"영생학원은 전국의 대학 중에서 부채가 가장 많은 대학 중의 하나로서 아무도 인수할 사람이 없었고, 강홍모 이사장은 부도만 내지 말아 달라고 애걸복걸했다. 자신은 전주대학을 맡을 생각이 없었지만 어쩔 수 없이 맡았다." 대략 이런 내용으로 증언했다.[109]

정치 경제 교육계의 격동에 아랑곳없이 세월은 흐른다. 최순영 회장이 영생학원을 인수한 지 15년이 지났다. 1999년 재계서열 30위 이내, 22개의 계열사를 지닌 신동아그룹이 김대중 정부에 의해서 공중 분해 되고 만다. 1999년 2월 어느 날 최순영 회장이 붙들려 들어갔다. 7개월 지나 9월에 석방되어 나와 보니 아무것도 없었다. 살던 집마저 빼앗기고 외화 밀반출 혐의로 1,570억 원에 달하는 환수금 판결이 떨어졌다.

최순영은 신동아그룹이 해체된 원인을 뭐라고 말할까?

1992년 대통령선거 당시 최순영은 당선이 유력한 김영삼 후보 진영에 선거자금 100억 원을 전달했다고 한다. 5년 지나 1997년 대통령 선거에서 김대중 후보 진영으로부터 선거자금 요청이 들어왔다. 김영삼 후보에게 준 것만큼은 내놓으라 했다고 최 회장은 말한다. 그러나 최 회장은 김대중 후보 진영에는 단 한 푼도 안 줬다고 솔직히 토로한다. 신동아그룹 해체의 원인이 거기에 있다고 최순영 회장 스스로 진단한다.[110]

김대중 정부는 신동아그룹에 공적 자금을 대거 투입하면서, 산하 회사들을 곧장 다른 기업으로 넘기기도 하고, 어떤 기업은 국유화 과정을 거쳐서 다른 회사로 넘겼다. 신동아그룹의 상징인 대한생명은 한화그룹으로 넘어가고 여의도 63빌딩도 한화의 것이 되었다.

2. 하용조, 하수상하여라

1999년 최순영 회장이 구속된 죄목은 외화 밀반출 혐의였다. 이 대목은 최순영 스스로 인정한다. 사람을 잘못 기용하여 외화 밀반출이 있었다고 시인한다.

최순영이 구속되었는데 밖에서 이형자 권사는 어떻게 했을까?

남편이 구속되었는데 아무것도 하지 않는 아내는 없다. 뭔가를 해야 한다. 강홍모 목사가 구속되었을 때 아내 김삼순은 채권자가 금액을 적은 숫자를 위조했을 거라는 확신에 따라 수표와 어음을 필적 감정 기관에 의뢰했다. 그 결과 남편이 무죄로 나올 수 있었다.

이형자 권사는 세간을 떠들썩하게 한 '옷 로비 사건'에 휘말리고 말았다. 남편의 구명을 위해 고위층 인사의 부인들에게 매우 값비싼 옷으로 로비를 했다는 것이다. 이 사건의 조사를 위해 대한민국 사상 처음 특별 검사제가 도입되었다.[111]

특별 검사는 이형자 권사가 구속된 남편의 구명을 위해 고위층 부인들에게 옷을 선물함으로써 선처를 바라는 로비를 벌였으나 실패했다고 단정했지만, 그 진실이 무엇인지 아직도 확신하지 못하는 것은 당사자인 이형자와 최순영이 그렇지 않다고 부인하기 때문이다.

최순영은 1984년 12월 학원을 인수한 직후부터 15년간 줄곧 신동아학원 이사장직을 갖고 있었다. 신동아그룹이 해체되자 1999년 12월 13일에 이사장직을 손아래 동서인 하용조 목사에게 맡겼다. 이로써 전주대학교는 하용조 이사장 시대를 맞이한다.

그 당시 하용조 목사는 한동대학교 이사장이었다. 한동대학교는 당초에 포항 시민의 4년제 대학 설립 염원으로 세워진 학교였으나 1년 만에 설립자의 기업이 부도나면서 재정난을 맞았다. 이때 포항북부교회의 김종원 장로가 자신이 원장으로 있는 선린병원과 합병하면서 학교 경영권을 인수했다.

김종원 장로가 이사장으로 취임하면서 한동대학교에 기독교 색채가 입혀지기 시작했다. 그러나 한동대학교에 의대 설립이 불발되면서 선린병원과 다시 분리된다. 이후 1995년 11월 부채 문제로 난항을 겪던 한동대학교에 온누리교회가 100억 원 대의 기부금을 희사하여 재정난을 해결하면서, 하용조 목사가 법인 이사장으로 취임했다.[112]

온누리교회가 한동대학교를 지원하면서 한동대학교는 기독교 신앙 구현을 목표로 하는 학교로 거듭난다. 온누리교회의 풍부한 인력 풀을 전격 가동하면서 한동대학교는 지방 대학이라는 한계를 뚫고 주요 대학으로 급성장했다. 이런 상황에서 온누리교회는 또 하나의 대학을 거느리게 되었다.

한동대학교 이사장이 되던 때와는 달리 하용조 목사는 기부금 없이 전주대학교 이사장이 되었다. 하용조 목사가 전주대학교 법인 이사장으로 취임하자 온누리교회는 전주대학교에 희망홀 텐트를 포함하여 10여 억 원을 기부했다.[113]

이후 온누리교회가 바빠졌다. 온누리교회에서 장로가 되면, 한동대학교와 전주대학교 이사로 차출되기 바빴다. 하용조 목사가 전주대학교 이사장으로 재임하던 12년간 한때는 신동아학원 이사 전체가 온누리교회 장로로 채워지기도 했다.

전주대학교는 최순영 이사장이 이끌다가 선장이 바뀌었으니 당연히 바뀐 선장의 색채로 학원이 변화되기 시작했다. 최순영이 이사장이던 15년간은 그가 장로로 시무하던 할렐루야교회가 전주대학을 위해서 기도했는데, 이제는 하용조가 담임 목사로 시무하는 온누리교회가 기도하는 대학으로 바뀌었다. 이는 단순히 친 동서 간의 이사장 교체 그 이상의 의미를 지닌다.

하용조 목사가 이사장 되기 이전 온누리교회는 포항의 한동대학교에 집중하고 있었다. 전주대학교는 관심밖에 있었다. 그러나 담임 목사가 전주대학교 법인 이사장이 되었다. 온누리교회가 적극 나섰다. 1999년 이후 전주대학교는 마치 온누리교회가 세운 학교로 오해받을 정도가 된다. 하용조 목사는 '한국의 동쪽에 한동대학교, 서쪽에 전주대학교'라고 되뇌면서 양교를 이끌었다. 이즈음에 영생학원이 통일교로 넘어갈 뻔한 것을 온누리교회가 건져냈다는 잘못된 정보가 확산되기도 했다.

성경은 보물이 있는 곳에 마음이 있다고 했다. 한동대학교 이사장이 될 때는 100억 원 대의 재물을 투여했기에 온 마음이 따라갔지만, 전주대학교 이사장이 될 때는 빈손이었다. 물론 하용조 목사가 전주대학교 이사장으로 있는 동안 전주대학교가 발전하기도 했다. 특히, 하용조 목사의 동생 하스데반 선교사가 주창한 경배와 찬양이 한국 교회의 예배를 바꿔놓던 시기에 전주대학교 채플에도 경배와 찬양 물결로 뜨거워지기도 했다. 전주대학교에는 전국 대학 중 유일하게 경배와 찬양학과가 있다.

하용조 목사는 평안북도 진남포에서 태어났다. 6.25때 부모를 따라 남하하여 목포에서 유소년기를 보냈다. 그의 목회적 성공은 옥한흠 목사, 이동원 목사, 홍정길 목사와 함께 '복음주의 4인방'으로 불릴 만큼 유명세를 탔다. 하용조 목사가 신동아학원 이사장으로 재임하는 중 자연스럽게 온누리교회의 영성이 전주대학교로 흘러들었다.

그러나 그의 이사장으로서 역할에는 아쉬운 대목이 적지 않다. 전주대학교를 위해 기부금을 냈다는 괄목할 만한 기록이 눈에 띄지 않는다. 그리고 자신이 이사장으로 왔으면 전주대학교의 역사에 대해서 보통 이상의 관심과 실체 파악이 있어야 했다. 그는 이사장으로 오기 전부터 1984년 최순영이 영생학원을 인수한 데에는 아무 흠이 없다는 잘못된 선입견을 가지고 있었다.

1988년 5공 비리청문회 직후 온누리교회는 최순영의 입장에 진실의 옷을 덧입히고 있었다. 최순영이 담임 목사 하용조의 손윗 동서이기 때문이었다. 예수의 피보다 육신의 피를 더 진하게 여기는 온당치 않은 신앙 탓이다.

'이 땅에 정의가 실현되지 않은 것은 부르짖음이 없어서가 아니라 정의롭지 못한 사람들이 정의를 주장하기 때문이다'[114]

하용조 목사가 한 말이다. 목사로서 이런 멘트를 할 때 자기는 정의로운 사람이라고 확신하는 경우를 흔히 보게 된다. 굳이 목사가 아니더라도 이렇게 말하는 사람들은 항용 자기는 정의롭다고 믿는다.

하용조 목사가 전주대학교 이사장으로 재임 중에 정의롭지 못하게 처신한 일은 꽤 있다. 2002년 10월 학교 법인 신동아학원을 상대로 법정 소송이 들어온다. 원고는 대한생명이다. 이때는 이미 대한생명이 해체되고 한화생명으로 넘어간 때이기에 한화생명이 소송을 냈지만, 원고는 대한생명이다. 대한생명 대표이사였던 최순영이 그룹 산하에 있는 신동아학원에 기부금 낸 것을 반환하라는 소송이다. 이에 대해서는 뒤에서 상술하기로 한다.

하용조 목사가 복음주의 4인방으로 불리면서 한국 기독교계에 끼친 영향은 누구도 부인할 수 없다. 세계 기독교 역사에 유례없는 폭발적 부흥의 역사를 써 내려온 한국의 교회사에서 거명하지 않을 수 없는 인물 중 한 사람인 것은 분명하다. 현재 온누리교회의 영향력도 매우 크다. 교회가 되었든 인물이 되었든 평가에는 늘 양면성이 있다. 공이 있는가 하면 과도 있다.

한국의 대형 교회는 많은 비판에 직면해 있다. 그러나 대형 교회의 왕성한 활동의 손길이 닿아 복음을 영접한 이들이 많다는 것은 그들의 공로다. 대형 교회들이 없었더라면 복음을 접하지 못했을 사람들이 복음을 접하고 기독교인이 되었다면 거기에 하나님의 섭리가 없었다고 부인하지 못한다.

한편 대형 교회가 있으니 작은 교회도 있는 것이 아니겠는가?

하용조 목사는 젊어서부터 건강이 매우 나빴다. 그런데도 건강한 사람 못지않게 왕성한 활동을 했다. 스무 살에 폐결핵에 걸리고, 젊어서부터 혈액 투석을 받아야 했다. 걸어 다니는 종합 병원이라는 별명을 달고 목회했다. 그런 그가 전주대학교 이사장으로 재임하는 중에 하나님의 부르심을 받는다. 2011년 8월 2일 하용조 이사장은 영면했다.

3. 강홍모 사후 잇따라 터지는 봇물

1999년 2월 11일 79세의 강홍모 목사가 노환으로 측근의 부축을 받으면서 병원 로비에 들어서고 있었다. 그때 마침 TV에서 신동아그룹 최순영 회장이 구속되는 장면과 함께 관련 내용이 뉴스로 방영되고 있었다. 강홍모가 그 장면을 목격한다.

"어어~ 최 장로가, 최 장로가 저렇게 되면 안 되는데 …."

강홍모는 자기 몸 걱정에 앞서 학원 이사장인 최순영의 안녕을 걱정했다. 미우나 고우나 최순영의 안녕이 학교의 안녕이다. 강홍모 목사의 걱정에 아랑곳없이 최순영은 그때부터 7개월간 구속된 상태에서 수사를 받고, 신동아그룹은 해체된다.

이때부터 강홍모의 건강은 눈에 띄게 쇠약해지고 있었다. 아내 김삼순이 떠난 지 어언 8년이 흘렀다. 그는 전주를 떠나지 않고 큰딸 교자가 마련해 준 거처에서 기거하고 있었다. 이제 누구나 어김없이 가야 하는 그 길을 강홍모도 가야 하는 시기가 다가오고 있었다.

2002년 6월 5일이었다. 자녀들에게 "에벤에셀, 지금까지도 지켜주신 주님이 앞으로도 영원히 빛으로 인도하실 것이다"라는 유언을 남기고 조용히 눈을 감았다. 아내는 우아영생교회장으로 장례를 치렀으나 그의 장례는 영생교회장으로 치를 수 있었다.

3년 전 병원에 입원하던 날, 최순영의 구속 뉴스를 보면서 '최 장로가 저러면 안 되는데'라고 했던 우려는 현실이 되어 닥쳤다. 강홍모 목사가 소천한 그해 10월, 대한생명이 신동아학원을 상대로 최순영의 기부금 중 231억 원을 반환하라고 소송을 냈다. 최순영이 이사장으로 있으면서 전주대학교에 기부했던 금액 중에서 231억 원을 토해내라는 소송이다. 신동아그룹이 해체되지 않고 최순영이 건재했더라면 일어나지 않았을 사건이 터진 것이다.

"최 장로가 저렇게 되면 안 되는데…"라고 했던 설립자 강홍모의 걱정은 기우가 아니었다. 최순영 이사장의 안부가 학교의 안부와 직결되는데, 한쪽이 무너져 내렸다. 대한생명과 신동아학원 간에 치열한 법리 다툼이 시작되었다. 이듬해 2003년 강홍모 일가에도 안타까운 일이 벌어진다.

강홍모 목사의 장남 희진에 이어 삼남 희천이 한 달 상간으로 하나님의 부름을 받았다.

하나님이 두 아들의 사망을 강홍모 목사 사후로 미루었던 것이었을까?

장남 희진은 57세였다. 아버지가 운영하는 학교의 교사 월급이 체불되는 것을 보고 아이스크림 장사를 해 보태고자 했던 아들이다. 그는 연세대학교 신학대학과 연합신학대학원을 졸업했다. 아버지가 소천하자 긴장의 끈을 놓아버렸던지, 지병이 악화되어 2003년 6월에 사랑하는 가족을 뒤로 하고 숨을 거뒀다.

한 달 뒤 삼남 희천이 그 뒤를 따랐다. 희천은 당시 연세대학교 신과대학 학장이었다. 강홍모 목사의 연세대학교 사랑은 지극했다. 장녀 교자는 연세대학교 교육학과를 졸업했다. 장남 희진도 연세대학교 신학과 출신이다. 삼남 희천도 연세대학교 신학대학, 신학대학원을 마치고 미국 하버드대학교에서 교육학 석사 학위를 받고, 영국 옥스퍼드대학교에서 철학 박사 학위를 취득했다.

귀국하여 모교인 연세대학교 신과대학장으로 재직 중이었는데 이 무렵 연세대학교는 탈기독교화 하고 있었다. 연세대학교 이사회에 비기독교인이 진입하면서 연세대학교의 기독교 역사를 희석하기 시작했다. 여기에 희천이 정면으로 맞섰다. 뜻을 같이하는 기독교인 교수들과 연합하고 신과대학생들과 함께 학내 투쟁의 선봉에 섰다. 연일 시위에 몰두하다가 일산백병원에서 심근경색으로 과로사했다.[115]

한국인의 정서에 자식이 부모에 앞서는 일을 큰 불행으로 친다. 그래서였는지 하나님은 두 아들의 죽음을 강홍모 목사의 사후로 미뤘다. 대한생명의 기부금 소송도 뒤로 미루었다. 하나님은 감당할 수 있을 만큼의 시련을 준다.

이제 대한생명의 기부금 반환 소송을 들여다보기로 한다.

1984년 전주대학을 인수 한 최순영은 미신고 채권단과 전주대학교 학생들의 시위로 혹독한 곤욕을 치렀다. 최순영도 경영권 포기 각서를 썼으나 끝내 재단을 붙들고 있었다. 위기를 넘겼다 싶었던지 최순영은 전주대학교에 꽤 많은 기부금을 냈다.

최순영의 기부금은 전주대학교에 어떤 의미가 될까?

4. 대한생명의 대반전_기부금 반환 소송

2002년 10월 대한생명은 학교 법인 신동아학원을 상대로 '기부금 반환 소송'을 냈다. 최순영 회장이 대한생명의 자금으로 신동아학원에 기부한 돈 231억 원이 적법하지 않으니 반환하라는 소송이다. 하용조 목사가 이사장으로 있던 시기다.

대한생명은 횃불선교재단에도 동일한 소송을 냈다. 횃불선교재단은 최순영의 아내 이형자 권사가 설립한 재단이다. 남편 최순영 회장과 번갈아 가면서 이사장을 맡고 있었다. 횃불선교재단에 제기한 소의 금액은 213억 원이다. 이 사건을 이해하기 위해서는 전주대학교 법인에 최순영이 기부한 금액의 현황을 볼 필요가 있다.

마침 『전주대학교 50년사』에 잘 나와 있다.

다음의 표에서 확인할 수 있는 것은 최순영이 자기 사유재산으로 기부금을 내지 않고 신동아그룹 계열사인 대한생명, 신동아건설을 비롯한 그룹 내 기업의 회계에서 전주대학교에 기부했다는 것이다. 이사이면서 주주인 최순영의 그룹 내 기업 간 기부 행위가 적법하려면 기부하는 기업의 이사회에서 결의하여 지출했다는 근거를 정확히 남기면 된다.

최순영 이사장 관련 기부금 내역[116]

학년도	금액(원)	기부처
1984	169,185,000	이사장
1985	1,460,378,000	대한생명, 신동아건설, 공영사, 동아제분, 태흥산업 등
1986	1,696,000,000	대한생명, 신동아건설, 공영사, 동아제분, 태흥산업 등
1987	1,355,000,000	대한생명, 동아제분
1988	1,500,000,000	대한생명, 동아제분
1989	2,600,000,000	대한생명, 동아제분
1990	2,400,000,000	대한생명
1991	2,100,000,000	대한생명
1992	3,000,000,000	대한생명
1993	2,600,000,000	대한생명
1994	3,700,000,000	대한생명
1995	3,230,000,000	대한생명, 신동아건설(13억 원)
1996	3,000,000,000	대한생명
1997	3,500,000,000	대한생명
1998	5,200,000,000	대한생명
합계	37,510,563,000	

그게 아니면 '주주 가불'이라고 해서, 주주가 이사회 결의 없이 기업 회계에서 자금을 인출해 타 기관에 기부한 다음, 추후 자기의 사유 재산으로 변제하는 방법이 있다. 이 두 가지 중 하나를 충족하지 못하면 불법이다.

대한생명을 인수한 한화생명은 이런 차원에서 회계 장부와 이사회 회의록을 면밀히 관찰한 다음 신동아학원과 햇불선교재단을 상대로 소송을 냈다.

위 표를 보면 최순영이 전주대학교 법인에 낸 기부금 총액은 375억 원이다. 15년에 걸쳐 기부한 금액이다. 그중 231억 원을 반환하라고 소송이 들어왔는데, 231억 원은 소를 제기하는 시점으로부터 10년 이내의 기부금이다. 1992년 기부금부터 해당이 된다. 이 금액 중에서 1995년 신동아건설이 기부한 13억 원을 제외하고 1998년까지의 기부금 총액이 231억 원이다.

신동아그룹이 1999년 해체된 이후에는 최순영이 전주대학교에 낸 기부금이 없다. 이 소송에서 패소하면 최순영이 전주대학교에 낸 기부금 총액 중에서 62퍼센트에 해당하는 금액을 토해내야 한다. 전주대학교 법인도 이 소송에 전력투구했다. 그러나 2004년 2월 1심 판결에서 전주대학교 법인이 패소한다. 1심 판결 내용을 보자.

"신동아학원은 대한생명으로부터 받은 기부금 231억 원을 반환하되, 기부금을 받은 날로부터 1심 판결이 있기까지 연 5퍼센트의 이자를 가산하여 380억 8천만 원을 반환하라. 또한, 1심판결 이후 완제일까지는 지연금 20퍼센트를 복리로 가산하여 지급해야 한다."[117]

1심판결 시점에 이미 5퍼센트의 이자가 150억 원에 달했다. 반환해야 할 금액이 380억 8천만 원이다. 기부금을 받아 쓴 신동아학원 측은 억울하기 짝이 없다. 주는 쪽 회사의 이사회 의결이 없다고 반환하라 했는데, 대한생명의 이사회 의결이 있는지 없는지 확인하고 기부금을 받아야 한다는 것은 어불성설이다.

이런 이치를 감안한다면 설령 반환하더라도 기부금을 받은 쪽의 입장을 헤아려 감액 판결이라도 해 줘야 할 것이 아닌가?

신동아학원 측에서는 당연히 상급심을 신청할 수밖에 없었다. 신동아는 항소심에서도 패소했다. 판결 내용도 전혀 바뀌지도 않았다. 불가피하게 대법원까지 갔다. 2007년 5월 10일 대법원 확정 판결은 1심의 내용 그대로다. 2003년 1심 판결 이후 대법원 판결이 날 때까지도 지연금 20퍼센트는 복리로 가산되고 있었다. 금액은 눈덩이처럼 불었다.

법원이 일관되게 받은 쪽이 불리한 판결을 내리는 이유를 보자. 최순영이 대한생명 자금으로 신동아학원과 횃불선교재단에 기부금을 낼 당시 최순영은 대한생명 대표이사이고 신동아학원 이사장, 횃불선교재단 이사장이었다. 그런 상황에서 기부 행위가 이루어졌는데, 이는 '이사의 자기거래'에 해당한다. 이사의 자기 거래를 방관하면 대그룹 내 기업 간에 기부금 행위 등으로 기업내에 손해가 발생할 수 있으며, 또 한편으로는 이사가 이쪽 주머니에서 돈을 꺼내 저쪽 주머니로 옮기면서 세금을 탈루하는 불법으로 악용될 수도 있다. 정부는 특히 재벌 기업이 편법으로 활용할 소지가 농후하기 때문에 이사의 자기 거래에는 철퇴를 내린다.

대법원까지도 신동아학원과 횃불선교재단은 원금에 이자와 지연금을 가산하여 되돌려 주라고 판결했다. 횃불선교재단은 확정 판결 이후 반환을 시작했지만, 신동아학원은 당시 자금력이 부족했다. 1999년 신동아그룹 해체이후 어려운 살림살이를 꾸려가고 있었다.

다행인 것은 학교 법인에는 강제 집행을 못한다는 법 규정이 있었다. 승소한 대한생명이 횃불선교재단에 강제 집행할 수 있으나 학교 법인에는 강제 집행이 불가능하다. 정부가 학교를 얼마나 신성하게 여기며 보호하고 있는지 여실히 드러난다.

언론에서는 횃불선교재단은 신속히 변제에 나섰는데, 신동아학원은 학교 법인에게 강제 집행을 할 수 없다는 것을 빌미로 반환하지 않고 있다고 보도했다.[118] 이때 신동아학원 이사장이 하용조 목사다. 2002년 1심 소송이 제기되었을 때부터 2007년 대법원 판결이 나기까지, 그 이후 2011년까지 하용조 목사가 이사장이었다. 이 판결에 대해 신동아학원의 태도를 결정할 최종 결정권자다.

그는 왜 이 문제를 깔끔하게 해결하지 못했을까?

대한생명이 신동아학원과 횃불선교재단에 낸 기부금에 대해 최순영은 언론 매체를 통해서 말하기를 이 기부금은 자기가 낸 십일조라고 주장했었다.[119] 손윗 동서이자 당시 신동아학원의 실질적 소유주인 최순영의 이런 주장에 하용조가 동의했을 수 있다. 수익금의 10퍼센트를 십일조 헌금으로 낸 것이기 때문에 반환할 수 없다는 논리다. 만일 그렇다면 횃불선교재단도 반환을 하지 않아야 한다. 기부금이 십일조라는 논리는 견강부회다.

신동아학원은 이 문제를 해결해야 한다. 원금 231억 원은 2003년 1심 판결에서 이미 380억 8천만 원으로 늘어있었다. 2007년 대법원 확정 판결 시에는 500억 원 이상으로 불었다. 실제 이 소송을 제기한 주체는 1999년 대한생명을 인수받은 한화생명이다.

신동아학원은 난감해졌다. 이미 최순영은 자금력을 상실했기 때문에 기부금이 끊겼다. 한화생명 측에 감액을 요청했지만 요지부동이었다. 한화생명은 반환 판결이 난 금액뿐 아니라 소송 비용까지 신동아 학원에게 내놓으라고 했다. 들려오는 소문에 한화 김승현 회장의 태도는 완강했다. 만일 한화생명 이사회가 감액 결정을 하면 그것은 배임이 될 것이므로 받아들일 수 없다고 했다.

　신동아학원은 학교 법인이므로 강제 집행이 안 된다는 것에 안도하면서도 어떻게든 해결해보고자 했다. 이 무렵 전주대학교 정문 앞길 천잠로 건너에 있는 8천여 평의 토지를 한국토지주택공사(LH)에 매각하려고 했었다. 요즘 그곳을 전주대학교 제2캠퍼스라고 부른다. 그곳을 매각하려다가 거두어들였다. 매각 대금이 통장에 들어오는 순간 한화로 압류될 것을 걱정했기 때문이다.

　신동아학원은 한화가 야속하기만 했다. 최순영 회장이 이사의 자기 거래를 한 것은 실정법 위반이 맞지만, 그 돈을 사사로이 쓰겠다고 한 것도 아니고, 국가의 중요한 공공재인 학교 재단에 기부한 돈이다. 그 돈은 신동아학원에서 학생들을 위해 요긴하게 썼다. 그런데 법 조항을 내세워 야박하게 되돌려 받겠다는 것이다.

　한화생명이 위법한 것은 아니지만 신동아학원은 난관에 봉착했다. 1984년에 '법대로'를 내세워 영생학원을 인수받은 신동아학원이 '법대로'를 내세우는 한화생명에게 곤욕을 치르고 있다. 신동아학원이 학교 법인이어서 한화생명이 강제 집행을 못 하는 가운데 시간이 흐르고 있다. 매년 20퍼센트의 가산금으로 눈덩이처럼 불어나고 있다.

　이런 중에 하용조 이사장은 2011년에 숨을 거둔다. 하용조 목사의 장례식장에 복음주의 4인방의 한 인물 홍정길 목사가 조문왔다. 그 자리에서 하용조 목사의 아내 이형기 권사가 홍정길 목사에게 전주대학교 이사장직을 맡아 달라고 부탁했다. 경황 중에 홍정길 목사는 수락한다. 2011년 9월 23일 제10대 이사장으로 홍정길 목사가 왔다. 임기 5년의 이사장이다. 이후 홍정길은 세 번 연임하면서 10년 넘게 이사장으로 재임중이다.

홍정길은 대한생명의 반환금 소송에 따른 결과를 어떻게 받아들였을까?

2022년 현재 이 금액은 2천억 원 대에 육박하고 있다. 대법원 확정 판결 이후 한화생명은 신동아학원의 모든 수익용 재산을 압류했다. 신동아학원의 수익용 재산의 가치 실현에 제동이 걸렸다.

1984년 학교 법인 영생학원을 최순영이 인수해 그해부터 1998년까지 375억 원을 기부했는데 그중 62퍼센트에 해당하는 231억 원을 반환하라는 대법원 확정 판결에 따른 부채가 엄청나게 불어나고 있는 중이다.

최순영의 기부는 어떤 의미일까?

그가 전주대학교에 끼친 영향은 무엇일까?

5. 강홍모, 전주대 50주년에 브론즈 흉상으로 서다

간납대 캠퍼스가 아킬레스건이 되어 학교 법인이 송두리째 신동아학원으로 넘어갈 때도, 학교는 학원장 강홍모가 세운 발전 계획에 따라 차질없이 번창하고 있었다. 그로부터 15년이 지나 최순영이 치도곤을 당했다. 그룹을 송두리째 빼앗기고 1,570억 원의 환수 판결까지 받았지만, 전주대학교는 괄목할만한 성장 일변도를 달렸다.

하용조 이사장이 반환금을 해결하지 못하는 동안에도, 그가 소천하는 중에도 전주대학교는 천잠산을 뒤로 하고 동에서 떠오른 태양 볕을 온몸으로 되받아 눈이 부셨다.

2011년 10월, 이사장 홍정길 목사도, 하용조 목사처럼 기부금 없이 전주대학교 법인 이사장이 되었다. 홍정길 이사장은 학교 발전을 위해서는 대학 총장을 잘 뽑아야 한다는 신념으로 총장 인선에 온힘을 다했다. 학교는 세운 계획에 따라 발전하고 있었지만, 총장이 선임될 때마다 안팎으로 소란스러웠다.

2013년 8월 이호인을 전주대학교 13대 총장으로 영입했다. 이호인은 서울대학교 정운찬 총장 시절 부총장을 지냈다.

전주대학교에 홍정길 이사장, 이호인 총장 커플 시대가 열렸다. 1998년 최순영 이사장의 52억 원 기부금을 끝으로 법인으로부터의 전입금이 멈췄다. 1999년 이후 기부금을 전혀 내지 못하는 학교 법인 신동아학원 최순영은 점점 힘을 잃어갈 수밖에 없었다. 1999년 아내 이형자 권사의 옷 로비 사건으로 도덕성에 치명타를 입은 최순영을 신동아학원에서도 홀대하기 시작했다. 최순영의 측근이 이사회에서 점점 도태되었다. 최순영을 챙겨주는 이사가 한 명도 없는 이사회로 변했다.

홍정길 이호인 커플은 이런 분위기 속에서 전주대학교를 차분히 점검할 수 있었다. 법인 이사장의 전입금이 없어 재정적으로는 어려움이 있지만, 법인을 포함하여 학교밖으로부터의 간섭이 사라진 자유로움은 그 나름대로 의미가 컸다. 해마다 기부금을 내고 자기의 신념이나 신앙 혹은 철학을 구현하는 장으로 학교를 이끌던 오너십의 부재가 만들어준 환경이다. 오로지 자신의 인품과 역량을 인정받아 순수하게 임명된 홍정길 이사장과 그가 초대한 이호인 총장 시대의 분위기다. 이 자유로움 속에서 전주대학교가 지향해야 하는 목표를 새롭게 돌아보게 되었다.

최순영은 경영인으로서 학교를 이끌었고, 하용조는 온누리교회의 영성으로 학교를 이끌었다. 홍정길은 언젠가 "나는 목회에 실패했다", "나는 가짜 목사다"라는 고백을 했었다.[120] 강한 자기 성찰과 철저한 성경적 신앙으로 돌아본 진솔한 고백일 터이다. 그런 그가 전주대학교의 이사장이 되었다.

실패하지 않는 이사장이 되려면 무엇을 해야 할 것인가?

전주대학교를 견인하는 시대정신을 찾아야 했다. 홍정길 이사장과 이호인 총장이 공통으로 감지하는 전주대학교의 당면 과제였다.

두 사람이 찾아낸 전주대학을 견인하는 정신은 무엇일까?

기독교 신앙은 초심이 매우 중요하다. 교회도 초대 교회다. 신앙도 처음 결단이 중요하다. 전주대학교가 왜, 어떻게 설립되었는가를 밝혀내야 한다. 그것으로 세대를 뛰어넘는 시대정신으로 건져 올려야한다.

강홍모가 1952년에 처음 학교 세울 때의 그 정신, 그 신앙, 그 신념이 중요하다. 그것만이 전주대학교를 견인하는 힘이 되어야 한다. 그것만이 순수할 수 있고, 그것만이 어떤 이의 제기도 물리칠 수 있다.

2014년은 전주대학교 설립 50주년이 되는 해다. 50주년을 맞이하면서 전주대학교는 어느 푯대를 향하여 달려왔는지 돌아보고, 향후 어떤 깃발을 향해 달려야 하는지를 확인해야 된다.

홍정길 이호인이 설립자 강홍모를 탐색한 것은 필연이었다. 강홍모의 초심을 다시 확인하고, 오랜 세월이 흐르면서 그 목표에 낀 더께를 긁어내고 반짝반짝 광을 내야 한다. 전 구성원이 바라보도록 해야 한다. 모세가 깎아 매단 구리뱀처럼 말이다.

홍정길 이호인은 결단했다. 강홍모의 설립 정신이 절실하다.

그것 말고 다른 어떤 것으로 푯대를 삼을 수 있단 말인가?

두 사람은 강홍모의 유족에게 손을 내밀었다. 설립자 강홍모의 동상을 세우겠다고 했다.

이사장과 총장으로부터 연락을 받은 강홍모의 자녀들 기분이 어땠을까?

학교를 놓친 지 딱 30년 만이다. 30년 전 새로 들어온 신동아학원은 강홍모의 자녀와 인척은 물론 강홍모의 사람으로 분류되는 교직원들까지 모두 내쳤다.

심지어 종합 대학교 승격을 기념하여 강홍모 이사장이 심은 나무의 팻말까지 뽑아 내던졌다. 출애굽한다면서 구 재단을 벌레 보듯 했었다. 기막힌 세월, 안으로 안으로 삭히면서 살아왔는데 이사장과 총장이 손을 내밀다니!

"아버지가 살아계셨더라면 뭐라 하셨을까?"

전주대학 측에서 설립자 강홍모의 동상을 세우고, 자녀 중에서 한 명을 선정해 주면 명예 박사 학위를 수여하겠다고 제안했다. 생전 연락이 없을 줄 알았는데 뜻밖의 연락에 놀라고, 아버지 동상, 명예 박사 학위 수여 ….

사전 예측이라도 했어야 하는데 전혀 뜻밖이었다. 장녀 강교자는 가족회의를 소집했다. 전주대학교의 제안을 어떻게 했으면 좋을지 의견을 나눴지만 모두 어안이 벙벙할 따름이었다. 분명한 것은 홍정길 이사장, 이호인 총장의 태도가 매우 진지했고 유족을 대하는 태도가 너무 '정중'했다. 두 사람의 지식인, 신앙인, 지도자의 진정성은 물리치기 힘들었다.

받아들이기로 했다. 다만 동상보다는 흉상이 좋겠다는 의견과 함께 장녀 교자가 명예 박사 학위를 받는 것으로 가닥을 잡았다. 2014년 6월 15일 전주대학교 개교 50주년 기념 행사가 열렸다. 강홍모 목사의 소천 12주기이다. 전주대학교 예술관 연못에 높이 90센티미터, 가로 80센티미터, 세로 50센티미터 크기로 설립자 강홍모 브론즈 흉상을 제막했다. 흉상 뒤에는 높이 3.7미터의 화강암이 십자가를 공백으로 드러내면서 마주선 형상으로 기념비를 세웠다.

　브론즈 흉상이 있는 연못은 강홍모의 호를 따서 '소리연'으로 이름 붙여졌다. 강홍모의 호 소리(素里)는 한자의 뜻으로 해석하면 '하얗고 깨끗한 마을'이다. 강홍모 생전 어느때 부턴가 '소리'가 그의 호가 되었다. 장녀 교자는 명예 박사 수락 연설을 하고 학위를 받았다.

　언론은 구 재단, 신 재단 화해가 이루어졌다고 보도했다. 화해가 이루어졌느냐 아니냐 보다는 설립자의 정신을 전주대학교가 지향해야 하는 목표로서 재확인했음에 의미가 크다.

> 하나님의 말씀을 중심하여 사람 된 목적을 달성합시다.
> 사회의 도덕을 준수하여 국민 된 의무를 발휘합시다.
> 생산 작업에 용력하여 민족 생활을 윤택케 합시다.

　영생고등학교 1회 졸업 앨범에 수록된 교훈이다.

　문장이 세련되지는 않았지만 절실한 호소는 가슴에서 가슴으로 와 닿는다.

　전주대학교, 전주비전대학교, 전주영생고등학교와 전주대학교사범대학 부설고등학교가 지향해야 하는 푯대다.

6. 최순영 vs 홍정길_e-mail 샅바 겨루기

홍정길 이호인 커플이 설립자의 정신을 되새기면서 전주대학교가 지향해야 할 바를 분명히 세움과 함께 최순영의 오너십은 급격히 힘을 잃고 있었다. 1984년 학교 법인을 인수한 지 30년 만에 도래한 세대교체 물결이었다. 최순영이 이 흐름을 체감하고 소회를 드러낸 것은 2014년 11월경이었다. 그동안 전주대학교 법인 이사회에 포진했던 온누리교회 출신 이사들의 임기 만료일이 다가오고 있었다.

최순영은 응당 자신에게 의견을 듣고자 찾아올 줄 알았는데 홍정길 이사장과 차준한 상임 이사로부터 아무런 연락이 없었다. 차준한 이사는 온누리교회 장로다. 홍정길 이사장과 차준한 상임 이사가 2011년 이후 전주대학교를 이끌어오고 있었다. 홍정길 이사장과 차준한 이사는 최순영에게 한 마디 의사 타진 없이 이사를 교체했다.

전주대학교에서 최순영과 함께 온누리교회가 멀어졌다. 신동아가 해체되고 하용조 이사장 사망 후 예상되었던 수순이다. 신동아그룹의 해체로 인한 고난은 최순영에게만 국한되지 않았다. 최순영의 두 아들도 함께 고난을 헤쳐나가야 했다. 최순영의 아들이라는 신분이 커다란 이점이었는데, 이제는 커다란 제약이 되었다. 사회가 그들을 바라보는 눈길이 싸늘했다. 두 아들이 사회에 진출하는 것도 용이치 않았다. 최순영은 두 아들을 보면서 속으로 눈물을 흘리고 있었다. 아들에게 전주대학교 법인쪽에라도 일자리 하나 만들어주고 싶었다.

전주대학교에는 주식회사 Ever Miracle(EM)이라는 기업체가 있다. 하용조 이사장 재임중에 설립한 회사다. EM은 일본 오끼나와 현에 있는 메이요대학의 히가 교수가 발견한 유용 미생물이다. EM을 화장품, 생활 용품을 비롯하여 토지 개량을 위한 활성액으로 활용하는 산업으로 일본에서 발전시켰다. 전주대학교 법인 이사장 하용조 목사는 영적 리더십에는 강점이 있었지만 재단 전입금을 책임질 수 있는 위치는 아니었다. 그래서 재정적 기여를 강화하기 위한 대책으로 EM 회사를 설립했다.

최순영은 둘째 아들을 주식회사 EM 이사로 임명해 주기를 바랐다. 그러나 2014년 11월에 열린 이사회에서 부결시켰다. 최순영은 '내가 과연 학교법인 신동아학원의 주인인가'하는 자괴감에 빠졌다. 그런 중에 매월 받아 왔던 전주대학교 법인의 월말 보고서도 오지 않았다. 3개월쯤 기다렸다가 차준한 상임이사에게 왜 안 보내냐고 했더니 다시 몇 개월 보내오다가 그만이었다.

2015년 3월에 차준한 상임이사의 임기가 만료되는 시점에서 최순영은 차준한 이사에게 이사 그만두고 온누리교회로 되돌아가라고 말했지만, 그것도 뜻대로 안 되었다. 전주대학교 법인 이사회는 차준한 이사를 다시 임기 5년의 상임 이사로 연임시켰다. 최순영은 배신감에 온몸을 떨었다. 이런저런 일들로 잔뜩 심기가 불편한 상태에서 홍정길 이사장에게 전화를 걸었다.

홍정길 이사장도 최순영의 의중을 수용할 뜻이 없어 보였다. 최순영은 분한 마음에 언성을 높였다.

홍정길 목사님에게 3년 전 처제 이형기 사모(하용조 목사의 아내)를 통해 전주대학교 재단 이사장직을 맡아달라고 부탁드린 말씀을 이제 철회합니다.

우리 말에 '오는 방망이 가는 홍두깨'라고 했다. 최순영의 이 말에 홍정길이 곱게 대답했을 리는 만무하다. 그러나 홍정길은 이 말을 듣고나서 전주대학교 법인 이사회에 사의를 표명하고 5개월 동안 집무를 하지 않았다고 한다. 그러나 이사회가 새로운 이사장을 선임하는 것은 쉽게 되는 일이 아니다. 최순영이 다시 추천하는 인사가 이사장으로 선임될 리도 없다. 이사진에 이미 최순영의 사람은 없다.

이런 상황에서 2015년 11월, 최순영은 자기가 겪는 허탈한 마음을 담아 온누리교회 장로와 담임 이재훈 목사에게 장문의 이메일을 보냈다. 이메일에서 최순영은 차준한 이사와 홍정길 이사장을 싸잡아 비난했다. 홍정길 이사장이 자기 고향 전라도 사람으로 이사진을 구성했다고 공격하는 한편 전주대학교 법인의 부채 이야기를 거론했다. 대한생명의 기부금 반환소송에 따라 짊어진 빚이다. 최순영은 2015년 현재 부채 액수가 800억 원을 넘어섰다면서 홍정길 이사장은 이를 어떻게 책임질 건지 따져 물었다.

최순영은 대한생명의 기부금 반환 소송이 들어왔을 때 이 돈은 십일조의 성격이라고 주장했었다. 그러나 매년 20퍼센트의 가산금이 붙는 부채에 적잖은 부담감을 느꼈다. 신동아학원의 주인으로서 책임감을 느끼고, 최순영은 이 부채를 해결해 줄 새 주인을 물색했다고 이메일에서 서술한다. 먼저 800억 원의 부채를 해결하고 전주대학교를 인수할 사람은 그 어디에도 없었다고 토로했다.

30년 전 강홍모는 150억 원을 자신과 반씩 나눠 부담하고 이사장으로 취임할 후원자를 찾다가 영생학원을 넘겨야 했다. 30년 지났다. 800억 원의 부채가 전주대학교 법인의 현안이 되었다.

최순영은 이메일에서 나중에 800억 원을 갚아 주고 전주대학교를 인수할 사람을 가까스로 찾았었다고 밝힌다. 최순영은 그 사람이 진정한 크리스천인지 확인하고자 했다. 그런데 상대방이 말로만 크리스천이라고 할 뿐 출석 교회도 밝히지 않으면서, 은근히 '플러스 알파'를 제의했다고 서술한다.

"기독교인인지 아닌지 확인하지 말고 '플러스알파'를 받고 전주대학교 법인을 넘겨라"라는 의미였을 것이다. 최순영은 거기에 응하지 않았다. 상대가 끝내 교회 재직 증명서를 갖고 오지 않아 유야 무야 되었다고 했다. 이 일로 자신이 억울하게 '전주대학교를 팔아먹으려는 사람'으로 오인되었다고 하소연했다.

홍정길은 이와 관련하여 "내가 이사장으로 있는 동안에는 재단을 매매할 수 없다"라고 분명히 밝힌다. 최순영의 행각을 염두에 두고 한 말이다. 홍정길은 자신이 전라도 출신으로 이사진을 구성했다는 최순영의 이메일에 대해서 조목조목 해명한다. 평생 따라다니는 '전라도 사람'이라는 멍에가 자신을 힘들게 했지만, 한편 그 멍에가 자신을 경책하는 약이 되었다고 고백했다.

최순영은 움켜쥔 모래처럼 전주대학교가 자신의 손가락 사이로 빠져나가는 현실을 체감했다. 그러나 앉아서 당할 수만은 없다. 최순영은 두 명의 '자기 사람'을 전주대학교 법인에 심었지만, 차준한 이사와 홍정길 이사장에 의해 면직되었다고 하소연했다.

최순영의 일생에도 하나님의 간섭과 섭리가 있다. 63빌딩을 한국의 랜드마크로 우뚝 세우고 신동아그룹을 키웠던 천하의 최순영이다. 그러나 세월도 인생도 무상하다. 탄식 소리가 곳곳에서 묻어나는 이메일을 온누리교회 장로에게만 보내는 것이 아쉬웠는지, 이메일을 전주대학교 교직원 모두에게도 보냈다. 2015년이 저물어가던 때다.

홍정길 이사장과 차준한 상임 이사가 최순영을 배격했다는 이메일에 홍정길도 이메일로 응수했다. 홍정길은 이메일에서 최순영이 자기에게 한 말이라면서 다음과 같이 기록했다.

"이 학교가 약 3,000억 원 정도 하는데 1,000억 원에 팔 수 있다고 하셨습니다. 아마 400억 원 정도면, 협상이 잘 되면 그 값이면 될 것이라고 하셨습니다."

홍정길 이사장의 주장에 따르면 최순영은 분명히 전주대학교 법인을 매각하려 했다는 것이다. 최순영이 설령 그런 뜻이 아니었다손치더라도 듣는 입장에서 매각하려는 태도로 보였다. 그래서 홍정길은 최순영에게 간곡히 글을 썼다.

"제가 학교를 팔아먹는 이사장이 되어서는 안 됩니다."

2021년 8월 학교 법인 신동아학원 이사회는 홍정길 이사장의 세 번째 연임을 가결했다. 지난 10년에 이어 다시 5년의 임기가 시작되었다. 대한생명의 기부금 반환 소송으로 비롯한 전주대학교 법인의 채무는 2천억 원을 넘어서고 있다. 홍정길 이사장의 이메일 내용 중 다음 한 문장이 유독 시선을 끈다.

"선을 행하는 기회는 우리 생애에 특별히 만나는 행운입니다."

최순영 회장이 전주대학교 법인을 매각하려던 행위는 선에 속하지 않는다는 뜻이다. 선을 행함이 아닌 최순영의 온당치 못한 시도를 주저앉힌 것은 역설적이게도 자신이 기부했던 돈을 반환하라는 소송이 남긴 거대한 빚덩어리다. 최순영 회장이 자인했다.

'800억 원 부채를 안고 전주대학교 법인을 맡으려는 이는 없었다.'

이 부채의 직접 당사자가 '복음주의 4인방' 중에서 두 사람이다. 하용조 이사장, 홍정길 이사장이다. 하용조 이사장은 이미 고인이 되었다. 홍정길 이사장도 이 부채를 숙제로 남긴 채 세 번째 연임 임기를 마치지 못하고 물러났다.

7. 사학 재단_디테일의 악마

전주대학교 설립 50주년을 넘기면서 최순영이 영향력을 상실했다. 홍정길 이사장은 사립 학교법의 규정대로 순수하게 취임한 이사장이다. 기업인이 아니니 거액의 기부금을 내고 온 것도 아니고, 취임 이후에 재단 전입금을 풍족하게 조달하지 못한다. 이런 상황에서 2013년 전주대학교에 이호인이 총장으로 취임했다.

이호인은 서울대학교 정운찬 총장 시절 부총장으로 합을 맞춰 서울대를 이끌었다. 서울대학교 공대에서 응용화학으로 학사, 석사학위를 받고, 미국 텍사스대학교 오스틴 캠퍼스에서 표면화학으로 박사 학위를 취득했다. 전주대 총장으로 오면서 생전 처음 전주대학교가 있는 줄 알았다고 했다. 홍정길 이사장의 삼고초려 끝에 전주대학교 13대 총장으로 와서 14대까지 8년간 총장으로 일했다.

사립대학교 총장으로 왔는데, 와 보니 재단 전입금을 기대할 수 있는 형편이 아니었다. 이 문제를 어떻게 헤쳐 왔는지 물었더니, 대학이 따낼 수 있는 국책 사업을 가능한 한 모두 따냈다고 했다. 50억, 100억짜리 프로젝트에 지원하여 거의 따냄으로써 버텨냈다고 대답했다.

8년 임기가 끝나갈 즈음인 7월에 전주대학교 총장실을 방문했었다. 후임 총장도 이호인 총장처럼 국책 사업을 수주해야 할텐 데, 만약 못하면 어떻게 되느냐고 물었더니, 전주대학교 총장으로 오는 분이라면 이 일에 집중해야 할 거라고 대답했다.

전주대학교 법인의 상황도 그렇고 전주대학교도 그렇고, 어떻게 보면 주인 없는 대학이 되었는데 이 상태가 사립대학으로서 가장 이상적인 형태가 된 것은 아닌가 하고 우문을 던졌다. 이호인 총장은 대번에 고개를 가로저으면서 말했다.

"사립대학은 재단 전입금을 내는 후원 기업이 꼭 있어야 합니다."

이 말은 재정 문제 해결을 위한 뒷배가 있어야 한다는 뜻만은 아닐 터이다. 모름지기 학교든 기업이든 국가든, 모든 조직에는 분명한 목표가 있어야 한다. 목표 없는 조직은 망망대해를 표류하는 난파선과 같다.

조직의 목표는 하위 목표가 있고 상위 목표가 있다. 상위 목표로 올라갈수록 추상적이며 철학적이고, 하위 목표로 내려올수록 현실적이고 가시적이다. 일선에 있는 조직 구성원에게는 오늘 하루 어떤 일을 해야 하는지 손에 잡히게 해주어야 한다.

사립대학에 주인이 없다는 것은 추상적이면서 고고하고 철학적인 목표를 설정할 오너가 없음을 의미한다. 사학 재단에는 최상위 계층에 확고한 주인이 있어야 한다. 자신이 주인으로서 재정을 책임지면서 사학을 통해서 실현코자 하는 분명한 목표를 제시해 주어야 한다. 그런 오너십이 없으면 하부조직이 부실해진다.

전주대학교를 비롯한 기독교 대학은 '기독교 명문 사학'이라는 부동의 목표가 있다고 말할 수 있지만, 최 상층부에 오너가 있느냐 없느냐에 따라 그 목표 실현의 성패가 갈린다. 그동안 전주대학교, 전주비전대학교, 전주영생고등학교, 전주대학교사범대학부설고등학교는 강홍모의 오너십, 최순영의 오너십으로 기독교 명문 사학을 향해 달음박질했다.

강홍모 목사, 최순영 장로가 최고의 정책결정자로서 자신이 지향하는 목표를 향해 전 구성원이 매진할 수 있도록 강력한 오너십을 발휘했다. 쉴 새 없이 조직의 하부로 목적의식을 흘려보내어 일사불란하게 움직였다. 그렇게 함으로써 학생들은 양질의 교육을 받게 된다. 전주대학교가 주인 없는 대학이 되었다는 것은 상위 목표를 상실하고 표류하게 될 위험이 있음을 암시하는 말이다.

사실 홍정길 이사장은 바쁜 사람이다. 최순영이 쓴 메일에서 '홍정길은 10여 개가 넘는 직함을 가지고 있으며 전주대학교에 한 달에 한번 내려가기도 버거운 사람'이라고 했다. 홍정길의 오너십이 지닌 취약점이다. 나머지 이사들 역시 전주대학교를 구석구석 훑으면서 목표를 제시할 만한 입장에 있지 않다. 더구나 현재 이사회는 정책을 결정하고 시행되기까지 주도면밀하게 지휘 감독하는 시스템이 취약한 상태이다.

상황이 이렇게 되면 전주대학교는 누가 움직이게 될까?

범 없는 고지 토끼가 선생이다. 이사장과 이사진이 자신의 고유 업무에 바쁜 인물들로 채워지면 하위 목표가 상위 목표 행세를 한다. 이른바 디테일의 악마 현상이다. 사학 재단이 이와같이 주인 없는 대학으로 표류하면 법인 사무국이 주요 정책의 결정을 떠맡게 된다.

본디 법인 사무국은 오너의 강력한 목표 의식을 뒷받침하고 실현하는 실무부서다. 그런데 주인 없는 학교가 되면 오너로부터 하달되는 명령이 없다. 이렇게 되면 법인 사무국이 실무자에서 정책 결정자로 둔갑한다.

전주대학교 법인의 경우 수년 전에 상근 이사 제도가 폐지되었다. 교육부에서 상근 이사를 불허했기 때문이다. 상근 이사라도 있으면 상근 이사가 이사회 전체를 대신하여 고급 정책을 수립하고 시행할 수 있다. 한 달에 한번도 학교에 내려올 수 없는 이사장과 이사들이라면 조직이 위태로울 수 있다. 자칫 법인 사무국이 학교의 주인이 된다.

현재 전주대학교 법인 실상이 그렇다는 뜻은 아니지만, 전주대학교가 그렇게 흘러갈 위험이 농후하다. 더욱이 고등학교나 중학교의 경우 교사의 임금을 전액 국가 예산으로 지급하고 있다. 사립 학교 교사들에게 학교법인 이사장의 강력한 오너십이 없으면 주인만 없는 학교가 아니라 목적조차 없는 학교가 될 수도 있다.

최순영의 신동아그룹이 성할 때 최순영의 신앙과 철학이 전주대학교를 비롯한 네 학교를 견인했다. 그의 말 한마디 그의 태도 하나하나가 전주대학교가 지향해야 하는 목표였다. 최순영은 자신이 전주대학교를 운영하는 동안 교수진 채용 시 절대 뒷돈을 받지 않았다고 했다. 이는 설립자 강홍모의 영생학원 때부터의 전통이다.

지금 전주대학교의 교수진은 전국에서 최상위급이다. 대학들이 교수를 채용할 때 자기 학교 출신을 우선하여 선발하는 순혈주의가 있다. 전주대학교는 순혈주의가 그리 강하지 않다. 그래서 국내외의 유수한 대학 출신 교수들이 포진하고 있다. 여기에 30만 평 캠퍼스 부지는 국내 어느 학교 캠퍼스보다 넉넉함을 자랑한다.

1984년 최순영이 영생학원 설립자에게 한 푼도 주지 않고 인수한 일은 곱게 보이지 않지만, 최순영과 신동아그룹이 건재하지 못한 것은, 강홍모의 걱정처럼 전주대학교의 안위에 직결된다. 홍정길 이사장의 영성과 신학이 빼어나지만, 그는 5년 임기의 이사장이다. 항존직이 아니라는 한계에서 벗어나기는 지극히 어렵다.

　이호인과 홍정길은 이런 상황에서 설립자 강홍모의 초심을 소환해냈다. 전주대학교에 이보다 더 설득력 있는 상위 목표는 없다.

8. 수퍼스타를 키우는 곳 전주대학교

　설립자 강홍모의 브론즈 흉상이 있는 연못을 지나 올라가면 전주대학교에서 가장 높은 곳에 대학 본관이 있다. 건물 길이만 해도 100미터가 넘는다. 파르테논 신전을 벤치마킹하여 46개의 돌 기둥이 떠받치고 있다. 돌 기둥은 배흘림 양식으로 가운데가 불룩하다. 서양에서는 엔타시스 양식이라 한다. 이 돌도 값싼 수입품을 쓰지 않고 국내에서도 알아주는 익산 황등에서 화강석을 가져다가 썼다.

　1984년 3월에 준공했다. 당초 준공할 때는 도서관으로 지었다. 강홍모 이사장은 동양에서 최대 규모의 대학 도서관으로 설계했다. 건물이 지금도 건재하다. 만일 야간에 조명을 투사한다면 전주 시내에서도 바라볼 수 있는 명물이 될 수도 있다. 너무 웅장하게 짓느라 예산이 많이 들었다. 이 건물 짓고 석 달 지나 영생학원은 첫 부도를 냈다.

강홍모 이사장은 이 건물에 교육가로서 목회자로서의 포부를 담았다. 돌계단을 오르기 전 양옆에 두 마리의 사자상이 있다. 전주대학교가 기독교학교가 아니었다면 해태상을 깎아 세웠을 것이다. 비교적 정교하게 사자 두 마리를 조각하여 앉혔다. 두 사자는 전주 시내를 내려다보면서 이빨을 드러내고 포효한다.

기독교 학교에 두 마리의 사자 석상!

한참 고개를 갸우뚱하게 한다.

강홍모는 왜 사자 석상을 앉혔을까?

신약성경 첫머리 네 권을 복음서라 한다. 이 네 권은 공통으로 예수 그리스도를 드러낸다. 마태복음은 '사람으로 오신 예수', 마가복음은 '왕으로 오신 예수', 누가복음은 '희생제물로 오신 예수' 그리고 요한복음은 '하나님으로서 오신 예수'를 강조한다. 그래서 마태는 인자(人子) 복음, 마가는 사자(lion) 복음, 누가는 황소 복음, 요한은 독수리 복음이라고 해석하는 전통이 내려온다. 알려진 대로 연세대학교는 독수리를 학교의 상징으로 일찍이 정했다. 요한복음의 독수리다.

강홍모 목사는 연세대학교가 요한복음의 독수리를 학교 상징으로 했으니, 전주대학교는 왕으로 오신 예수를 상징하는 사자, 즉 마가복음에 근거한 사자상을 세웠다. 국내의 주요 대학들은 학교를 상징하는 동물을 정하여 그 기상을 학생들에게 전수한다. 강홍모는 전주대학생들이 왕중의 왕으로 강림한 그리스도 예수의 엄위를 기억하기 바랐다.

1984년 학원이 신동아로 넘어간 다음 강홍모의 이 뜻은 이어지지 못했다. 이종윤 총장이 취임 직후 학교의 상징을 백마로 정했다. 백마는 요한계시록 19장에서 예수 그리스도가 탄 말로 묘사 된다. 이종윤은 거기에 근거하여 백마를 전주대학교의 상징으로 정했다.

사자도 백마도 예수 그리스도를 상징한다. 이런 상징을 대학이 차용하는 데에는 그만한 근거와 가치가 있다. 학생들이 그 기상을 닮아갈 것이기 때문이다.

전주대학에 사자와 백마, 상징이 둘이 되었다. 이종윤 총장 재임 중에 만든 백마 상은 대학본부 사자상이 있는 곳에서 경사진 분수 광장으로 20여 미터 내려오면 왼편에 설치되어 있다. 본관 건물 엔타시스 양식의 돌기둥 46개를 뒤로 하고 쌍 사자상 앞에 서면 백마상이 내려다보인다. 영생학원이 정한 사자와 신동아학원이 정한 백마가 근거리에서 묘하게 대조된다.

백마 상을 조각할 때 전주대학교 안에서 말이 많았다. 말이 머리를 쳐들지 않고 땅바닥을 향하고 있다. 그래서 대학의 상징으로는 부적합하다는 비판이 일었다. 조각가는 이에 대해 말이 땅을 박차고 도약하기 직전의 모습이라고 설명했다. 또 한가지 약점은 말 조형을 청동으로 빚었기 때문에 백마가 아니라 청마다. 한때 여기에 흰 칠을 하기도 했으나 도색이 오래갈 리 없다. 당초 이 말 조형은 옛 정문에 세워져 있었는데 지금의 자리로 이전했다.

사자와 백마, 어줍은 상징의 역사가 지속하다가, 하용조 이사장 시절 2003년에 부임한 이남식 총장은 사자도 아니고 백마도 아닌 새로운 상징을 모색한다. 그동안 학내에서 백마 축제를 하기도 했는데 미진하다고 느꼈다. 하용조 이남식 커플이 새로 찾아낸 전주대학교 상징이 '수퍼스타'다. 마침 학교에 디자인시스템을 도입하여 새로운 UI(University Identity)를 정한다. 그래서 나온 것이 현재 사용하는 전주대학교 로고이자 교표다.

로고에도 별이 들어가고 캠퍼스 건물 명칭에도 '스타'가 다수 사용되고 있다. '수퍼스타를 키우는 곳 전주대학교'를 기치로 내걸었다. 전주대학교에 전화를 걸면 "수퍼스타를 키우는 곳 전주대학교입니다"라는 자동 응답 멘트가 나온다. 사자, 백마로 이루지 못한 학교의 상징을 수퍼스타로 정하고 재학생들에게 인지시켜 기상을 품게 했다.

다행히 기독교 사학의 정체성이 단절되지 않았다. 사자나 백마가 예수 그리스도를 상징하는 심볼인데, 수퍼스타 역시 예수 그리스도를 지칭하는 말이다. 예수는 왕중의 왕, 별중의 별이다. 예수를 표현하려는 수사적 조어로서 탄생한 말이 수퍼스타이다. 수퍼스타가 된다는 말은 예수를 닮아가는 사람이 된다는 뜻이다.

전주대학교 출신으로서 한국 사회는 물론 세계가 인정하는 스타들이 있다. 스포츠계나 연예계를 비롯한 각계각층에서 이미 활약하는 스타급 인물들이 많다. 그러나 사람으로서 수퍼스타가 되는 것은 사실은 불가능하다. 할리우드의 영화 속에서 수퍼스타는 사람의 한계를 훨씬 뛰어넘는다. 수퍼스타는 공중을 날거나 고층 빌딩 벽을 자유자재로 오르내리는 존재로 묘사된다.

수퍼스타가 되었다는 것은 세속에서 '우상'처럼 떠 받들림을 의미한다. 우상으로 추앙된다는 것은 예수 그리스도와 대척점에 서게 됨을 뜻한다. 오직 예수만이 수퍼스타이며 그만이 수퍼스타가 될 수 있다. 전주대학교는 기독교 사학이기 때문에 '우상'이라는 단어에 민감하다. 수퍼스타가 될진대 우상이 되지는 않아야 한다.

전주대학교가 만일 자본으로 스타를 만들어내겠다면 전주대학교의 자본은 넉넉하다. 당장은 후원 기업이 없지만, 전주의 도심이 서쪽으로 향하여 전주대학과 연결이 되었을 뿐 아니라, 혁신도시가 전주대학교를 지나 서쪽으로 진출함으로써 전주대학교 캠퍼스 30만 평은 전주의 금싸라기 땅이 되었다. 사립 학교법이 허용하는 테두리 안에서 잘만 활용하면 수퍼스타를 키우기에 부족함이 없다.

대한생명의 기부금 반환 소송으로 악성 종양이 있기는 하나 학교 법인에는 강제 집행을 못한다는 엄연한 실정법이 있으니 그 법이 든든한 무기가 되어 좋은 방향으로 해결이 날 수도 있을 것이다. 전주대학교 법인 이사진이 어떻게 구성되느냐가 문제다. 그리고 전주대학교에 새로운 주인의 출현을 기대할 수도 있다.

예수 그리스도가 수퍼스타가 된 비결을 보자!

예수는 인간이 내려갈 수 있는 가장 비참한 지경보다 더 내려갔고, 거기서 도약하여 인간이 오를 수 있는 가장 높은 곳보다 더 높이 비상했다. 인간의 고난이 아무리 커도 예수가 내려갔던 음부에 미치지 못하고, 인간이 아무리 큰 광영을 획득하더라도 예수가 앉은 하나님 보좌 우편만 못하다.

예수는 아무리 비참한 처지에 있는 자도 위로한다. 그보다 더 처참한 지경까지 내려간다. 예수는 고난 당하는 자의 고난보다 더 낮은 곳으로 내려간다. 거기서 고난 당하는 자를 위로 밀어 올린다.

예수는 대단히 큰 영광을 얻은 이에게는 겸손을 가르친다. 그보다 더 높은 곳, 하나님 보좌 우편 자리에서 내려다보며 겸손하기를 권한다. 그래서 그리스도 예수가 수퍼스타다.

가장 높이 오르고자 하는 자는 가장 낮은 곳에서 도약해야 한다.

9. 소그룹 채플로 승부 걸다

한국에 기독교가 들어와 병원과 학교를 지었다. 병원과 학교가 도화선이 되어 기독교가 단시간 내에 정착했다. 미션 스쿨에 입학한 학생들은 예수 그리스도를 영접하고 기독교인이 되어 사회에 진출했다. 교회도 세우면 성도가 가득가득 찼다. 그러나 이것도 시대적 흐름을 탔다. 영원히 그렇게 되지는 않는다.

경제 발전과 함께 국민의 의식 구조도 다양하게 표출되기 시작했다. 여기에 중학교 고등학교가 의무 교육화되면서 미션 스쿨에서도 학생들이 종교의 자유를 외쳤다. 이전에는 미션 스쿨인 줄 알고 입학했기 때문에 채플과 성경 교육에 대해서 반발할 수 없었지만, 이제는 추첨으로 학교를 배정받는다. 기독교 사학에서 채플과 성경 교육은 필수 과목에서 선택 과목으로 전환할 수밖에 없었다. 대학은 추첨제가 아니어서 기독교 사학의 설립 목적 구현에 충실할 수 있다.

기독교 사학은 설립 정신을 이어가고자 채플과 성경 과목을 커리큘럼에 넣는다. 채플 풍경이 예전 같지 않았지만 '그럼에도' 포기할 수 없다. 기독교 대학의 채플은 '설교자의 무덤'이라 불릴 정도로 학생들의 주의를 한 곳으로 모으지 못한다.

교육 환경도 교권 절대 시대가 저물고 학생 인권 절대 시기를 맞이했다. 수업 시간에 가르치는 교사를 따라오지 않는다 하여 언성조차 높일 수 없는 시대가 되었다. 하나님의 말씀을 선포하는 채플에서는 더더구나 학생들의 태도에 대해 나무랄 수 없다. 기독교 사학의 명맥을 잇는다는 것 자체가 위태로운 환경에 처했다.

대강당에 수백 명의 학생을 입실시키고 예배하는 모습은 하나님의 영광을 드러내는 것이 아니라 오히려 하나님을 욕되게 하는 현장이었다. 수업 시간에도 잠자는 학생을 꾸짖을 수 없는데 예배 시간에는 말할 것이 없었다. 차라리 잠자는 학생이 모범으로 보일 정도다. 전주대학교는 이 상황을 타개하기 위해 소그룹 교제 형식의 채플로 과감하게 변환시켰다.

2010년쯤부터 전주대학교 채플에 새 바람이 불어왔다. 대강당 채플을 개선하여 소그룹 채플을 과감하게 시도했다. 전주대학교에 입학하는 신입생 전체를 일곱 명이나 여덟 명으로 그루핑한다. 그루핑 원칙은 리더 목회자가 담임하는 교회 인근에 주소를 둔 신입생과 남녀 성비를 감안하여 구성한다.

전주대학교는 이를 위해 전주 시내 115개 교회 목회자 160명과 성도 200명을 소그룹 채플 리더로 위촉했다. 전주대학교 신입생은 2,800여 명이다. 이들을 7명 기준의 400개의 소그룹으로 나누고 각 그룹마다 목회자와 성도로 구성된 360명의 리더가 한 그룹에 한 명씩 담당하게 한다. 리더 중에서는 소그룹 2개를 맡는 이들이 있어서 원활하다.

소그룹 채플은 매주 화요일, 목요일에 네 차례씩 8회의 채플 수업으로 개설되어 있다. 한 회당 40개의 소그룹이 동시에 입실하여 리더와 함께 8인용 테이블 하나씩을 차지한다. 이들은 모두 동일한 교재를 소지하고 참석한다. 워크북 형식의 교재를 중심으로 '채플 수업'이 50분간 진행된다. 300여 명이 꽉 들어찬 대강당이지만 8인용 원탁에 소그룹별로 리더와 함께 동석하여 수업이 진행되기 때문에 산만하지 않고 집중력이 높다. 이 채플 수업을 전주 동현교회 이진호 목사가 이끈다.

소그룹 리더는 160명의 목사와 200명의 성도로 구성되지만, 대학의 채플로서 일관성과 균일성을 위해 목사 개개인의 영성과 신학보다는 전체를 이끄는 지도자의 리더십에 순종하는 자세가 필요하다. 이 과정에서 적합 판정을 받은 리더에게는 자기 그룹만의 별도 채플을 허용한다. 소그룹 리더의 통일성과 영성을 위하여 학내에서 '소그룹 리더 학교'를 운영하고 있다. 소그룹 리더 학교에는 목회자만 참여시킨다.

 1학년 때 소그룹 채플 두 학기를 이수한 학생은 2학년이 되면 소그룹 채플에 계속 남아 두 학기를 더 이수할 수도 있고, 다른 채플을 수강할 수 있다. 현재 지성 채플, 소명 채플, 문화 채플, 성품 채플이 개설되어 있다. 이들 채플은 일방적인 지식 전달을 지양하고 소그룹 리더의 역량을 충분히 발휘케 하여 학생들의 삶이 변화되는 기쁨을 극대화한다.

 전주대학교 재학생은 4년 8학기 중 채플 수업을 네 학기 이수해야 한다. 성공적으로 이수하면 패스 과목이기는 하지만 보너스 학점으로 0.5학점을 부여한다. 그리고 성품 인증서와 장학금 혜택을 주어 기독교 신앙의 진수를 맛보게 한다.

 현재 전주대학교 소그룹 채플의 선구자는 전주 동현교회 이진호 목사다. 전주대학교는 이진호 목사를 특임 교수로 임명하고, 소그룹 리더 중 목회자들은 객원 교수로 임명하여 채플 수업을 이끌고 있다. 소그룹 리더 중에는 1,700여 명에 이르는 외국인 재학생을 위한 '호스트 패밀리'(host family)가 되어 명절이나 학생들의 생일이 되면 가정으로 초청하여 함께 식사하고 기도하면서 축하와 함께 위로해 준다. 전주의 기독교 가정들이 귀하게 헌신하는 기회이다.

 소그룹 채플을 통하여 파악된 전주대학교 신입생 중 기독교인 비율은 15-20퍼센트 정도인데, 비기독교인 중에서 소그룹 리더가 담임하는 교회에 연중 1회 이상 다녀간 학생은 550명, 이들 중 260명이 리더가 담임하는 교회의 등록 신자가 된다. 교회에 정착하지 않는 학생일지라도 군입대 후 자기 종교를 기독교로 기입하고 군문에서 신앙생활을 지속하는 학생이 많은 것으로 파악하고 있다.

소그룹 채플에 대한 전주대학교 재학생의 만족도는 꽤 높게 조사되고 있다. 입학 시 기독교 신앙을 가진 학생은 영성이 더 깊어졌다고 여기며, 비 기독교인 신입생들은 기독교에 대해서 분명히 알게 되고 선택할 수 있어서 좋다고 한다. 지금 전주대학교는 기독교 명문 사학의 성공궤도에 진입하여 속도를 내는 중이다.

전주대학교의 소그룹 채플에 대해 국내의 모든 기독교 대학들이 깊은 관심을 보이고 있다. 10개 이상의 대학에서 전주대학교를 벤치마킹하고 있다. 전주대학교는 소그룹 채플의 성공이 학내의 전통으로 자리 잡을 수 있도록 다각도의 노력을 기울이는 한편, 타 대학에서도 소그룹 채플이 정착할 수 있도록 돕고 있다. 소그룹 채플은 전주대학교가 자신 있게 내놓을 수 있는 좋은 브랜드가 되었다.

소그룹 채플에 전주대학교 법인 산하 비전대학교, 영생고등학교, 사대부설고등학교에서도 적극적으로 호응하고 있다. 전주대학교는 전주 시내의 교회들이 소그룹 채플에 관해 관심을 가지고 참여해 주기를 바라며, 지역 교회와 전주대학교가 아름답게 동역하여 국내는 물론 세계적인 성공 사례가 되기를 기도하고 있다.

전주 지역에는 1천여 개의 교회가 있는데 이 중에서 115개의 교회가 참여하고 있다. 교파를 초월하여 지역과 대학이 이렇게 협력하고 있음이 놀라운 일이다. 설립자 강홍모 목사가 구현하고자 했던 건학정신이 성취된 모습 중 하나로 전주대학교의 소그룹 채플이 주목을 끈다.

10. 신학의 본산으로 우뚝 서라

　1951년 전주남문교회 장로가 된 이듬해부터 고아를 비롯한 불우 청소년을 위해 학원 설립과 운영에 자기 인생을 건 강흥모의 행적을 보면 그에게는 교육의 수요와 공급 그리고 관할청의 정책과 움직임에 대한 촉이 남달랐음을 알 수 있다. 1952년 영생중학교 설립 이후 영생고등학교, 영생여자중학교, 영생여자실업고등학교, 전주대학, 전주공업전문대학을 세우는 과정에서 조금도 어긋남이 없이 설립 시도가 척척 이루어졌다. 1970년 중학교 무시험 제도 시행에 맞춰 영생중학교와 영생여중을 폐교한 결정도 탁월했다.

　강홍모의 영생학원장 시절 판단 착오가 한 가지 있었다면, 효자동으로 캠퍼스를 이전을 추진하면서 남노송동 간납대 캠퍼스를 적시에 매각할 수 있다고 생각한 것이었다. 그 예측이 빗나가면서 영생학원이 허물어진다. 이 한 가지를 빼면 강홍모의 교육 사업가로서의 과단성과 순간순간 내린 결정은 매우 뛰어났다.

　강홍모가 학원 사업에 투신한 때는 6.25 직후 한국의 베이비붐 시대였다. 교실마다 학생들이 바글거려 콩나물 교실이라고 불렸다. 그가 영생학원을 이양하던 1984년까지만 해도 한국은 산아 제한 국가였다. 예비군 훈련을 가면 정관 수술을 강권하다시피하고 수술을 받으면 훈련을 빼주었다. 수술받고 어기적거리며 돌아서는 예비군에게는 초코파이와 우유 한 팩을 쥐여주었다.

　불과 몇 년 후 한국 경제의 가파른 성장과 반비례하여 출산율은 급전직하했다. OECD 국가중 출산율이 가장 낮은 나라가 되었다. 학령 인구가 급감했다. 교육 수요가 현저히 줄어들어 90년대 우후죽순처럼 생겨난 대학들이 위기를 맞고 있다. 대학들은 입학생 유치에 전력질주하지만 지원자 수가 절대적으로 부족한 상황이다.

만일 이 시점에 강홍모 학원장이라면 어떤 결단을 할까?

1970년 영생중 영생여중 폐교는, 당시 입학생이 부족해서가 아니었다. 지원자는 넘쳤지만 전략상 폐교를 선택했다. 그 당시 강홍모의 선택은 옳았다. 오늘날 신동아학원에는 강홍모의 전략적 선택과 혜안이 필요하다. 역사에서 배워 미래를 대비하는 것은 부끄러운 것이 아니다. 전주대학교에 의과대학을 설립하는 것은 강홍모와 최순영의 공통된 기대였다.

1984년 이후에도 강홍모 학원장이 학교를 운영했더라면 지금쯤 의대를 설립하고 예수병원을 부속병원으로 품고 있지 않을까?

1984년 이후 전주대학교가 의대 설립을 하지 못한 가장 큰 원인은 문교 당국의 정책 때문이었다. 대학의 증원 증과 동결 정책 앞에 대책이 없었다. 그다음으로 중요한 원인이 하나 있다. 기독교 교단의 문제다. 초교파를 지향하는 전주대학교가 예수병원을 부속병원으로 의대를 설립하려고 한다는 소문이 났을 때 예수병원이 속해 있는 대한예수교장로회 통합교단이 발끈했었다. 교단없는 전주대학교에 예수병원을 못 주겠다고 했다.

전주대학교가 예수병원을 부속병원으로 의대 설립을 추진한다면 넘어야 할 고비는 교육 당국의 정책과 교단의 문제를 해결하는 것이다. 전주에는 70년의 역사를 자랑하는 예수대학도 있다. 예수간호전문대학이 전신이다. 이 학교 역시 예장 통합에 속해있다. 한일장신대학교도 공교롭게 통합교단 산하 대학이다. 한국의 인구가 계속 늘어난다면 이렇게 여러 학교가 제각각 발전하는 것이 좋다. 그러나 이들 학교뿐 아니라 모든 학교가 입학생 빈곤 문제에 당면했다.

한국의 인구 정책은 출산을 유도하지만, 국민은 향후 상당 기간 호응할 것 같지 않다. 전주대학교, 예수대학교, 한일장신대학교, 예수병원은 이런 현실에 직면하여 생존 대책을 공동으로 모색해야 한다. 한 분 하나님을 아버지로 부르는 형제자매이다.

이 상황에서 누구의 지혜가 필요한지 자문해야 한다. 전주대학교가 '주인 없는 대학'으로서는 주도적 역할을 할 수 없다. 임기 5년의 이사진과 임기 4년의 전주대학교 총장이 치고 나가기에는 역부족이다. 아쉬운 대로 최순영의 신동아그룹이 해체되지 않았더라면, 그래서 최순영의 신실한 믿음과 강력한 리더쉽과 자금력이었다면 가능할 수도 있었을 텐데, 역사에서 '가정'은 의미가 없다.

대학은 전통적으로 단과 대학과 종합 대학으로 나뉘어 발전해왔다. 대부분 사립대학들은 전주대학교처럼 단과 대학으로 설립하여 발전하면서 종합대학이 되었다. 종합 대학이 되는 고전적 기준은 그 학교에 법과대학, 의과대학, 신학대학이 있느냐는 것이었다. 대학이 아무리 커도 세가지 대학이 없으면 종합 대학으로 인정하지 않았다.

신학과 법학을 학문의 꽃이라 칭한다. 의학은 사람의 목숨을 다루는 학문이다. 그래서 세 가지 학문을 가르쳐야 명실상부한 종합 대학교였다. 시대가 변하여 이런 기준이 희석되었기에 요즘은 2년 혹은 3년제의 대학도 모두 '대학교'로 부르고 학교의 장을 '총장'으로 부르지만, 대학의 역사를 들여다보면 신학, 법학, 의학이야말로 진정한 학문이다.

이종윤 총장이 말하기를, 유럽의 명문 대학들은 모두 지방에 있다고 했다. 맞는 말이다. 그런데 지방에 있으면서 명문 대학으로 인정받는 대학들은 단과 대학으로서 신학 대학인 경우도 많다. 중세 유럽은 기독교를 학문으로 접근하는 방식을 옳게 여겼다. 소수 정예로서 신학에 정진하여 걸출한 신학자를 무수히 배출했다.

아날로그 시대에서 디지털로 넘어오면서 사람들은 진지한 것을 기피 하고 가벼우면서 단시간 내에 감동을 선사하는 것을 선호하게 되었다. 기독교 예배에서 경배와 찬양이 도입된 원인이기도 하다. 경배와 찬양을 창안하고 기독교 예배에 접목한 선두주자가 하용조 이사장의 실제 하스데반 선교사다. 그가 전주대학교에 찬양과 경배학과 창설을 주도했다.

찬양과 경배학과도 수요가 있겠지만, 전주대학교는 진정한 신학의 정통성을 이어받는 신학 대학의 설립으로 승부를 걸어야 할 것이다. 아마 강흥모 학원장의 정책과 전략이 유효했다면 그렇게 갔을 것이다.

삼손의 머리털이 잘려나가 힘을 잃었듯이, 신동아그룹이 해체되고 최순영이 야인이 되었지만, 그도 지금의 전주대학교가 그 길을 가기를 바랄 것이다. 홍정길은 현직 이사장이기에 그가 직접 말할 수 있을 것이다. 그러나 그에게 세 번째 주어진 임기는 길지 않다. 하용조 이사장, 홍정길 이사장 시대에도 전주대학교의 정체성은 기독교에 뿌리를 두었다. 다행히 이 물줄기는 변질되지 않고 차종순 이사장으로 이어지고 있다.

2022년 2월, 전주대학교 법인 제11대 이사장으로 취임한 차종순 목사는 전남대학교 철학과를 졸업하고 장로회신학대학교 신학대학원과 미국 프린스턴신학대학교에서 신학 석사, 계명대학교에서 신학 박사 학위를 받았다. 1984년부터 2012년까지 호남신학대학교에서 교수, 총장을 역임했다. 이후 광주동성교회를 담임하던 중 2017년부터 전주대학교 법인 이사직을 맡아 오다가 이사장으로 선임되었다.

제6부

소리(素里) 강홍모의 모성만리(母城萬里)

2014년 전주대학교 설립 50주년에 맞춰 캠퍼스 안에 건립된
강홍모 목사 흉상

1. 기는 사람_뛰는 사람_나는 사람, 그 위에 …

한국에서 사립 학교는 국민의 관심사 한가운데에 있다.

교육이라는 백년대계의 중심에 사립 학교가 있기 때문이다. 사립 학교를 설립하기만 하면 돈이 된다는 인식이 널리 퍼져 있던 시기도 있었다. 실제 사학 재단으로서 가문을 일으키고 지탱하는 이들도 있다. 사학 재단을 소유하고 사회지도층 반열에 올라 성공과 출세 가도를 달린다. 사학 재단을 기업으로 대물림하면서 부와 명예와 권세를 누리기도 한다.

사학을 바라보는 국민의 마음이 마냥 편하지는 않다.

자녀를 교육시키기 위해서 사학의 문을 두드려야 하고, 자신의 공부를 위해서도 사학 재단은 필수불가결하다. 그런데 국공립만큼 신뢰하기 어렵다. 믿었던 사학 재단들도 심심치 않게 물의를 일으킨다. 족벌 경영, 방만한 경영, 가끔 횡령이나 배임 소식도 접한다.

교육 환경이 다양해지고 복잡해져서 사립 학교의 형태도 여러 가지로 분화되면서 발전했다. 기숙형 사립 학교라든지, 자율형 사립 학교 등이 있어 선택의 폭이 넓어지고, 학비가 비싸다는 단점도 있지만 교육 수요에 맞는 교육을 시행한다. 자본주의 사회이니 자금력만 있다면 고급교육, 양질의 교육을 기대할 수 있다.

수요가 있다면 공급이 있게 마련이다. 여러 형태의 사립 학교가 생겨나자 이를 관리 감독하고 통제해야하는 교육 당국도 바빠졌다. 사립 학교가 어느 특정 가문의 재산이 되어 대물림된다는 비판적 여론도 귀담아 들어야 한다. 사학 재단의 자금 유용과 배임 행위도 감시해야 한다. 더욱 다급한 것은 그로 인해 교육의 질이 저하되어 학생이 고스란히 피해를 당하지 않도록 해야 한다.

　교육 당국은 이런 부조리를 막기 위해서 부지런히 법을 만들고 기존에 있는 법들을 손질하고 개선해 나간다. 사학 재단은 그들 나름대로 자신들의 이익이 침해당하지 않도록 이익 단체가 되어 한편으로는 로비를 하고 또 한편으로는 단체 행동도 한다. 교육 당국과 사학 법인 단체 간의 치열한 줄다리기는 국민에게 피로감을 안겨준다. 교육 당국이 주도권을 잡고 강하게 드라이브를 걸어도 불편하고, 사학 재단이 부를 누리는 모습도 불편하다.

　너무 바짝 조이면 학생들에게 불이익이 돌아가는 것은 아닌가 저어되고, 너무 풀어주면 사학 재단을 가진 가문이 부당 이득을 취하는 것이 아닌가 해서 마음이 불편하다. 기독교 사학의 경우 설립 당시는 학교 안에서 성경을 가르치고 채플을 필수 과목으로 승인해 주고, 시대가 바뀌자 학교안에서 종교적 색채를 빼라하니 볼멘소리가 나온다.

　국민은 사학 재단보다는 정부를 더 신뢰한다. 가능하면 사립보다는 국공립 학교 유치원에 보내고 싶어 줄을 선다. 사립 학교를 세워서 재테크하는 법도 모르고 서민으로 살면서 국공립이 되었든 사립이 되었든 학생 잘 가르쳐주기를 바라는 민초들보다, 사학 재단을 운영하는 이들이 분명 한 수 위에 있다. 그러나 사학 재단이 온갖 방법을 다 짜내어 정부 예산을 유리하게 끌어당겨 쓰고 부를 축적한다손 치더라도 정부의 통제를 벗어나지는 못한다. 법망을 빠져나갈 수 없다.

　사학 재단 위에 정부가 있는 것은 분명하다. 사학 재단의 비리로 인해 사립 학교가 폐쇄되고 학교 법인까지 폐쇄되면 학교 시설에 쓰이던 재산은 대부분 정부로 귀속되도록 법을 만들어놨다. 한 가문의 가보가 되어 대물림되는 것을 방지하기 위하여 이사회를 구성토록 하고, 이사회를 친족 간에 좌지우지못하도록 그물을 쳐 놓았다. 사학 법인 위에 정부가 있다. 그렇다고 차제에 모든 학교가 국공립이 된다면 그것도 능사는 아니다.

공사립을 막론하고 사회의 공공재로서 교육 기관과 학생이라는 가치는 누가 소유권을 가져야 하는것인지 궁금해진다. 주인이 누구이며, 누가 주인이 되어야 하는지를 묻는다면 어떻게 대답할 수 있을 것인지 궁금하다. 서민과 사학 재단과 정부, 그 위에 진정한 주인이 있어야 한다.

정부가 사학 재단을 통제하다가 국공립으로 전환시키거나 해산한 법인의 자산을 국고로 취하는 것은 정부가 주인이라는 생각 때문이다. 그러나 학교의 주인이 누구냐고 물으면 정부라고 대답하지 않는다. 사학 재단이라는 대답도 틀리다. 학교의 주인은 학생이다. 그러나 학생은 매년 졸업하고 입학한다. 주인으로 온전히 행세하기에 빈틈이 많다.

정부가 물샐틈없이 사학 재단을 통제한다고 해서 학생의 행복을 보장하지 못한다. 강흥모가 영생학원을 설립한 이유도, 최순영이 신동아학원을 설립한 이유도 공공재로서 학교의 진정한 주인을 탐색하는 행보이다.

기독교 사학은 학교의 주인이 하나님이라는 믿음에 기초한다.

2. 영생의 보루_영생고등학교

한국인의 정서에 영혼은 '불멸'하는 존재다.

반만년 역사 내내 한국인은 조상을 받들었다. 이 땅에 살다가 유명을 달리했으나 그 영혼은 구천을 떠돌거나 극락에 안착했거나 간에 영혼은 불멸한다고 믿어왔다. 성경은 천국과 지옥으로 나뉜다고 선포한다. 이렇듯 다양한 사상을 가진 나라가 대한민국이다.

영혼 불멸은 영생과 일맥상통한다. 한번 태어난 사람은 구천, 극락, 윤회, 지옥, 천국에 있을 지라도 거기에 영원히 있다는 사상이 영혼 불멸 사상이다. 불교에서는 극락왕생을 설파한다. 여기에도 '생'자가 들어있다. 어쨌든 소멸되어 사라지지 않고 '있다'라는 뜻이다.

성경은 지옥에 가는 것을 '죽음' 천국에 가는 것을 '영생'이라 한다. 불교의 극락왕생과 유비를 이룬다. 기독교는 예수 믿고 천국 가는 것을 '영생'이라 하고, 지옥에서 영원히 고통받는 것을 '죽음'이라 한다.

기독교가 이 땅에 들어온 것은 1884년이다. 기독교가 들어오면서 기존의 '영생'이라는 단어에 성경적 개념이 접목되었다. 예수 믿고 영생하자고 선교하면서 '영생'이라는 단어의 개념을 성경에 근거하여 특화하였다. 영생이 학교 이름에 처음 쓰인 곳은 함흥영생고보이다. 구한말인 1903년 4월 2일 캐나다 선교사 마의대(馬義大, Mrs. Edith MacRac)가 함경남도 함흥 낙민정 신사라 씨의 집에서 학생 6명을 가르치면서 '사립 영생여학교'가 시작되었다. 관북 최초의 여성 교육 기관이다. 1910년 1월 2일에 함흥영생고보로 설립인가를 받았다.

함흥 영생고보는 조선어학회 사건의 시발점이 되었고, 상록수의 모델이기도 한 김학준이 근무했던 명문 사학이다. 그러나 북한에 공산당이 진주하고 6.25를 거치면서 기독교 사학으로서 영생고보는 폐교당했다. 남쪽으로 내려온 영생고보 졸업생들이 북한에 두고 온 모교에 대한 애틋함으로 1988년 수원에 영생고등학교를 설립했다. 한국기독교장로회, 기장이 후원하는 학교다. 수원 영생고등학교 법인은 장차 영생여자고등학교 설립을 계획하고 있다고 한다.

　전주남문교회의 첫 번째 한국인 목사 고명량이 평양신학교 출신으로서 교회 내에 영생유치원을 개원했다. 1925년이다. 영생유치원과 영생보육원을 설립함으로써 '영생'이 학교의 이름으로 남한지역에서는 처음 쓰였다. 1944년 일제의 공출로 잠시 폐교되었다가 고명량 목사의 후임 이해영 목사와 강홍모 장로에 의하여 '영생'은 부활한다.

　영생중학교, 영생고등학교, 영생여자고등학교, 영생여자중학교가 설립되고 영생대학이 탄생했다. 강홍모의 '영생' 일념이 만개했다. 수원영생고등학교가 1988년에 세워졌으니 그보다 36년 앞서 전주에 영생학원이 간납대에서 개화했다.

　'예수 믿고 구원받아 천국에 가는 것이 영생'이라는 진리를 전파했다. 1978년 '영생'이라는 이름보다는 지역 명칭 '전주'를 쓰고자 하여 영생대학은 전주대학이 되었다. 영생고등학교와 영생여자상업고등학교가 남게 되었다. 예수 믿는 이들에게 '영생'은 매우 친숙하고 귀했지만, 학교는 세속의 한 가운데 있어야 하니, 영생고, 영생여고도 개명해야 한다는 움직임이 신동아학원 내에서 일었다. 이때가 1988년이다. 수원에 영생고등학교가 개교하던 해이다. 수원에서는 함흥영생고보 동창생들의 염원으로 영생고등학교가 세워지는데 전주에서는 있는 영생학교의 이름을 바꾸겠다고 했다.

　학교 법인이 교명 변경을 추진한다는 소식을 접한 영생고등학교 졸업생들이 반발했다. 그들에게 영생은 추억 이전에 생명이었다. 예수를 모르는 중에 학교에 들어가 학업과 믿음 일거양득 했다. 그것이 평생 삶의 자양분이 되었고 생명줄이 되었다.

영생여고는 온고을여고라는 이름을 거쳐 지금은 전주대학교사범대학부설 고등학교로 개명하고 인문계 고등학교로 거듭났다. 그러나 영생고등학교는 이름과 교표를 지켜냈다. 영생고등학교 교표는 동그라미 세 개가 겹쳐진 모습으로 강홍모 목사가 성부 성자 성령 삼위일체를 형상화하여 디자인했다.

수원영생고등학교와 전주영생고등학교가 이 땅에 영생이라는 이름의 고등학교가 되었다. 1984년 전주대학교 총장으로 취임한 이종윤 목사는 전주대학교 교명을 바꾸고자 시도했었다. 이종윤 목사가 생각한 새로운 교명이 무엇이었는지 궁금하다. 전주라는 지명을 포기한다면 새로 정하는 이름에는 제한이 없을 터이다.

한국인의 정서에 자신과 이름이 같은 사람이 국민적 혐오의 대상이 되면 그 이름을 버리고자 한다. 법원에서도 이런 경우에 개명을 허락한다. 영생고등학교에도 이런 위기가 왔다. 조희성이라는 인물이 1981년에 경기도 부천시에 '영생교 하나님의 성회 승리 제단'이라는 이름으로 사이비 종교 단체를 만들었다. 이들이 1998년에 집단으로 자살하는 전대미문의 사건을 일으킨다.[121]

이때부터 그들의 공식 명칭에 들어간 단어가 혐오 대상에 올랐다. 영생, 하나님의 성회, 승리, 제단 등의 단어에 때가 묻었다. 사실은 하나같이 귀한 단어들이다. 무슨 일이 있어도 '승리'라는 단어를 폐기할 수는 없다. '하나님의 성회'는 미국의 개신교 교단 명칭이다. 1962년 '리-드 부흥단'을 한국에 파견했다. 그 부흥단이 전주의 영생교회에 와서 집회를 함으로써 새 바람을 일으켰었다. 한국에서는 순복음교회로 널리 알려져 있다. 불교의 극락왕생처럼 영생은 기독교의 핵심 교리이다. 어떤 공격이 들어와도 꿋꿋이 버티어낼 이름이다. 수원과 전주에 있는 영생고등학교가 그래서 더욱 귀하다.

학교 법인 신동아학원 산하 전주대학교, 전주비전대학교, 전주영생고등학교, 전주대부설여자고등학교가 지향해야 하는 궁극의 목적은 '영생'이다. 영생고등학교 출신 목사의 수가 1천 명을 넘었다. 영생을 이 땅에 퍼뜨리고 알리어 구원에 이르게 하려는 절대자 하나님의 섭리와 경륜이다.

3. 영생 (2)

강홍모, 최순영, 이종윤, 전두환, 노태우, 양정모, 이석한, 류재신 …. 이 책에서 등장시킨 인물들이다. 이 중에서 강홍모를 타이틀 롤로 발탁했으니 이 책의 시대적 배경은 강홍모 탄생으로부터 오늘까지 100년이다. 100년 배경으로 등장인물들을 보니 모두 쇠락했다. 강홍모는 빈한한 처지로 살다가 소천했고, 최순영도 그룹이 해체되고 야인이 되었다. 이종윤 목사의 화려한 날도 흘러갔다. 전두환은 공공의 적이 되었고, 국제그룹 양정모도 빈손이다. 이석한 옹은 간납대를 제공하고 세상을 떠났다. 전라북도 교육감으로 위세를 높이던 류재신도 크게 박수받지 못한다.

돌아보니 남은 것은 둘이다.

교회가 남았고, 학교가 남아 있다.

서울 남대문교회, 전주서문교회, 남문교회, 영생교회….

전주대학교, 비전대학교, 영생고등학교, 전주대사대부설고등학교가 남았다.

인걸은 간데없고 폐허가 남았다는 말은 세속의 역사적 관점이고, 기독교가 말하는 신앙으로 바라보니 교회와 학교가 남아 있다.

책을 써 내려오면서 속상하고 안타까웠다. 책을 쓰는 저자야 이룬 것도 내세울 것도 없지만, 결국은 이 책의 등장인물들이 간 길을 따라가야 하지 않겠는가 해서 말이다.

이 책의 등장인물 중 고인이 된 이들의 현주소는 어딜까?

한국의 토속 종교의 관점으로 보면 후손이 차려주는 제사밥이라도 얻어먹고자 기웃거릴 지도 모른다. 불교의 관점으로 보면, 구천을 떠돌거나, 극락왕생했거나, 아니면 윤회전생의 쳇바퀴를 돌고 있을 것이다. 연기처럼 흩어져도 사라지지 않으니 어딘가에 있을 터이다.

강홍모가 표방한 명문 기독교 사학의 관점으로 보면 이들은 지금 어디에 있을까?

성경은 말한다. 사람이 한번 나면 반드시 죽고, 죽으면 심판이 있고, 생명책에 이름이 기록된 자는 천국, 그렇지 못한 자는 지옥으로 간다. 지옥으로 가는 것은 죽음이고 천국으로 갔다면 영원한 생명 '영생'이다.

세상에서 우상처럼 떠받드는 수퍼스타가 되었을지라도 영생을 얻지 못한다면 무슨 의미가 있을까?

너 알아?

전주대학교, 전주비전대학교, 전주영생고등학교, 전주대사대부설고등학교가 영생으로 인도하는 통로라는 것을!

4. 전주대학교는 공짜다

1952년에 시작하여 1984년까지 32년 동안 강홍모가 피땀 눈물과 기도로 일군 영생학원이 고스란히 최순영의 신동아학원으로 넘어갔다. 이 과정에서 양자 간에 단 한 푼의 금전 수수가 없었다. 신동아학원은 교육용 및 수익용 재산을 완벽히 자기 것으로 가져갔다. 완벽에 가까운 공짜 거래가 이루어졌다.

1984년에 공짜로 넘겨받은 최순영은 우여곡절이 있었지만 나름대로 정성을 쏟아부었다. 375억 원이라는 거금을 기부했다. 할렐루야교회와 온누리교회의 기도와 정성도 보태졌다. 1999년 신동아 그룹이 해체되고 최순영 회장이 구속되면서 이사장 자리를 손아래 동서 하용조 목사에게 물려주었다. 이 과정에서 어떠한 거래도 없었다. 순수한 대물림이었다. 12년이 지난 2011년 홍정길 목사는 학교 법인 신동아학원 이사장 자리를 거저 받았다.

홍정길 목사가 이사장이 된 것은 고인이 된 하용조 목사와의 신앙적 연대와 친분 때문이었지만, 이후 홍정길 목사는 자신이 이사장직임을 공짜로 받았음을 바탕으로 직무를 수행했다. 자신에게 이사장 자리를 준 이들에게 결코 빚진 자가 아니라 당당한 신동아학원의 주인으로 입지를 굳혔다.

1984년, 1999년에 이어 2014년에 전주대학교 법인의 세 번째 공짜 거래가 이루어졌다. 최순영이 자기 것임을 내세워 유료화하려는 시도가 있었지만 성사시키지 못했다. 홍정길이 최순영에게 '당당한 공짜'를 주장하고 주인으로 행세할 수 있었던 데에는 1984년의 공짜 거래가 근거로 작용했다. 최순영과 홍정길이 의식하지 못했을지 몰라도 양자 사이에서 이전의 공짜 거래는 관행으로 힘을 발휘했다.

5년 임기를 2회 연임하고 세 번째 맡았던 홍정길 이사장은 사정상 사임하고 차종순 이사장에게 바통을 넘겼다. 당연히 공짜 거래이다. 네 번째 공짜 거래 금자탑이다. 공짜 거래의 사슬이 끊어지려면 누군가 기부금 반환 소송으로 인해 진 빚 문제를 해결하고 법인을 책임지겠다는 새로운 주인의 탄생이 있어야 한다.

만일 이 거래가 성사된다면 이는 공짜 이상의 거래가 되는 셈이다. 거저 받아 운영하는 차원에서 한걸음 더 나아가 자기의 사재를 한껏 쏟아붓고 운영을 책임지는 것이니 말이다. 그렇게 주인으로 등극하여 법인을 한 세대쯤 이끌다가 교체기가 도래한다면 그때의 거래도 공짜가 될 공산이 높다. 지금까지처럼 그때도 하나님이 간섭하신다면 틀림없이 그렇게 될 것이다. 하나님이 섭리하신다면 틀림없이 그렇게 된다.

하나님의 거래 원칙은 공짜이기 때문이다.

세상에서 가장 값비싼 재화는 하나님이 생산한 제품이다. 아무리 뛰어난 화가의 그림이 경매에서 수백억 원을 호가하더라도 그 질은 하나님이 만든 것에 미치지 못한다. 하나님의 제품에 공히 붙여진 이름이 '은혜'다. 은혜는 공짜라는 뜻이다. 거저 받는 것이 은혜다.

하나님이 우리에게 주는 '제품'에 값을 매기지 않고 공짜로 주는 이유가 있다. 너무 비싸기 때문이다. 하나님이 주는 것을 값을 내고 사야 한다면 평생 돈 벌어 갚아도 다 못 갚는다. 너무 비싸기 때문이다. 하나님은 그래서 공짜로 준다. 기독교인은 하나님으로부터 생명을 받았다고 믿는다.

내 생명을 돈으로 환산한다면 얼마일까?

내가 내 생명을 내가 돈으로 사야 한다면 그 거래가 성립이 될 리 만무하다. 공짜로 주니 받았다. 하나님이 전주대학교를 공짜로 만드신 것은 전주대학교가 너무 귀하기 때문이다. 전주대학교를 값으로 매기지 말라는 것이 하나님의 뜻이다. 전주대학교를 돈으로 거래하지 말라는 것이 하나님의 뜻이다. 네 차례나 공짜 거래가 성사되었음을 보아 틀림없다.

영생학원 설립자 강홍모 목사는 일찍부터 학생이 귀하고 학생을 가르치는 스승이 귀한 것을 알았다. 영생학원은 시작부터 교사, 교수, 교직원 채용 시 '공짜' 원칙을 적용했다. 채용에 대한 사례를 받지 않고 임용했다. 다행히 신동아학원도 그 원칙을 이어받았다. 전주대학교를 비롯한 네 개 학교는 지금도 이 원칙을 잘 적용하고 있다.

귀한 것에는 값을 매길 수 없어 공짜로 거래되는 관행이 학교 법인에까지 확장되었다. 어떤 이는 너무 비싸다고 거들떠도 안 볼 것이다. 어떤 이는 공짜니까 내가 가질 수 있다고 도전할 것이다.

하나님으로부터 자기 생명을 공짜로 받았음을 믿는 자들은 공짜를 누릴 자격이 있다. 전주대학교, 전주비전대학교, 전주영생고등학교, 전주사대부설고등학교 출신이라면 더 큰 공짜를 받아누릴 자격이 있다.

네 개의 학교가 모두 공짜다.

너무 귀해서, 도무지 값을 매길 수 없어서 공짜로 거래토록 섭리하는 하나님의 경륜을 헤아릴 때 비로소 참 평안을 누릴 수 있다.

강홍모의 생애를 세속적 관점으로 보면 성공도 출세도 아니다.

하나님의 관점으로 한 사람, 소리(素里) 강홍모를 바라보아야 한다.

5. 소리(素里) 강홍모의 모성만리(母性萬里)

1988년 11월 9일 수요일 00시 17분, 국회 예산결산특별위원회회의실, 일해재단설립배경및자금조성관련비리조사청문회가 속개되었다. 이날 첫 번째 증인은 해체된 국제그룹 회장 양정모였다. 양 회장은 1985년 국제그룹이 해체된 과정에 대해 증언했다. 2시 49분까지 청문회가 진행되었다. 양정모 회장에 대한 신문을 마치고 날이 밝아 11시 6분에 회의가 속개되었다.

이날 두 번째 증인은 대림산업 부회장 이준용이었다. 이 회장은 전두환에게 10억을 준 대가로 천안의 독립기념관 건축을 수주하지 않았느냐는 신문에 대해 증언했다. 이준용 회장에 대한 신문은 13시 21분에 끝났다. 14시 41분에 회의가 속개되면서 세 번째 증인이 나와서 선서했다. 세 번째 증인이 최순영 회장이다.

최순영 회장은 전두환에게 10억 원을 전달하고 그 대가로 영생학원을 인수하지 않았냐는 추궁을 받았다. 조승형 위원이 그 대가로 설립자에게 전주대학을 돈 한푼 안주고 인수한 것 아니냐는 신문에, 자기는 강홍모 씨로부터 인수한 것이 아니라고 주장하면서 "강홍모 씨는 모든 자산을 나라에 헌납하겠으니 제발 부도내지 말아 달라고 애걸복걸하는, 이런 모든 증인이 있습니다"[122]라고 대답한다.

시청률도 가장 높은 오후 시간대 전 국민이 보는 청문회에서 설령 그것이 진실일지라도 설립자 강홍모에 대해서 이렇게까지 거침없이 말해도 되는 것인지 의문스럽다. 이 방송은 설립자와 그의 가족은 물론 영생교회 교인들도 시청하고 있었다. 전주대학교를 비롯한 네 개 학교 관계자도 모두

보고 있었다.

모든 재산을 나라에 헌납하겠으니 제발 부도내지 말아 달라고 애걸복걸!
누가?
영생학원 설립자가 강홍모가!!

이제부터 진실 관계를 볼 참이다.
강홍모는 모든 재산을 관선 이사회에 다 내놨다.
헌납했다.
제발 부도내지 말아 달라고 애걸복걸!
했다.
맞다.
최순영이 증인까지 있다 했으니 틀릴 리 없다.
최순영은 강홍모를 제대로 보았다.

강홍모는 1980년 제자들 앞에서부터 '애걸복걸' 하기 시작했다.
주거래은행인 상업은행 전주지점에도 애걸복걸 했다.
관선 이사회에도 애걸복걸했다.
인수 하는 최순영에게도 애걸복걸했다.
왜?

사람은 자기가 지은 것의 생존을 위해, 보존을 위해, 항존을 위해서라면 무엇이든지 하려는 속성을 가진다. 수단 방법을 가리지 않는다. 그럼에도 백약이 무효인 상황에 맞닥뜨릴 때가 있다.

1952년 영생학원을 설립하여 1980년까지 영생학원 경영권은 강홍모의 것이라는 철칙에 아무도 딴지를 걸지 않았다. 영생학원에 거금을 희사했더라도 경영권은 넘보지 않았다.

10.26으로 한국 최고의 바벨탑이 무너졌다.

그때부터 강홍모의 경영권도 위태로워졌다. 조금이라도 더 높이 쌓아 올렸다가는 '언어가 혼잡해져' 흐트러질 판이다.

첫 번째 조짐은 자기가 가르친 제자들과의 언어 혼잡에서 드러났다. 넥타이를 잡히고, 주먹으로 뺨을 맞고, 화형식을 당하면서 이리저리 끌려다녔다. 그들의 요구는 경영권을 넘기라는 것이었다. 제자들에게 전주대학교와 전주공전은 적임자가 나타나면 아무 조건 없이 넘기겠다고 각서를 써 주었다. 강홍모의 영생학원 경영권은 저잣거리 아무나 내놓으라고 겁박해도 되는 풍전등화 같은 권리에 지나지 않았다.

1984년 7월 주거래 은행이 경영권 포기 각서를 요구했다. 이사장직 사임, 경영권 및 설립자로서의 연고권 포기, 이사진 전원사퇴, 법인 채무 아닌 것은 전적으로 본인이 상환하겠다고 적은 다음 인장 찍어 제출했다.

1984년 9월 13일 관선 이사회가 경영권 포기 각서를 요구했다. '천박비재한 불초이지만' 선주후광의 믿음으로 영생학원을 30여 년 경영해 왔다고 적고, 이어서 '무능무력 박덕으로 오늘의 사고와 물의를 일으키게 되었음을 통탄하오며' 단지 기독교 사학의 명맥을 '승계해 주실 분으로 영입해 주시기를 간절한 소원으로 앙원하옵나이다'라고 써서 냈다.

관선 이사회에 각서와 함께 영생학원을 통째 내놨다. 통장도 치부책도 다 넘겼다. 사유 재산도 다 내놨다.

고등학생 퀴즈프로그램으로 '도전 골든벨'이 있다.

여기서 외치는 함성이 있다.

"문제가 남느냐, 내가 남느냐?"

쉰 문항을 다 풀면 내가 남고, 하나라도 못 풀면 문제가 남는다.

강홍모는 영생학원을 세웠다.

위기가 닥쳤다.

"학교가 남느냐, 내가 남느냐?"

"학교가 무너지느냐, 내가 무너지느냐?"

둘 중 하나는 무너져야 한다.

애걸복걸(哀乞伏乞)은 본디 자식을 낳은 어머니의 전유물이다.

자식의 안위가 위태로울 때 어머니는 애걸복걸한다.

우리의 어머니들은 애걸복걸하여 우리를 키워냈다.

남편의 귀가가 늦어도, 가산을 탕진해도, 시앗을 봐도,

어머니는 애걸복걸했다.

강홍모 시대에는 그랬다.

강홍모는 영생학원을 잉태하고 낳아 길렀다.

강홍모는 전주대학교를 비롯한 네 개 학교의 어머니다.

낳은 자식, 학교가 쪼개질 판인데,

자칫 자식이 죽을 판인데,

이 판에 어미가 할 바가 무엇인가?

두 명의 여자가 갓난아기를 데리고 솔로몬 왕 앞에 왔다.

여자 A : 산 아이가 내 아이고 죽은 아이가 네 아이다.

여자 B : 죽은 아이가 네 아이고 산 아이가 내 아이다.

이때 솔로몬이 칼을 들었다.

반으로 쪼개어 나눠 주겠다 했다.

> 왕께 아뢰되 마음이 불붙는 것 같아서 청하건대 내 주여 산 아이를 그에게 주시고 아무쪼록 죽이지 마옵소서(왕상 3:26).

낳은 어머니는 '애걸복걸'했다.

죽이지만 마시고, 원하는 이 여자에게 주옵소서

아이의 생모는 애걸복걸하면서 자식을 거저 내놨다.

낳은 자식이 귀할수록 어머니는 더욱 낮아져야 한다.

더욱 비참해져야 한다.

그것이 귀할수록 나는 더 낮아져야 한다. 반비례 관계다.

가장 귀한 것을 낳고 가장 낮아진 이가 있다.

하나님은 천지를 창조하고, 그것이 너무 귀하여 가장 비천해졌다.

자기가 한없이 낮아져서 보존한 가치에는 값을 매길 수 없다.

'공짜'의 연원이다.

십자가에 매달려 죽기까지 낮아져 지켜낸 복음이 그래서 공짜다.

강홍모는 '겟세마네 기도'로 좋은 직장 내던지고 영생학원을 세웠다.

그의 앞길은 십자가에 매달려 죽음으로써 귀한 것을 지켜낸 하나님의 길이었다.

영생학원이 풍전등화의 위기일 때 그는 낮아지기 시작한다.

설립자가 처절해져야 학교가 살아남는다.

그가 사택에서 걸어 나가지 않고 쫓겨나간 것은 더 비참해지고 더 낮아지기 위함이었다. 길거리에 나앉아 삼순이를 보낸 일도 더 처절해지기 위해서다. 영생교회가 불타오를 때 외친 '할렐루야'는 그의 단말마였다.

청하건대 내 주여,

"영생학원을 죽이지만 마시고 원하는 자에게 주옵소서"

그리고 영생학원을 '공짜'로 내놨다.

강홍모에게 하나님이 주신 모성 본능이다.

솔로몬은 아이를 낳은 엄마에게 아기를 돌려주었다.

솔로몬의 재판이 명판결인 이유다.

세상의 판관들은 솔로몬과 다르다.

세상에서 각하로 추앙받는 이들은 솔로몬과 같지 않다.

그렇더라도.

강홍모는 옳았다.

애걸복걸 잘했다.

소리(素里) 강홍모의 모성만리(母城萬里)다.

너 알아?

전주대학교,

전주비전대학교,

전주영생고등학교,

전주대학교사범대학부설고등학교

를

에필로그

성경 속 미스테리 사건 중에 모세의 무덤 이야기가 있다.

모세는 죽을 때 백이십 세였으나 그의 눈이 흐리지 아니했고 기력이 쇠하지 아니했다. 육신은 건장한데 죽음을 맞이했다.

하나님이 모세에게 약속의 땅을 바라만 보게 하고 요단강을 건너지는 못하게 하셨다. 하나님이 왜 그리하셨는지 어림짐작은 할 수 있으나 그분의 심중을 정확히 헤아리기는 난해하다. 육신으로 사는 인간이 영이신 하나님을 어찌 온전히 알 수 있으랴.

모세의 시신은 뱃브올 맞은편 모압 땅에 있는 골짜기에 장사 되었다고 하면서 지금까지 그의 묻힌 곳을 아는 자가 없다고 신명기 34:6은 못 박는다. 모세의 무덤이 어디에 있는지를 미스테리한 사건으로 처리했다. 성경이 "묻힌 곳을 아는 자가 없느니라"고 했는데, 그 무덤을 찾아나서는 일은 어리석다.

이 책을 써내려 오면서 작가랍시고 외람되이 '알 수 없는 무덤을 찾아나서고 있지는 않은가' 하는 회의를 여러번 품었다. 그리고 두려워 떨기도 했다.

잊혀질만 한데 끄집어내는 사람을 세상은 좋아하지 않는다. 오늘 내가 출근할 수 있으면 되었고, 내가 정년 퇴직할 때까지 안정된 직장으로 건재하면 되었지, 설립자가 이제와서 무슨 상관이냐고 말하기도 한다.

그 사건이 무엇이냐에 따라 다르겠지만, 하나님도 기뻐하지 않는 사건일 수도 있다는 가능성은 집필하는 내내 작가적 상상의 스펙트럼에서 제외할 수 없었다. 무릇 책을 펴내는 일에는 이런 두려움이 늘 따라붙는다.

이 책이 '모세의 무덤이 여기 있다!'라고 외치는 책이 아니라,

'모세가 깎아 세운 장대 끝 구리 뱀을 바라보자!'라고 외치는 책으로 펴낸다.

주여 이 책을,
"믿음의 주요 온전케 하시는 이인 예수를 바라보자"
라고 쓴 책으로 여기어주소서!
주님의 이름으로 간곡히 기도합니다.
아멘!

▬ 素里 年譜 소리 강홍모 목사 연보

1921. 2. 14	전라북도 완주군 상관면 대성리, 강대석의 3남으로 출생
1935.	전주에서 보통학교 졸업 후 서울 경신학교 입학
1935.	서울 중구 남대문교회 출석, 정신여학교 학생 김삼순과 만남
1940. 2.	경신학교 졸업, 김삼순 정신여학교 졸업
1940. 3.	일본 메이지대학 신문고등연구과, 김삼순 도쿄여자미술전문학교 사범과 유학
1942.	김삼순과 결혼 – 슬하에 2녀 3남 둠
1945. 8. 15	해방 이후 공무원으로 임용되어 전라북도청 근무
1951. 5. 1	전주남문교회 장로 장립
1952. 5. 5	전주남문교회 내 영생유치원, 영생보육원 복원 영생중학관 개교(야간 2학급 남녀 120명) 사설 강습소
1952. 12. 1	전주남문교회 안에 사립전주영생학원 설립 신청 이사장 이해영 목사, 이사 강홍모 장로 외 13인
1953. 2. 5	사립전주영생학원 설립 인가(전라북도 문정 제65호)
1953. 3 - 5	강홍모 산상 기도, 공무원에서 영생학원에 전념하기로 결단
1953. 6.	전주남문교회 당회, 영생학원을 교회 밖으로 이전하기로 결의
1953. 5. 5	영생교회 설립, 초대 담임 고명량 목사
1954.	산상 기도 응답에 따라 전라북도청 보건과 사임
1954. 5. 21	전주 이씨 이석한, 전주시 남노송동 90번지 간납대, 승암산 일대 기부, 임대, 매매 이루어져 학교 부지 68,000여 평 확보
1954. 7. 21	제1캠퍼스, 목조 건물 150평 준공식, 전라북도지사(이요한) 간납대 토지 증여자(이석한)에게 감사장 증정

1954. 11. 30		제2캠퍼스 준공
		전주남문교회 내 잔류 학생 간납대 캠퍼스로 옮김
1955. 1.		전주영생중학교 제1회 졸업식
1955. 2. 20		운동장 확장 공사, 제7760부대(부대장 나남린 중령) 지원
1955. 3. 10		재단법인 영생학원 설립(문보 제453호)
		이사장 강홍모, 이사 고명량 외 7인, 감사 2인
1955. 3. 10		전주영생고등학교 설립(남녀 공학)
1956. 1. 25		전주영생중고등학교 제1대 강홍모 교장 취임
1958. 2. 4		제3캠퍼스 준공, 건평 420평 3층
		제2군사령부(사령관 최영희 중장) 준공 후 영생학원에 이양
1959. 3. 10		제2대 이사장 김삼순 취임
1962. 10.		전주영생교회「리-드부흥회」
1963. 1. 22		전주영생여자중학교. 영생여자실업고등학교 설립
		남녀 공학에서 남학교 여학교로 분리 개교
1963. 2. 20		제4캠퍼스 준공, 영생여중, 여고 교사
1964. 1. 9		전주영생대학 설립인가, 야간 5개 학과 정원 440명,
1964. 3.		전주영생대학 개교, 초대학장 마가렛 칼로(Margaret Emme Carlow)
1965. 1. 13		재단법인 영생학원, 학교 법인 영생학원으로 변경
1965. 5. 9		제5캠퍼스 준공 및 영생교회 성전 낙성식
1966. 5. 8		전주우아영생교회 헌당, 전주시 우아동 1가 893-1
1966. 9. 24		강홍모 장로 목사 안수받은 후 영생교회 제2대 담임으로 임직
1970. 1. 31		전주영생중학교, 영생여자중학교 폐교
1971. 9. 12		구암 영생교회 준공, 완주군 봉동읍 구암리
1971. 12.		제6캠퍼스 준공(박판향 여사 후원)
1972. 12. 24		35사단 교회당 건축 헌납
1973. 4. 29		금당 영생교회 준공, 완주군 운주면 용계리

1976. 1. 24	전주공업전문학교 설립인가, 4개 학과 320명,
1976. 3.	전주공업전문학교 개교, 초대교장 김원태 박사
1977. 2.	간납대 캠퍼스 과밀 해소 위해 이전 부지 탐색 착수
1977. 3.	전주영생대학 주간 과정 개설
1977. 3.	전주영생고, 영생여상 야간부 폐지
1977. 11. 1	영생기도원 준공, 완주군 상관면 신리 산93번지
1978. 3.	전주영생대학, 주간부 인가
1978. 10. 7	전주영생대학, 전주대학으로 개명
1979. 1. 1	전주공업전문학교, 전주공업전문대학으로 개편 인가
1979. 8. 20	전주시 효자동 토지매입, 45일 만에 23만 5천여 평 확보
1979. 8. 24	캠퍼스 이전 10개년 종합 계획 수립
1980. 5. 28	효자동 매입 지역, 정부에서 학교 시설 결정 및 지적 고시
1980. 7. 23	학교시설 공사 업체 선정, 한국건업주식회사
1980. 8. 5	효자동 천잠캠퍼스 기공식 거행
1981. 2. 24	전주대학교, 효자동 캠퍼스 이전
	간납대 잔류: 전주공업전문학교, 전주영생고, 영생여자실업고
1981. 11. 25	전주대학 대학원 인가, 법학과(6명) 행정학과(6명)
1983. 9. 8	전주대학 종합 대학 승격, 5개 단과 대학 30개 학과 정원 1,976명
1984. 3.	전주대학교 중앙도서관 개관, 당시 국내 최대의 대학도서관
1984. 6. 1	학교 법인 영생학원 자금난, 상업은행전주지점에서 부도처리
1984. 7. 7	강홍모 학원장, 상업은행에 경영권 포기 각서 제출
1984. 8. 30	전주영생고등학교, 영생여자상업고등학교 효자동 이전
1984. 9. 1	문교부, 영생학원에 관선 이사 파송
	이사장 조영빈(전북대학교 총장) 외 이사 7인, 감사 2인
1984. 9. 5	관선 이사회, 4일간 영생학원의 채권자 신고 접수

1984. 12. 3		관선 이사회, 최순영 회장을 영생학원 인수자로 선임
1984. 12. 7		학교 법인 신동아 학원(이사장 최순영), 네 개 학교 모두 인수
1986. 1. 18		신동아학원, 간납대 캠퍼스 내 영생교회와 강홍모 사저 명도소송
1986. 2. 25		영생학원정상화추진위원회, 대통령 비서실에 탄원서 제출
1986. 3. 20		청와대 탄원에 대해 문교부에서 민원에 대한 회신
1986. 8.		전주대학교 총동창회(회장 발길훈) '모교 정상화 추진위원회' 결성
1987. 2. 2		강남영생교회 창립 예배, 고창군 무장군 강남리, 무장애육원
1987. 11. 2		최순영 이사장, 학원경영권 양도 선언, 이종윤 총장 사퇴 발표
1988. 1. 22		공동대책위원회 구성(총학생회 불참)
		군산 출신 평화당 전국구 임춘원 의원, 정상화 적임자로 부상
1988. 2. 14		임춘원 의원, 전주에서 기자회견. 신동아학원 인수 의사 표명
1988. 2. 23		총학생회 성명 발표, 공동대책위원회의 임춘원 의원 추대 비판
1988.		영생고, 영생 여상 전주대학교 사범대학부속고등학교로 개명
		영생고등학교 총동창회(회장 한영교) 교명 반환 투쟁위원회 결성
1988. 11. 7		국회 5공 비리 청문회 개회, 최순영 이사장 청문회 증인 출석
1989.		전주영생고등학교 교명 변경 유보, 영생여고는 명칭 변경
1989. 4.		강홍모 목사, 문교부에 전주대학교 정상화에 관한 청원서 제출
1989.		전주영생교회, 예장 합동보수 가입
1989. 5. 5		전주대학교, 『전주대학교 25년사』 발간
1990. 1. 7		간납대 캠퍼스 내 전주영생교회 성전 화재로 전소
1990. 4. 9		신동아학원, 영생교회 재건축 공사 금지 가처분 신청, 법원 승인
1990. 5. 10		전주공전 총학생회, 캠퍼스 내 강홍모 목사 사택 명도 요청
1991. 2. 15		강홍모 사택 명도 강제 집행(1986. 1. 18 신동아학원 명도소송)
1991. 7. 1		김삼순 사모 소천
1991. 10. 15		영생교회 강희만 장로, 목사 안수 받음(예장 개혁 전주노회)
1992. 12. 17		신동아학원 측에서 전주우아영생교회에 건물 자진철거 통지

1996. 4. 21	전주영생교회, 대한예수교장로회 한남노회 가입
1996. 11. 1	전주영생교회, 삼천동 새 성전 기공 예배(화재 소실 이후 6년)
1997. 10. 21	전주영생교회당 헌당, 강홍모 목사 원로 추대, 강희만 목사 담임
1997. 7. 30	전주우아영생교회, 3억 원대 토지매입, 신동아학원에 대토로 이양
1998. 5. 1	전주공업전문대학, 전주공업대학으로 교명 변경
1998. 8. 3	전주공업대학 간납대 캠퍼스에서 효자동으로 이전
1999. 12. 14	학교 법인 신동아학원 제3대 이사장 하용조 목사 취임
2001. 3. 25	강홍모 목사 설교집 『충만한 기쁨』 발간
2002. 6. 15	강홍모 목사 소천
2002. 10.	대한생명, 학교 법인 신동아학원 상대로 기부금 반환소송 제기
2003. 7. 15	신동아건설, 간납대 부지 천주교유지재단에 매각
2006. 3. 1	전주공업대학, 전주비전대학으로 교명 변경
2006. 12.	전주비전대학, 『전주비전대학 30년사』 발간
2007. 5. 10	대한생명 기부금반환 소송 대법원 확정 판결, 학교 법인 신동아학원 패소
2011. 8. 2	하용조 이사장 소천
2011. 9. 23	홍정길 이사장 취임
2014. 5. 2	전주대학교, 『전주대학교 50년사』 발간
2014. 6. 16	전주대학교, 설립자 강홍모 흉상 및 기념 조형물 제막
2017. 9. 10	전주영생교회 강희만 목사 은퇴, 대한예수교장로회 합동 가입
2021. 12. 10	소리 강홍모 기념사업회 발족(원팔연, 정영순 공동회장)
2022. 2. 18	차종순 이사장 취임
2022. 3. 31	소리 강홍모 목사 탄생 101주년, 소천 20주기, 학교 설립 70주년 『Do You Know? JeonJu University 너 알아? 전주대학교-설립자 강홍모 행전 Acts of HongMo Kang, Founder of JeonJu Unversity』 발간

미주

1. 전주대학교25년사편찬위원회, 『전주대학교 25년사』 (전주: 전주대학교 출판부, 1989), 265. 이하에서 '전주대학교 25년사'
2. 전주대학교 25년사, 268.
3. 전주대학교 25년사, 257.
4. '할렐루야교회' 홈페이지 할렐루야교회(hcc.or.kr), 2021년 10월 3일 접속.
5. 전주대학교 25년사, 271-272.
6. 1986. 2. 25. 전주시 남노송동 175의 32 김명철 외 18,948명이 전두환 대통령에게 제출한 진정서 내용 중 4쪽에서 인용.
7. 비전대학 30년사 편찬위원회, 『전주비전대학 30년사』 (전주: 학예사, 2006), 385. 이하에서 '비전대학 30년사'
8. 비전대학 30년사, 386. <전북일보> 1985. 3. 23자 보도.
9. '한신대학교' 홈페이지, 법인 이사회 (hs.ac.kr), 2021년 10월 6일 접속.
10. "이종윤 목사의 설교와 저서 표절 논란에 대해," 교회와 신앙(amennews.com), 2021년 10월 25일 접속.
11. '남대문밧교회'의 '밧'은 '밖'의 옛 표현이다.
12. 7인의 선발대,

    레이놀즈-팻시 볼링 부부(W. D. Reynolds, Mrs. Patsy B. Reynolds) 전주신흥학교장, 전주서문교회 담임 역임.

    전킨-메리 레이번 부부(W. M. Junkin, Mrs. Mary L. Junkin) 군산영명학교 초대 교장, 전주서문교회 담임 역임, 메리 레이번은 1908년 남편 사망 후 미국으로 귀국하여 대형 종을 제작해 전주서문교회에 헌납.

    테이트-메티 테이트 남매(L. B. Tate, Miss M. S. Tate) 전주서문교회 담임 역임, 78처의 교회와 21인의 장로, 5인의 목사를 세웠다. 1925년 지병으로 귀국, 매티 테이트는 오빠를 도와 평생 독신으로 헌신. 리니 데이비스(Miss L. F. Davis) 전주예수병원에서 선교하는 중 전염병 감염으로 사망.

13 전주대학교50년사편찬위원회, 『전주대학교 50년사』 (전주: 한솔디자인, 2014), 70. 이하에서 '전주대학교 25년사.' 인가 증서 번호: 전라북도 문정 제65호.

14 전주대학교 50년사, 72.

15 고명량목사의 사택은 지금 전주 성심여고 자리에 있었다.

16 전라북도 전주시 덕진구 팔복동(八福洞) 신복리(新福里)에 살았던 선비 송사심(송면)의 제자 8명이 과거(科擧)에 급제한 것을 기념해 '전주 8현'으로 기린다. 부성팔현(府城八賢)으로도 불리는데, 홍남립을 비롯하여 이홍발·기발·생발 삼형제, 전의(全義) 이씨인 이홍록·후선·순선, 그리고 송상주이다. 팔과정(八科亭)_8명의 과거급제를 기념하여 전주시 팔복동에 세운 정자 : 네이버 블로그(naver.com) 2021년 11월 7일 접속.

17 전주대학교 50년사, 80.

18 전주대학교 50년사, 88-90.

19 전주대학교 50년사, 87.

20 첫 졸업생은 국문과 34명, 영문과 16명, 법학과 51명 상학과 45명, 가정학과 15명으로 모두 161명이 학사 학위를 받았다. 전주대학교 25년사, 37.

21 전주대학교 50년사, 104.

22 전주대학교 50년사, 96-98. <조선일보> 1984. 10. 4.

23 전주대학교 50년사, 102.

24 전주대학교 50년사, 103.

25 전주대학교 50년사, 164-166.

26 전주대학교 50년사, 73.

27 전주대학교 25년사, 170.

28 전주대학교 25년사, 171-172.

29 전주대학교 25년사, 116.

30 전주대학교 25년사, 110.

31 전주비전대학 30년사, 542. 전주대학교 50년사, 177.

32 전주대학교 50년사, 177.

33 전주대학교 50년사, 103.

34 전주대학교 25년사, 153-155.

35 전주대학교 50년사, 178.

36 전주대학교 50년사, 125.

37 전주대학교 50년사, 193.

38 영생고등학교 1회 졸업생 앨범에 나타난 교훈 1번이다.

39 전주대학교 25년사, 170. 전주공전을 이전하고자 지은 캠퍼스는 문교부로부터 이공관으로 허가를 받아 건축했다. 전주대학생들이 이 사실을 알고 전주공전 이전 반대의 구실로 삼았다.

40 전주대학교 25년사, 228.

41 라인홀드 니이버, 『도덕적 인간과 비도덕적 사회』, 이한우 역 (서울: 문예출판사, 2015), 9-25. 신학자이자 목사인 라인홀드 니이버는 개인과 사회의 속성을 설명하는데 있어서 개개인은 도덕적인 가치를 지니고 행동하지만 개인이 모여 이룬 사회는 반드시 도덕적으로 흘러가지 않는다고 했다. 사회를 구성한 개개인은 인간성을 가지고 행동하지만 사회가 지향하는 목적을 향해 가는 길에는 도덕이 무시된다.

42 전주대학교 25년사, 187-188, 216.

43 1984년 7월 7일 자 제출(전주대학교 25년사 177쪽)

44 김광경, 『실록! 5공청문회 제14호』, 287.

45　라인홀드 니이버, 『도덕적 인간과 비도덕적 사회』, 9-25.

46　전주대학교 25년사, 190-193.

47　전주대학교 25년사, 228.

48　전주대학교 25년사, 228.

49　전주대학교 25년사, 228.

50　김광경 펴냄, 『실록 5공청문회 제13호』 (서울: 도서출판 한경원, 1995), 49. 이하에서 '실록 5공청문회 제13호.'

51　전주대학교 25년사, 175.

52　전주대학교 25년사, 214.

53　전주대학교 25년사, 215.

54　김광경 펴냄, 『실록 5공청문회 제15호』 (서울: 도서출판 한경원, 1995), 142. 이하에서 '실록 5공청문회 제15호.'

55　관선 이사회는 이 각서를 강홍모 이사장이 학교 법인 영생학원 측에 제출하는 형식으로 받았다.

56　실록 5공청문회 제15호, 145.

57　다음백과, 롯데월드타워 - Daum 백과 접속일 2021. 10. 8.

58　KAICAM(Korea Association of Independent Churches And Missions) 사단 법인 한국독립교회선교단체연합회.

59　전주학교 25년사, 228.

60　실록 5공청문회 제15호, 142.

61　실록 5공청문회 제15호, 142.

62　전주대학교 25년사, 200.

63　장소에 대해서는 상반된 견해가 있다. 강홍모 이사장의 장녀 강교자 교수는 남산 하얏트 호텔 옆에 있던 외국인 아파트 안에 있는 커피숍이었다고 기억한다. 외국인 아파트는 이후 남산의 경관을 해친다 하여

철거했다.

64 실록 5공청문회 제15호, 142.
65 실록 5공청문회 제15호, 142.
66 실록 5공청문회 제15호, 141.
67 실록 5공청문회 제15호, 165.
68 비전대학교 30년사, 551. 전북일보 1984. 12. 4일자.
69 신동아학원이 승인 요청으로 선임된 이사진은 최순영, 이종윤 목사, 명지대학원 이사장 김상근, 대한생명 고문 이병길, 극동방송 사장 김장환, 전주예수병원장 설대위, KBS전주방송국장 전영효.
70 실록 5공청문회 제15호, 145.
71 전북일보 1984년 12월 4일자. 비전대학 30년사, 551.
72 전북일보 1984년 9월 12일자. 비전대학 30년사, 548.
73 전주대학교 25년사, 222.
74 전주대학교 50년사, 167-169.
75 실록 5공청문회 제15호, 137-172.
76 실록 5공청문회 제15호, 143-144, 158.
77 실록 5공청문회 제15호, 147.
78 실록 5공청문회 제15호, 150.
79 실록 5공청문회 제15호, 150.
80 실록 5공청문회 제15호, 150.
81 실록 5공청문회 제15호, 148.
82 전주대학교 50년사, 169.
83 전주대학교 25년사, 178.
84 비전대학 30년사, 118.
85 전주대학교 50년사, 168.

86 전주대학교 50년사, 169. 261. 2곳에서 동일 사항 언급.

87 전주대학교 50년사, 169. 261. 2곳에서 동일 사항 언급.

88 실록 5공청문회 제15호, 143, 158.

89 전주대학교 50년사, 264.

90 전주대학교 50년사, 267-268.

91 비전대학 30년사, 118.

92 로스앤젤레스(Los Angeles)에 온 임춘원 전 의원 단독 인터뷰. '진로'에 주식 반환 소송 낸 속사정 – sundayjournalusa 임춘원의원 접속 일자 2021년 10월 10일.

93 전주대학교 50년사, 274.

94 전주대학교 50년사, 275.

95 전주대학교 50년사, 168.

96 전주대학교 25년사, 183.

97 전주대학교 25년사, 183-185.

98 전주대학교 25년사, 185.

99 이에 대해서는 1986년 2월 25일 영생학원정상화추진위원회 박희근 대표 외 3인이 전주 시민 18,948명의 서명을 첨부하여 전두환 대통령과 문교부에 제출한 탄원서에 상세히 기록되어 있다. 그에 의하면 150억 원의 사채가 문제가 되었으므로 최순영과 1984년 9월 7일 만남에서 양자가 75억 원씩 부담해서 부도 위기를 해결하고 최순영은 이사장을 맡기로 구두 약속을 했다고 한다. 그에 따라 강홍모는 그 약속을 믿고 개인 재산 50억 원을 사채 변제를 위해서 내놨다고 기록하고 있다.

100 「월간조선」, 1986년 3월호, 384.

101 <전북일보>, 1990. 1. 18. 전주비전대학교 30년사, 556.

102 비전대학교 30년사, 386.

103 전주대학교 50년사, 174.

104 비전대학교 30년사, 386.

105 전주대학교 25년사, 181.

106 "5공 비리 청문회," 한국향토문화전자대전, 5공 비리 청문회(五共非理聽聞會) - 부산역사문화대전(grandculture.net) 접속 일자 2021년 10월 15일.

107 김광경 펴냄, 『실록 5공청문회 제14호』(서울: 도서출판 한경원, 1995), 273-291. 이하 실록 5공청문회 제14호. 실록 5공청문회 제15호, 17-81.

108 실록 5공청문회 제14호, 278-279.

109 실록 5공청문회 제15호, 144.

110 "신동아그룹 해체," http://pub.chosun.com/client/article/viw.asp?cate=C01&nNewsNumb=20 170424351, 접속일자 2021년 12월 11일.

111 "옷 로비 사건," 위키백과, 옷로비 사건 - 위키백과, 우리 모두의 백과사전 (wikipedia.org) 접속일자 2021년 10월 16일.

112 "한동대학교," 나무위키, 한동대학교 - 나무위키 (namu.wiki) 접속 일자 2021년 10월 16일.

113 전주대학교 50년사, 318.

114 김성영 지음, 『하용조 목사 평전』(서울: 두란노서원, 2021), 243.

115 "강희천 교수 사망" 기독신문, 2003. 8. 4 자, 강희천 교수 소천 - <기독신문>(kidok.com) 접속일자 2021년 10월 17일.

116 전주대학교 50년사, 173-174.

117 <한겨레신문>, 2004. 2. 8. https://news.v.daum.net/v/20040208114626171?f=o, 접속일자 2021년 12월 11일.

118 「주간 경향」특집, "꼭꼭 숨겨라" 은닉재산 보일라, 다음(daum.net) 접속일자 2021년 10월 17일.

119 「주간 경향」 특집, "꼭꼭 숨겨라" 은닉재산 보일라, 다음(daum.net) 접속 일자 2021년 10월 17일.

120 "홍정길 목사," 홍정길 목사 "제가 목회자란 말을 감히 못 쓰는 이유," 아멘넷(usaamen. net) 접속일 2021년 10월 20일.

121 "영생교," 영생교 – 위키백과, 우리 모두의 백과사전(wikipedia.org) 접속 일자 2021년 10월 21일.

122 실록 5공청문회 제15호, 145.